新编21世纪新闻传播学系列教材

新闻学系列

深度报道

唐 铮 著

In-depth Reporting

中国人民大学出版社
·北京·

内容简介

深度报道是运用解释、分析、预测等方法，从历史渊源、因果关系、矛盾演变、影响作用和发展趋势等方面报道新闻的形式，力图通过报道新闻事件与社会的关联性，提示新闻背后更深层次的意义。针对移动互联网环境下深度报道生产方式与生存环境的变化，《深度报道》为广大新闻传播学专业的学子和业界相关人员提供基于传统与现实相结合所构建的深度报道体系。

由于深度报道自身固有的技术难度，它被称为新闻的“最后一道护城河”“最后一块界碑”。在当下机器人写作、算法分发、沉浸式新闻等各种得到科技能力加持的新闻新力量不断冲击传统新闻既有格局之际，深度报道从采访到写作，都要求新闻从业者具备较高的专业水准。

教材借助作者本人十余年的深度报道从业经历，按选择并决定选题—采访—写作—修改这一深度报道实际的操作过程，将深度报道长久实践以来形成的基本要求与互联网资源融合的部分进行具体细化的解析，同时借助实例介绍深度报道实际操作的最新思路、方法和原则。作者在系统地介绍深度报道的概念、分类、发展历史等知识后便迅速地转入实践，将新闻素养、伦理操作等方面的内容都融合在实践过程中，使得本书成为一本便于操作的实战性教材。

作者简介

唐　铮　教育部人文社会科学重点研究基地中国人民大学新闻与社会发展研究中心研究员。中国人民大学新闻学院副教授、新闻系副主任。拥有十余年媒体从业经验，多次获得亚洲卓越新闻奖、中国新闻奖、北京新闻奖等。

总序

中国人民大学出版社策划出版的“新编21世纪新闻传播学系列教材”，是一套在新闻传播学领域内，皋牢百代，卢牟六合，贯穴古今，笼罩中外，密切联系新闻传播工作的实际，广泛吸收新闻传播学的最新研究成果，高揭遐揽，取精用宏，供新世纪的高等院校新闻传播院系教学使用的系列教材。

20世纪初以来的100年，是世界新闻传播事业飞速发展的100年。这100年来，随着科学技术的不断发展，继报纸、期刊、通讯社之后，广播、电视、网络和多种新媒体相继问世，新闻传播的媒介日趋多元化，新闻传播的手段日趋现代化，“地球村”变得越来越小，新闻传播事业对世界政治、经济和文化的影响则变得越来越大。

这100年，也是中国新闻事业飞速发展的100年。尤其是中国改革开放以来，发展得尤为迅猛。

进入21世纪以后，中国新闻事业发展的势头更为迅猛。报纸、期刊、通讯社、广播电台、电视台的数量在宏观调控下，虽无大变化，但软硬件的实力都有了很大的提高。据2011年12月出版的《中国新闻年鉴》的最新统计数字，2010年全国共出版报纸1 939种，平均期印数2.14亿份。共出版期刊9 884种，平均期印数1.63亿册。全国共有广播电台227座，电视台247家，广播电视台2 120家，教育电视台44家。广播综合人口覆盖率为96.78%，电视综合人口覆盖率为97.62%。

另据2012年1月中国互联网络信息中心（CNNIC）发布的《第29次中国互联网络发展状况统计报告》，截至2011年12月底，中国网民规模已达到5.13亿，互联网普及率达到38.3%。其中，手机网民数量为3.56亿，博客和个人空间用户数量为3.19亿，微博用户数量为2.5亿，社交网站用户数量为2.44亿，网络视频用户数量为3.25亿。中国居民中具备上网条件和技能的人已经基本转化为网民，大专及以上学历人群中互联网使用率已达96.1%。中国网站总数为230万个，网页数量为866亿个。

这样大的发展规模，这样快的发展速度，在世界和中国新闻事业史上都是空前的。回顾既往，盱衡未来，新闻传播事业在21世纪还将保持旺盛的发展势头。新闻传播，作为上层建筑和意识形态的一个重要组成部分，在全面准确地宣传党的基本理论、基本路线和基本方针以及各项决策，反映人民群众的伟大业绩和精神风貌，以及推动改革开放和社会主义现代化建设等方面，必将继续发挥重要的作用。

与新闻传播事业的发展相配合，这100年来，为中国的新闻战线培养和输送人才的中国新闻教育，也有了相应的发展。中国的新闻教育起始于20世纪初，迄今有近90年的历史。新中国成立前的30年，虽然先后在个别院校中设立了新闻系或新闻专科，但规模都不大，设备也不够完善，在校学生人数最多的时候不超过400人，30年间累计培养出来的毕业生还不到3 000人。新中国成立后，为了给新中国的新闻事业培养人才，新闻教育有了新的发展，但到20世纪60年代中期为止，全国的新闻教育机构也还只有14家。当时全国只有343家报社、78座广播电台和13家电视台，革命老区来的新闻工作骨干正当盛年，足以支撑大局，新闻系和新闻专业的学生统招统分，基本上能够满足中央和省市以上新闻单位梯队建设方面的需要。“文化大革命”爆发后，新闻事业进入低谷，新闻人才的培养也被迫中辍。拨乱反正之后，新闻事业有了飞速的发展，但新闻工作的人才却出现了断层，明显供不应求，因而极大地推动了新闻教育的发展。中国的新闻教育得以重整旗鼓并得到空前迅猛的发展，主要是改革开放以来的这30多年的事情。30多年来，中国新闻教育和中国新闻事业同步发展。截至2011年，全国设有新闻传播学类院、系、专业的高校已由改革开放之初的两三所增加到800所以上，各种类型和层次的专业教学点已不下1 000个。新闻专业的教学已从单一的大学本科教育，发展到博士生、硕士生、本科生、大专生、成人教育、函授教育等多层次的格局，不少院系还设置了新闻传播学方向的博士后流动站。改革开放之初，全国在校新闻系科学生总共只有500来人，现在仅在校本科生就有16万人左右，硕士和博士研究生3万人左右，办学层次、办学规模、办学水平都有了很大的提高。进入新世纪以后，随着新闻传播事业的加速发展和新闻战线人才需求的不断增加，中国的新闻教育还将有更大幅度的发展。

一般说来，新闻教育质量的高低，起决定作用的主要是两个因素：一个是师资，一个是教材。两者之间，教材的作用更大。这是因为，师资的多少和良窳，往往受办学主客观条件的限制，而教材一旦完成，就可以直接嘉惠于学子，风行四海，无远弗届。进一步说，一部好的教材，不仅可以满足教学的需要，培养出一大批人才，而且还可以同时拥有一定的学术含量，推动新闻传播学研究的发展。1919 年出版的徐宝璜的《新闻学》，1927 年出版的戈公振的《中国报学史》，就是这方面的很好的例子。这两本书都是作者在高等学校从事新闻学理论和新闻史教学时作为教材编写出来的，出版之后，立即引起世人的关注和推崇，一再重版，历久不衰，至今仍然是公认的新闻学理论和新闻史方面的传世之作和经典之作。正因为这样，新闻教育的前辈们，历来十分重视教材的建设。新中国成立初期的十来年，坊间出版的新闻学方面的书籍，绝大部分是教材。改革开放以后，新闻传播学研究空前繁荣，新闻学方面的书籍大量问世，但教材仍然在其中占了很大的比重。这些教材，覆盖了新闻传播学的方方面面，经过出版家和众多作者们的长期努力，门类和品种基本配套齐全，曾经为同时期的新闻教学做出过重要的贡献。但是，随着时间的推移和新闻工作实际的飞速发展，这些教材的体例日显陈旧，观点和内容也亟待调整和更新。一些属于学科前沿和科技含量较高的新开课程的教材尚付阙如，使现有的教材出现了不少缺口。在新世纪已经到来之际，积聚力量，重新编写出一套体系完整、门类齐全、能够为新世纪的新闻教育和新闻人才培养服务的新闻传播学的系列教材，已经成为人们的共识和新闻业界与新闻教育界的迫切需求。

呈现在读者面前的，就是应这样的需求产生的一套系列教材，它将涵盖新闻学、传播学两个二级学科的方方面面内容，满足新闻、广播、电视、广告、媒体经济、新媒体等多个专业的教学需要。负责这些教材编写工作的，是中国人民大学、复旦大学、北京大学、清华大学、中国传媒大学、中国青年政治学院等多所著名院校长期从事新闻传播学方面教学与研究工作的专家学者，其中有相当大的一部分编写者是相关学科的国家级的学术带头人，堪称一时之选。收入本系列的教材中，既有国家级重点教材，也有部级重点教材，其他的也是经过严格筛选的精品，所以，本套系列教材的质量是有保证的，其权威性也将得到社会的认同。

21 世纪是一个高度信息化的时代，是信息经济和知识经济占主导地位的时代。信息经济和知识经济有两大支柱，一是以高科技为代表的传播技术产业，二是从事新闻和信息产品生产的媒体产业。新闻传播学作为将这两大领域有机联结的桥梁，在今后的国家建设和社会发展中必将发挥越来越重要的作用。中国人民大学出版社经过精心策划，隆重推出这套系列教材，是具有高度的前瞻性和战略眼光的。在这里，我谨代表编委会和全体作者向中国人民大学出版社表示由衷的感谢。

这部系列教材开始策划于20世纪的最后一年，21世纪初起陆续问世，迄今已编写出版了50余种。在体例和内容的创新和开拓等方面，远远超过同时期出版的同类教材。其中的有些教材，还根据整个新闻传播理论与实践的发展和新闻传播学教学与研究的发展，陆续作了必要的补充和修订，重新出版，实现了内容的与时俱进。

这批教材的问世，将会为新闻传播事业和新闻教育事业的发展和繁荣、为新世纪新闻传播人才的培养做出它应有的贡献。这是出版者和全体作者共同的一点希望。是为序。

方汉奇

2012年3月15日

于中国人民大学宜园

目录

第一章
深度报道概说

第一节　深度报道的定义 …… 001
第二节　深度报道的历史和发展 …… 009
第三节　深度报道的作用和影响 …… 017
第四节　新媒体时代的深度报道 …… 022

第二章
深度报道的选题

第一节　深度报道的选题要求 …… 028
第二节　深度报道的选题方向 …… 034
第三节　融合性深度报道的题材拓宽 …… 039
第四节　寻找深度报道选题的途径 …… 043

第三章
深度报道的原则和规范

第一节　深度报道的道德伦理原则 …… 051
第二节　深度报道的文本原则 …… 064
第三节　深度报道的丰富立体原则 …… 073

第四章
深度采访

第一节 深度采访的特点…… 078
第二节 深度采访时的准备…… 088
第三节 深度采访的过程…… 094

第五章
深度采访的“五感”调动

第一节 灭绝式采访…… 102
第二节 深度采访的 “望闻问切” …… 108
第三节 深度采访在稿件中的呈现…… 115
第四节 深度采访的取舍…… 120

第六章
深度采访中的追问与连环提问

第一节 重复提问及其重要性…… 124
第二节 追问与连环提问…… 129
第三节 练习提问的方法…… 135
第四节 深度报道中的采访技巧…… 139

第七章
深度报道采写中的团队合作

第一节 深度报道中的合作…… 147
第二节 深度报道采编团队的构成…… 154
第三节 深度报道团队的职责构成…… 159
第四节 深度报道团队的演变趋势：采写后方化 …… 166

第八章
从采访到写作

第一节 从采访过渡到写作…… 172
第二节 文章的开头…… 177
第三节 文章的中间…… 180
第四节 动词及修辞的运用…… 185
第五节 文章的结尾…… 189

第九章
深度报道写作的基本要求

第一节　深度报道的写作要求…… 193
第二节　调查性报道的写作…… 201
第三节　解释性报道的写作…… 208

第十章
深度报道的叙事结构与写作技巧

第一节　深度报道的叙事…… 217
第二节　深度报道的叙事结构…… 222
第三节　深度报道的叙事时距…… 229
第四节　深度报道的叙事技巧…… 230
第五节　深度报道的叙事重点…… 235

后记…… 245

第一章
深度报道概说

学习要点

本章主要学习四个问题：深度报道的定义，深度报道的历史和发展，深度报道的作用和影响，新媒体时代深度报道的变与不变。理解深度报道的定义，探究新闻学界对深度报道定义的三种方式，分别是“文体说”、“形式说”和“理念说”，进而得出深度报道的报道模式和侧重表现的要素。明晰了深度报道的定义之后，再从国际和国内两种视角了解深度报道的起源和发展过程，以及具有代表性的深度报道作品和栏目。深度报道具有强大的议题设置和舆论引导能力，在社会转型的时期起到了重要作用，即使在传统媒体转型的今天，深度报道仍然有独特的优势和价值。认识到在新媒体时代，深度报道的内容和分发等新闻生产环节出现了哪些挑战和变化，以及应该如何应对新媒体环境的挑战。

第一节　深度报道的定义

关于深度报道的定义，在新闻学界，不同的学者有各自的观点。本书将从“文体说”、“形式说”和“理念说”三种理论视角展开叙述深度报道的内涵，在新闻定义的基础上给出深度报道的概念。

一、理解深度报道的三个视角

改革开放以来，“民众对新闻深度信息的需求日益增强，他们不仅需要了解发生了什么事件，更需要知道这些事件发生的原由，不仅要知道这些事件对自己生存环境产生的影响，甚至还要把握这些事件的发展趋向，如果不了解这些深度信息，人们就难以在今天这样一个急剧变化的社会里实现生存与发展的追求，甚至会失去基本的安全感”[①]。社会的进步和民众的需求使得深度报道应运而生。

随着时代的变迁和深度报道的动态发展，深度报道的内涵和外延不断拓展。总体来看，大致可以分为“文体说”、“形式说”和“理念说”三种说法。

“文体说”将深度报道定义为一种报道文体，是一个集合性的概念，一般可以指调查性报道、解释性报道、分析性（预测性）报道等。刘万永在《调查性报道》一书中将调查性报道界定为：涉及公共利益，即调查对象是损害公共利益的行为；真相被掩盖，有些行为尽管损害了公共利益，但被政府部门及时公开，也就不再需要记者进行调查了；记者独立进行调查，有些事件，政府部门会发布相关调查结果，媒体就此进行报道，算不上调查性报道。[②]调查性报道常常用来揭露社会问题、政府黑幕等，极大地促进了社会转型时期的发展进步。因此，从事调查性报道的记者也面临着很大的阻碍和压力。甘惜分在《新闻学大辞典》中提出，解释性报道是提供新闻背景并对有关新闻事实进行解释或分析的报道，告诉受众新闻事实的意义及前因后果，对复杂的事实进行整理和解释。[③] 解释性报道侧重于背景材料对新闻事件意义、影响、趋势等方面的阐述和联系。预测性报道起源于20世纪30年代的美国，成为深度报道的一大分支。刘海贵在《新闻采访教程》中认为，所谓预测性报道，即新近发生的预测性事实的报道，是以现有材料与事实为根据对未来作出预测，对可能出现的问题前景作出分析，它与着眼于“新近发生”的事实、事件的动态新闻不同，报道着眼于“未来发生”的事实或事件。[④] 大数据时代的到来为预测性报道的进一步发展提供了助力，提升了预测性报道的精准度、科学性。“趋势预测性新闻和数据驱动型深度报道分量的增加。如果媒体能够利用大数据技术，把更多的注意力放在对未来趋势的预测上，那么，就有可能在公民新闻难以达到的高度上，来实现媒体价值的重塑。”[⑤] 高宁远等认为，在我国，深度报道也称为“全息报道”“全方位报道”“解释新闻”“大特写”“社会纪实”等等。[⑥] 调查性报道、解释性报道以及预测性报道都属于深度报道的范畴，无论哪一种都不能简单地等同于深度报道。

“形式说”把深度报道理解为一种报道组织方式。对于一件事情连续追踪

---

① 高钢．深度报道：社会转型期中国新闻媒体履行社会责任的技术途径［J］．新闻传播，2012（8）．
② 刘万永．调查性报道［M］．北京：人民日报出版社，2015．
③ 甘惜分．新闻学大辞典［M］．郑州：河南人民出版社，1993．
④ 刘海贵．新闻采访教程［M］．上海：复旦大学出版社，2011．
⑤ 彭兰．“大数据”时代：新闻业面临的新震荡［J］．编辑之友，2013（1）．
⑥ 高宁远，郭建斌，罗大眉．现代新闻采访写作教程［M］．北京：新华出版社，1998．

报道，对于某一个领域形成系列式或者组合式报道，这样的报道形式很难说是一种文体。因为在这种组织方式里面，它可能有消息、通讯、述评等多种新闻文体，由这些文体共同组合，体现一种报道组织方式。“组合文体的深度报道将各种新闻文体加以整合，使之从整体上变成了深度报道。”① 一般来说，深度报道的报道形式可以分为组合报道、系列报道和连续报道。“组合报道即深度报道不是一篇报道，而是由多篇有机组成。组合式的组合部分，除了新闻报道之外，还常常搭配有评论、背景文字、专家点评、读者讨论文字、相关法规政策、照片图表等。”② 组合式报道对子报道的统一性要求不高，充分调动各部门的力量，从不同的角度或者形式深入挖掘主题，形成深度报道。“连续报道，是对正在发生并持续发展的某一重要的、受众关注的新闻事件，在一段时间内进行连续及时的报道，具有整体连贯、关注度高、时效性强、影响力大的特点。”③ 记者对新闻事实不断挖掘和剖析，步步深入，连续发表报道新闻事件的最新进展，陆续揭露事实的全貌。《新闻前哨》编辑部认为，系列报道的定义是围绕同一新闻题材、新闻主题从不同侧面、不同角度作多次、连续的报道，各条报道之间没有外在的时态连续，却有内在的必然联系。④ 系列报道与连续报道最大的不同是，系列报道是报道已经发生过多次的新闻事件，并且必须围绕主题进行新闻策划，而连续报道无法预知新闻事件，跟踪报道正在发生的新闻事实。

在“理念说”中，深度报道是一种新闻的理念，被看作一种新闻旨趣。《一个自由而负责的新闻界》认为，所谓深度报道，就是围绕社会发展的现实问题，把新闻事件呈现在一种可以表现真正意义的脉络中。⑤ 喻国明对此概念解读为，深度报道“深”就深在以对现实问题的解释分析为核心，为呈“点”状分布的有关新闻事实编织出一个正确地确定其社会位置的经纬度坐标系来。⑥ 刘海贵认为，理念说是不完善的，深度思维方式与深度报道是两个概念，它们是理论与实践的关系，是精神与物质的关系，这一说法将客观世界的深度报道等同于主观世界的思维方式或报道理念。⑦ 深度报道追求的在于“深”，深入地反映新闻事实，寻找深层次的新闻真相。

---

① 杜骏飞，胡翼青．深度报道的文体说与旨趣说［J］．新闻知识，2001（12）．

② 欧阳明．深度报道采写概论［M］．北京：清华大学出版社，2011：44．

③ 孙晓红．选题、策划、责任：连续报道成功的关键因素［J］．青年记者，2016（17）．

④ 欣闻．系列报道、连续报道、组合报道异同［J］．新闻前哨，2017（5）．

⑤ 新闻自由委员会．一个自由而负责的新闻界［M］．展江，王征，王涛，译．北京：中国人民大学出版社，2004．

⑥ 喻国明．深度报道：一种结构化的新闻操作方式［J］．电视研究，1997（6）．

⑦ 刘海贵．深度报道探胜：党报-主流媒体发展之路［M］．上海：复旦大学出版社，2007．

二、深度报道的定义

陆定一在《我们对新闻学的基本观点》这篇文章中提出，新闻是新近发生的事实的报道。这个定义一直影响着学界对新闻以及新闻价值的理解。随着媒介技术的变迁和网络新媒体的发展，传统的新闻价值观的变迁日益明显。在网络新媒体环境下新闻价值观呈现出一种有自组织性的特征，“及时性”的价值观转向“及时性与全时性"的有效整合；“重要性”的价值观转向“个性化与需要性”同步化；“接近性”中的地域距离被互联网所打破。深度报道扩展了新闻的内涵，从深度和广度延伸了新闻的脉络。

目前对于深度报道，业内较为通行的是甘惜分教授在《新闻学大辞典》中提出的定义：深度报道是运用解释分析预测等方法，从历史渊源、因果关系、矛盾演变、影响作用和发展趋势等方面报道新闻的形式。[①]

高钢认为，所谓深度报道，就是对主体新闻的时间和空间维度进行深度扩展的报道，具体地说，它要通过对主体新闻的生成背景、波及的环境影响和发展的趋势这三个领域的事实要素进行展示和剖析，进而反映客观环境的最新变动状态。[②] 这一说法和《新闻学大辞典》的定义类似，将深度报道涉及的内容归结为新闻背景、影响和未来趋势三个方面。

深度报道将复杂的新闻背景材料融合成一个整体，形成了全新的新闻的叙事表达方式。新闻事实的背景材料包括主题相关的历史性材料、事物之间关系的材料、人物经历材料、数据统计材料等等。“在深度报道的视野中，没有新近发生过的事实，而只有正在发生的事实。所以深度报道使用过去、现在和‘将来的’材料，常常都是为了报道正在发生的事实。”[③] 深度报道突破了一人一地一事的报道模式，不简单地针对相对孤立的新闻，而是一面剖析事实的内部，另外一面展示事实的宏观背景，把握它的真实性，带来纵深的解读，使得整篇报道呈现一定的厚度和深度。

深度报道不同于消息和通讯，消息侧重于及时、迅速报道新闻事实，篇幅较短，简要说明新闻事件是什么，发生了什么，事件的缘由等，让公众在最短的时间里了解清楚新闻事实。较消息而言，通讯更加详细、深入地报道新闻事实，“收集的信息使新闻事实的内容得到充实和延展，以至于新闻作品所表现的真实与客观存在的事实真实之间的契合度增强，对新闻‘矿藏’的

① 甘惜分．新闻学大辞典［M］．郑州：河南人民出版社，1993．

② 高钢．深度报道的理念与操作［J］．新闻三昧，2009（9）．

③ 杜骏飞，胡翼青．深度报道原理［M］．北京：新华出版社，2001：21．

开发已经越过表面进入‘中层’挖掘、开采阶段”[①]。而深度报道是消息和通讯的进阶，不仅着眼于新闻的经过，详细地挖掘新闻事实，更着重于新闻事实造成的影响，层层递进，不断深入，最后呈现出丰富的内容。

深度报道在新闻时效性上比快讯、消息类略低，因为深度报道的报道范围广阔，事件发生之前的历史背景，事件的整体脉络，新闻造成的影响以及未来的发展方向预测都属于深度报道的范畴之内。深度报道根据对新闻事实的了解，探究新闻事实的本质或规律，在此基础上，估计新闻的发展趋势。“深度报道的这种预见性是人的预见能力在新闻活动中的反映。人类有能力认识客观事物发展的规律，也就必然具有预见能力，并且这种预见能力随着人类实践的发展和认识能力的提高而提高。”[②] 例如通过分析比赛的规律、参赛选手的状态等预测比赛的最终结果并做深度分析的体育类深度报道，“这是一种独具魅力、颇受广大受众喜爱的新闻报道形式。它大量进行赛前的设置，吸引受众的关注，提高受众观看赛事的热情，从而拓展了媒体，特别是纸质媒体的发展空间，同时扩大了体育赛事的影响力，促进了体育竞技事业的发展”[③]。大数据的应用为深度报道的预测提供了更加科学准确的依据。

一般来说，新闻的要素为“5W1H”，即 Who（何人）、What（何事）、When（何时）、Where（何地）、Why（何故）和 How（如何，怎么样）。最初，新闻只有五要素，分别是何时、何地、何人、何事和何故。1889 年 3 月 30 日，美联社记者约翰·唐宁（John Downing）发表过一条新闻消息，这条新闻的导语清晰地说明了新闻报道的五要素（5W）。从 19 世纪 90 年代至 20 世纪 20 年代前，新闻五要素被世界新闻界普遍认可和遵循。1932 年，在新闻五要素的基础上，美国新闻学者麦格杜戈尔（McDougall）根据深度报道的实践提出第六个要素 How，拓展了新闻的报道范围和公众的认知结构。此后，新闻六要素被世界新闻界所普遍认可，成为新闻写作的基本原则。

“在新闻六要素中，何事、何人、何时、何地四个要素从不同方面表述新闻事实存在、发生的自然状态，是新闻事实的基本构成，是属于新闻事实感性层面的硬件要素，能直接或间接地为人们所观察、感知，并加以证实和证伪的现象事实，是新闻及标题最基本的构成因素。”[④] 消息聚焦于时间、地点、人物等信息，而深度报道更关注揭示原因和怎么样，这后两个新闻要素，也正是深度报道的深度所在。

---

① 陈航行，谢丛容．谈谈新闻体裁的类型划分 [J]．新闻知识，2017 (8).

② 王天定．深度报道“深”在何处：兼论深度报道的预测性 [J]．青年记者，1999 (4).

③ 陈远．赛事类体育新闻深度报道的预测及误区 [J]．编辑之友，2010 (5).

④ 彭朝丞．标题：新闻六要素的准确达 [J]．新闻与写作，2009 (12).

哥伦比亚大学新闻学院把新闻报道分成了三个层面。第一层是对主体新闻事实的直接报道。新闻的价值性在于报道新近发生的新闻事件，传播的新闻信息离新闻事件发生的时间尽可能短。动态性报道，是所有传媒每日版面（节目）不可缺少的报道形式，否则，我们的新闻传媒就可能绝于新闻，能采用深度报道形式的重大新闻事件总是有限的，而日常大量的新闻事实是需采取动态报道形式加以迅速、及时传播的；且这种动态性新闻短小、客观，版面（节目）容量大，能较好地满足受众对新闻“新、短、快”的要求。

第二层面比第一层更为深入，即发掘涉及主体新闻背后原因及实质的调查性报道。一般的动态新闻，是介绍发生了什么，调查性报道则不仅要告诉人们发生了什么，更重要的是揭示事情背后的原因并展开分析。调查性报道是最能体现媒体职业技能与素养的新闻报道形式之一。调查性报道多以社会的重大或热点事件为报道对象，常常涉及较晦涩难懂的专业性知识、纷繁复杂的社会背景和各种新闻数据。调查性报道往往针对有重大影响力的突发事件或者社会问题进行深度调查，挖掘事实真相，为公众揭露背后的隐含内容，维护公众的知情权。

第三层面则是再继续深入一步，是在调查性报道的基础上作出的解释性和分析性的报道。事实上，深度报道包含了后两个层次的报道，即揭示背后原因和实质的调查性的报道，以及在调查性报道基础上作出的解释性和分析性的报道。“调查性报道多为事后报道，记者面对的往往是事件的严重后果，要由果溯因，探寻产生特定结果的原因并给予全方位展现。‘三层报道’学论固然有一定道理，但是，调查性报道通常也离不开分析，而解释性和分析性报道往往也离不开调查。”[①] 将新闻背后的事件调查清楚，研究梳理新闻事实，就衍生出解释性报道。

三、深度报道的基本要点

深度报道的基本要点中，最首要的和其他的新闻报道别无二致，即必须力求真实。

事实是报道的唯一的素材，除非特别权威，否则不能采用单一的信源。真实性是新闻的生命，单一信源很容易造成新闻失实，出现虚假新闻，影响媒体的公信力。

耶鲁学派的卡尔·霍夫兰（Carl Hovland）在第二次世界大战期间和战

① 丁柏铨．调查性报道的若干理性思考［J］．当代传播，2013（4）．

争之后，对态度与说服进行了细致研究，提出了信源可信性效果理论。一般来说，信源的可信度越高，其说服效果越大；信度越小，说服效果越小。信源的可信性对信息的短期效果具有极为重要的影响，但从长期效果来说，最终起决定作用的是内容本身的说服力。信源的可信度是决定受众态度的重要因素，也是获取事实真相，避免出现新闻反转或假新闻的重要途径。无论何种情况下，记者都应该谨慎采用信源，尤其是单一信源。“新闻的真实是事实的真实。理论上，新闻对事实的叙述应与事实相符，但新闻只是关于事实的叙述，并不是事实本身，这两者之间不可避免地存在差距。专业新闻工作者可以努力缩小新闻与事实之间的差距。”[①]

2016 年，《新京报》因发表两篇有关中曼石油天然气集团股份有限公司的调查报道，被中曼石油以侵犯名誉权为由告上法庭。记者在报道中采用了单一信源，法官的判决认为，在口述内容涉及被报道对象的负面信息，且口述者与被报道对象可能存在利益冲突时，报道人应当避免以口述内容为单一消息源；涉及的负面信息在没有其他消息源佐证或通过实地调查仍无法确证属实时，应避免直接引用。[②] 这说明了使用单一信源的复杂性和危险性，需要充分交叉验证后保证每一句话的真实性。

其次，记者要准确理解报道所涉及的专业领域知识。

作为深度报道的生产者，首先必须能够准确地理解报道所涉及的专业领域和其相关领域的知识，成为这个专业领域的专家，才能够把它准确地表述和传递给更多的人，并且不会让公众看到之后产生误解。1987 年杰夫·莱昂（Jeff Lyon）和彼得·戈纳（Peter Gorner）撰写的关于基因疗法的报道，使得他们成为当年普利策奖解释性报道奖的获得者。记者并不是医学专家，但是他们却为了这篇报道深耕基因疗法，仔细查找资料，采访了 60 多位相关的专家和学者，透彻地了解复杂的分子医学，最后才能呈现出如此优质的报道。

2020 年，全国人民最关切的莫过于肆虐蔓延的新型冠状病毒肺炎，针对疫情的新闻源源不断地被生产出来，为公众提供最新的疫情专业性的知识和信息。几乎每一篇新闻报道都涉及除新闻以外的其他专业领域，采编人员要对这一领域的新闻事件做出专业的诠释与传播。疫情专业报道可能涉及医学、生物学、管理学、经济学等专业领域，更需要专业的知识体系和文字表达。

再次，记者要能够清晰地梳理新闻之间的逻辑因果关系。

---

① 陈力丹，孙龙飞，邝西曦．泛众传播视域下的新闻真实［J］．新闻与写作，2016（3）．

② 李晨．如何用采访证据系紧调查记者身上的“保险绳”：从《新京报》胜诉的两场名誉侵权官司谈起［J］．中国记者，2017（1）．

将一个复杂事件背后的逻辑因果关系梳理清楚，是一种很强的逻辑结构能力。深度报道的篇幅较长、事件本身的复杂性决定了深度报道需要层次清晰、逻辑合理的结构讲明事实。简单来说，如果要梳理一天都做了什么？写作者可以使用最习惯使用的“时间序列”的方式，按照从早上直到晚上的时间脉络串联起一天。或者，他可以根据事件的发生到结束的顺序方式，呈现从起始、发展到结束的简单逻辑关系。还可以用事实的搭建，按照这件事的重要程度，把不同的新闻要素从重到轻地排列起来，这也是一种逻辑结构关系，但是无论怎么样去建构，必须能够使读者容易理解新闻事实，能够清晰地梳理新闻之间逻辑的因果关系。后面的章节会详细阐述如何组织深度报道的结构。

最后，记者要能够用通俗的语言完成对新闻的串联和解释。

与其他的文体相比，新闻报道的文体具有鲜明的特征，新闻报道以多种表现手法来呈现真实的客观事物，其遣词造句、整体结构和表达方式都明显区分于其他文体。近些年，出现了一些用语华丽或者辞藻堆砌比较多的新闻，新闻文风浮躁，内容空洞。新闻文风不仅涉及新闻作品的语言和文字风格、新闻从业人员的思想和作风，而且涉及一个时代的价值和精神定位。记者应加强新闻文风的建设，使新闻理论能更好地应用于新闻实践，形成大众“喜闻乐见”的新闻文风，推出更多有传播力与影响力的新闻作品。

事实上，新闻语言应该是通俗的，是简单的，“新闻语言是传播的语言，传播是面向广大群众、广大读者的”①。因此，写作过程中能用单句就不用复句，能用短句就不用长句，能用常用词就不用生僻词，能用通俗语言就不用专业术语，用群众的语言完成新闻的串联和解释。“美国一份新闻刊物对记者提出的要求是，不让一个具有初中毕业文化水平的读者在阅读刊物的新闻时有任何障碍。新闻语言要让一般公众读得懂，听得懂。”② 新闻的目的在于面向公众传播信息，能够轻松阅读和理解的内容是新闻广泛传播的基础。

如果从深度报道的实际操作视角，我们可以把主体向 4 个方向辐射，辐射到主体所造成的影响，辐射到主体的发展趋势，辐射到和主体产生的关联，辐射到主体的相关的背景（图 1-1）。由此要求深度报道的记者要有新闻背景的意识、新闻影响的意识，也要有对于趋势性的预测意识。

---

① 艾丰．新闻语言的具体特点（下）：谈谈在报道中如何使用“简明”、“通俗”和“综合”的语言[J]．新闻与写作，2011（4）．

② 高钢．新闻报道中的遣词造句与段落构建 [J]．新闻与写作，2019（2）．

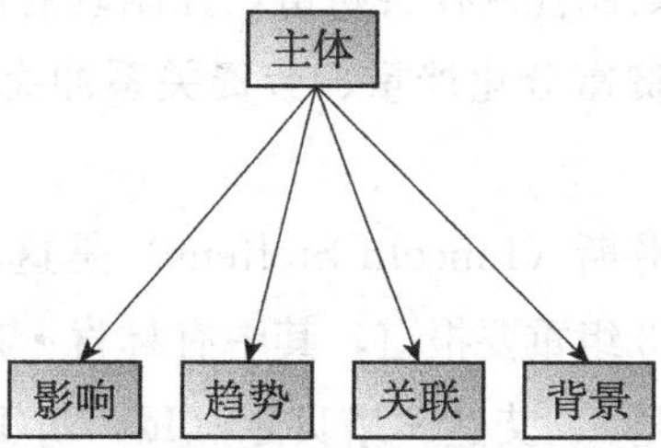

图 1-1　深度报道实际操作中主体的辐射方向

深度报道注重新闻事实来龙去脉的深入挖掘，深层次原因的剖析。在一篇深度报道中，仅有事件的主体是不够的，系统的背景材料、相关的新闻事实、主体事件的影响和发展趋势的预测都是深度报道深入揭示新闻事件的重要组成部分。

以更为全面、公允、博大的眼光审视新闻报道，我们将会发现过多强化对主体事件的单一把握，而忽略对其原因、背景、细节的整体分析，这样写出来的新闻，将会是“过滤之后的片面消息”“部分的真实事实”“缺乏大地滋养的无本之木”。这些对记者来说尤为重要，实际操作中，应该细致全面地了解与主体相关的内容。记者不能用单向思维思考问题，用多因多果的思维才能系统地理清深度报道真正的脉络。

第二节　深度报道的历史和发展

深度报道经过长期的发展实践逐渐形成了如今的报道体系，从国际和国内两条脉络叙述，最早起源于西方新闻界，“扒粪运动”是国际深度报道的开端，越南战争和“水门事件”是其发展的高峰，此后正式确立了深度报道的概念。改革开放之后，国内深度报道真正成型，此前零星出现了深度报道的雏形。

一、国际深度报道的历史渊源

14—15 世纪，手抄新闻在意大利威尼斯兴起。工业革命后，资本主义经济高速发展，面向大众的综合性廉价报纸广泛传播。根据大众传播业的历史，现代的新闻是一个从国外传到中国被推而广之的舶来品，所以追溯深度报道的历史，西方新闻界是绕不开的。

深度报道肇始于 20 世纪初美国的“扒粪运动”，这场揭露黑幕的运动从 1902 年到 1912 年，持续了近十年，影响颇为广泛。20 世纪初的美国，经济迅速增长，垄断财团控制社会财富，控制政府内政外交，为垄断公司谋取利益。此外，美国贫富分化严重、劳资关系冲突、官商勾结等社会问题频发，矛盾激化。

林肯·斯蒂芬斯（Lincoln Steffens）是这场运动的代表人物。《麦克卢尔》杂志发表的3组重要报道，其中有林肯·斯蒂芬斯写的关于城市政治机器的《城市的耻辱》，艾达·塔贝尔（Ida M. Tarbell）写的《美孚石油公司的历史》和雷·斯坦纳德·贝克（Ray Stannard Baker）写的揭露劳工问题的《工作的权利》。1906年，戴维·格雷厄姆·菲利普斯（David Graham Phillips）在《世界主义者》上发表了《参议院的叛国罪》，直接斥责了众多参议员的不当行径。

当时由新闻界主导了一场以揭露社会问题和公司腐败为主的新闻运动，总共发布2 000多篇揭露的新闻稿件。当时的美国总统西奥多·罗斯福把专门揭丑的记者称为“扒粪者”，这场运动史称“扒粪运动”，作为一个标志性的事件被写入新闻史。学者展江称“扒粪运动”使20世纪第一个10年成了大声疾呼改革的时代，从反面帮助一个民族重新发现了它的良知。① 媒体推动了美国一系列的社会改革，对腐败治理和社会进步起到了积极的推动作用，使舆论监督观念深入人心，促使了深度报道的产生。

20世纪六七十年代，是调查性报道的第二个高峰。有关越南战争和“水门事件”等的深度报道集中崛起，迎来了美国深度报道的兴盛时期。越南战争时期，美国以一些主流报刊为首所建立起来的新闻报道力量推动了人民反战情绪的产生和战争的终止。1975年《国家时报》记者艾文·惠顿（Evan Whitton）为揭露澳大利亚卷入越南战争的真相，几次深入越南前线和美国国防部调查取证。她的系列报道《越南战争的真相》发表后震惊全国，有力地影响了政府从越南撤兵的决策。

1972年，美国大选期间，共和党尼克松在民主党总部水门大楼安装窃听器，《华盛顿邮报》的记者鲍勃·伍德沃德（Bob Woodward）和卡尔·伯恩斯坦（Carl Bernstein）经过22个月持续的采访、调查，揭露了“水门事件”的真实情况，导致美国时任总统尼克松辞去总统职务。这一时期，涌现出很多优秀的调查性报道的记者，他们为报道的深入、真相的挖掘做出了重要贡献。

深度报道的概念正式确立于1978年。当时，《世界大百科全书》将深度报道列为20世纪美国新闻的发展趋势，还认为这是一个能够振兴和发扬新闻业的发展趋势。

---

① 李洋，展江．“扒粪运动”与美国商业进步［J］．中国企业家，2008（19）．

知识窗

一些国际深度报道资源

全球深度报道网（Global Investigative Journalism Network，GIJN）。包括报道手册和书籍、国内外公开数据库、数据新闻工具包和深度报道。在近些年，全球深度报道网对于数据新闻的发展起到了非常大的推动和促进的作用，提供了很多深度报道资源。全球深度报道网每两年评选一次全球光亮奖，其中总会有一些优质的稿件脱颖而出。

美国调查记者编辑协会（Investigative Reporters and Editors，Inc.，IRE）。成立于 1975 年，是调查性报道的记者联合建立的非营利性组织，总部位于密苏里州哥伦比亚区的密苏里大学新闻学院。该机构每年 6 月初举行一次年度会议，并颁发当年的 IRE 新闻奖。该奖下设不同奖项，在美国调查新闻领域有着相当高的含金量。

“新新闻主义”及“非虚构写作”代表性人物的经典著作。“新新闻主义”于 20 世纪上半叶兴起，西方世界处于动荡时代，人们需要新的写作模式了解新闻信息。新新闻主义一反传统的生硬的写作手法，而主张借鉴文学尤其是小说的写作特点，要刻画人物的内心世界，甚至主张记者对新闻事件的参与。

非虚构作品，顾名思义，不是虚构的，是真实发生的事情，但是借用文学性的叙事或写作手法来呈现，允许合理的想象。新闻的非虚构作品强调新闻事实的真实性，不能为了文学性，放弃新闻的真实性、客观性要求。1952 年，美国《纽约人》杂志发表了长篇作品《影片》，是早期的非虚构作品代表作。

非虚构写作是对过往虚构文学内容生产方式的反拨，它不拘泥于体裁形式，借用深度调查与民族志田野调查的方式去观察、记录，并进行内容创作，题材往往涉及重大历史、现实情境下的个体和群像式命运变迁。《举重冠军之死》的作者李海鹏认为“非虚构写作”必须符合“真实”和“文学”两条标准，即出现在文章中的所有内容都必须是真实的，包括“真实的事件”、“真实的人”与“真实的现象”等。

非虚构写作在人物的语言、行为等方面的刻画具有优势，也成为一些人物报道写作方式的重要借鉴。例如盖伊·特立斯（Gay Talese）的《弗兰克·辛纳屈感冒了》，没有采访到弗兰克·辛纳屈本人，而是在周边信源的基础上完成了报道，完成了对弗兰克·辛纳屈的精彩描述。

二、国内深度报道的发展脉络

关于国内深度报道的起源，新闻学界有两种观点，一种认为 20 世纪 80 年代出现了大批优秀的深度报道作品，即中国的深度报道起源于 80 年代。还有一种观点认为中国的深度报道可以追溯到百年之前，王韬《循环日报》的政论文章深入揭露政府的腐败无能，批判政府，针砭时弊。王韬的《循环日报》是中国报人正式关注中国政治制度变革的开端，发端于《循环日报》的中国深度报道一开始就变成了释放民间政治话语的渠道，在王韬等早期中国本土报人创办的报纸中都承载了深沉的政治主题。政论文章虽然涉及的主题深刻，具备深度报道的内涵，但是更多为评论文章，而不是基于采访得出的报道。

《申报》于1872年由美国人美查在上海创办，并邀请中国人担任主笔和编辑。"杨乃武与小白菜"案是晚清四大奇案之首，引起社会的广泛关注，甚至惊动了慈禧太后，最后杨乃武和小白菜无罪释放，惩处了多名涉案官员。《申报》花了三年的时间连续报道了"杨乃武与小白菜"案，这一连续性的报道也被一些学者认为是深度报道。董媛媛认为从报道的题材上看，"杨乃武与小白菜"案的报道选材符合深度报道的标准。《申报》长达三年多的连续报道使整个案件处于一种完整的联系之中，不仅在案件的发生地采访报道，而且进行了跨地域追踪。另外，报道兼具解释性报道和调查性报道的特征，不仅告诉读者发生了什么，而且为读者分析案情，甄别善恶，大胆批判封建刑讯制度，在必要的时候能够顶住权势揭露事实真相，形成社会舆论热点。

范长江的长篇通讯作品集《中国的西北角》中的一些篇章也被认为具备深度报道的精髓。1935年，范长江作为《大公报》的记者深入西北，历经长达十个月的采访和考察，展现了中国工农红军的风貌。在西北之行的旅行采访中，范长江抓住当时西北地区所存在的重要的现实问题进行了深入报道，其中就包括西北社会中所存在的严重的贫穷和饥饿、贫富悬殊、种植和吸食鸦片的罪恶、紧张的民族关系等社会问题。报道内容翔实，主题深刻，深刻地反映了当时中国的社会背景，实现了深度报道的深度和广度。

新中国成立之后，出现了一些相对比较"深度"的报道，无非是具备篇幅长、整个写作相对深入和细致的特点，并没有展现出它的深度所在，所以并不能被称为是深度报道。因为当时但凡具备这样两种特征的新闻作品，基本上都带有大量的文学化的色彩，与报告文学基本上相统一，报告文学是散文的一种，介于新闻报道和小说之间，同时具有文学性和新闻性。报告文学可以用文学手法迅速及时地反映所关心和关注的新闻人物、新闻事件和社会问题，可以更多地呈现文章效果，构建典型的人物形象，比如《谁是最可爱的人》《为了六十一个阶级兄弟》《哥德巴赫猜想》《焦裕禄》等都是经典的报告文学作品。报告文学可以分为作家采写的文学色彩很浓的"以文学性取胜的作家体报告文学""以扎实丰富的素材和真实性征服读者的记者体报告文学"。这些报道与深度报道，还是有一些时空上的距离。

此前，虽然国内零星出现个别具备深度报道某些特征的报道，但是深度报道的真正成型是在 20 世纪 80 年代之后。国内的深度报道肇始于改革开放以来，中国所发生的新事情、新挑战、新机遇，比如大兴安岭的大火，以及对于改革开放之前十几年的反思类报道。改革开放后，中国社会发生了翻天覆地的变化，尤其是思想领域，解放思想，实事求是，为新闻业的发展和记者的职业理想提供了良好的社会条件。

国内深度报道的正式确立是 1987 年全国好新闻奖（中国新闻奖前身）第一次设立深度报道奖，将系列报道、组合报道和连续报道作为深度报道的 3 种形式进行评选。这是深度报道第一次堂堂正正地得到承认，并且以一种新闻文体的姿态出现。

深度报道的兴盛主要来源于两个方面，第一个方面是 20 世纪 90 年代前期，电视调查栏目的兴起，以《东方时空》《焦点访谈》等为代表。在 20 世纪 90 年代后期，电视栏目兴盛的同时伴随着都市报的形成，以《华西都市报》《南方都市报》等为代表。

1980 年 7 月，中央电视台开设了国内第一个述评类的深度报道节目《观察与思考》。在 1990 年的时候，整个中央电视台只有三个频道，等到 2003 年，中央电视台扩大到 14 个频道，扩张了 11 个频道，等于每天电视必须要有 264 个小时的新闻内容填满时间段。

20 世纪 90 年代后期，是传统媒体实现腾飞、中国都市报迅速崛起、报纸数量不断增加的时期。以北京为例，在 1998 年之前，整个北京只有《北京日报》《北京晚报》《北京青年报》三份报纸，但是 2003 年的时候，全北京有 13 家都市报，这 13 家都市报主要聚焦于北京的事情，但同时也辐射全国。

传统媒体的大幅扩容，事实上是对深度报道的极大促进，总体扩容之后，深度报道就有了越来越多的生存扎根的机会和空间。

三、代表性深度报道案例解读

国内的环境提供了有益的土壤，在深度报道的兴盛时期，涌现出很多具有代表性的深度报道。

1979 年，《工人日报》发表了《渤海二号钻井船翻沉事故说明了什么》一文，直接点明了领导的错误态度。“渤海二号”钻井船作业途中遇到风浪翻沉，导致 72 人遇难死亡。迄今为止，这篇报道仍然保持着深度报道问责的最高纪录，最后事故相关领导被问责处罚，级别最高至国务院副总理记大过处分。改革开放以来，这是第一篇非常有代表性的深度报道，另外还有一些针对“文化大革命”中的极左激进思想的反思，为蒙受冤屈的人鸣不平的作品，例如1978年，揭露“文化大革命”时期陶铸同志被迫害致死的《一封终于发出的信——给我的爸爸陶铸》。

1985年，张建伟发表《大学毕业生成才追踪记》，这并不是单篇的报道，而是“一组八篇——日后被首都新闻界公认‘开了新时期深度报道先河’的‘综合性专题系列报道’”。在这个系列报道中，能够看到的是对于个体的关注，以及作者在文体和表述方式上有相当大的突破，“这组报道从观念到方法皆有别于传统：其报道对象处于社会的‘中间地带’，无法归入传统的‘典型’”，它的“形式”、“报道模式”和“报道方法”与以往的报道相比均有突破。①

1987年，《中国青年报》的《红色的警告》《黑色的咏叹》《绿色的悲哀》（新闻业内俗称的“三色报道”）实现了报道题材和语言上的突破。《红色的警告》写到了“行政管理体制上的多年矛盾”，“基层领导机构办事效率和应变能力的低下”和“基层领导干部的自我保全和领导无能”，这种直接问责，以及它在文体、选材上的一些突破，都具有里程碑意义。②

同是1987年，《经济日报》推出了“关广梅现象”的系列报道，从改革尖兵关广梅的个人形象出发，引发了关于中国改革的广泛讨论，对于整个中国的改革开放，都有明确的促进作用。“那时，‘两权分离’的改革刚刚开始，既得利益者常常被别人用旧的政治思维打量，在争议和风险中进行变革。这种政治思维的审视和评判，完全是集中在纸媒的平台展开最终较量的。”③ 深度报道已经深度介入经济生活的发展领域，使得经济生活发展这样的一些日常的新闻能够做得深度化、系统化。此前的新闻大多数是沉浸于一事一报、一日一报、一人一报，而“关广梅现象”的4篇报道具有划时代、划阶段的影响。

新华社1991年的《三峡工程论证始末》深入地展开阐述国家级大型工程的决策过程，现在依旧流传甚广，具有标志性的历史作用。

1995年1月6日，《北京最后的粪桶》以一个整版出现在《中国青年报》第八个版面，也是1995年开设的《冰点特稿》栏目的开山之作，它很好地诠释了“冰点”这两个字——不是热点，也不是焦点。这篇报道对于深度报道的意义在于：《最后的粪桶》是中国新闻界第一次正面而直接地把聚光灯打到了此前从来不去关注的新闻死角，也就是小人物、小事件上。从《北京最后的粪桶》开始，深度报道开启了用一个小的切口、一个小的人物，去折射时代、折射人心的传统。这一传统一直延续至今。

---

① 刘勇．新时期中国报纸新闻文体发展脉络剖析：基于历时性维度的考察［J］．新闻大学，2010（2）．

② 陈力丹．深度报道“深”在哪儿？［J］．采写编，2005（5）．

③ 阴良，张志安．1987“深度报道年”：特征，动因及反思［C］//第八届新世纪新闻舆论监督研讨会．中国青年政治学院，河北大学，中国人民大学，2008．

1997年《焦点访谈》的《罚要依法》和1998年《新闻调查》的《透视运城渗灌工程》，标志着电视上开始使用视频技术进行深度报道，深度报道正式在国内变成了越来越占据主流位置的报道方式。从此以后，深度报道就不仅是文字类专美，也有了音视频类新闻。

2000年10月，《财经》杂志刊登的题为《基金黑幕——关于基金行为的研究报告解析》的报道，“揭开了中国股市多年来秘而不宣的盖子，成为大多数中小投资企业的共识，引发了中国证券市场上史无前例的大讨论”①，开辟了国内由专业的线人爆料的报道方式，并且聚焦在具体的专业的基金领域，是具有标志性意义的专业领域的深度报道。

《南方都市报》2003年发表《被收容者孙志刚之死》，该文在写法、题材等这些方面并没有比较大的突破和创新，但是“这一篇报道是还新闻事实于最原始状态的优秀之作，是记者控制自我之‘像’而忠于事实之‘像’，由此完美地达到新闻记者应该达到的职业水准”②。至今为止它仍占据着深度报道的影响力所能达到的高峰，这篇文章直接推进了“城市收容制度”的废止。

2003年《南方周末》推出《举重冠军之死》，写到了一个叫才力的亚运会举重冠军，成为深度报道领域人物特稿的范本。细节叙事，首先在于细节的具体、生动，事实自有其张力；其次要把细节嵌入到人物故事中去，呈现细节、事实之间的有机联系，使之成为报道的有机组成部分。这篇文章开头，李海鹏用细节描写和故事性的语言呈现了才力去世的场景，多数采用数字，“在他死的当天，家里只有300元”，突出了才力的贫穷和生活压力。

以上列举出的深度报道，时至今日再回头看，会发现它们或多或少存在着不足，有的文风太过主观，有的甚至直接添加了大段的议论。但是，这些远不完美的深度报道之所以能够被视为代表性作品，是因为它们都有所突破、有所开创。有的报道开创的是全新的文风，有的开启了全新的角度，有的报道使得全新的题材被纳入公共视野。事实上，近年来的深度报道，无论从文风、题材，还是多媒体呈现方式等各个方面，始终都在不停地大踏步前进。例如纳入一些非虚构性写作的手法，引入一些文学化的文章结构方式、小说的叙事方式、电影的蒙太奇叙事结构，等等。这些新的尝试使得深度报道在本领域内始终不断提升，不断进步。

四、深度报道代表性栏目和媒体

除了深度报道的代表作，在不同媒体形态上也出现了一批深度报道的代

---

① 高一帆．论财经媒体社会“守望者”角色的实现［D］．广州：暨南大学，2006.

② 李书藏．《南方都市报》孙志刚案首次报道中的理性和自律成分分析［J］．现代传播，2004（3）.

表性栏目和媒体。

《焦点访谈》于1994年由中央电视台新闻评论部创办，节目定位为时事追踪报道，新闻背景分析，社会热点透视，大众话题评说。它以深度报道为主，以舆论监督见长，是中央电视台收视率最高的栏目之一，多次获中国新闻界最高奖项。2001年，《焦点访谈》播出《河道里建起商品楼》，小区住宅楼建在武汉市防洪墙里面的长江河道上，反映了房地产商违反国家法规在长江河道建楼盘，引起强烈社会反响，国家防汛抗旱总指挥部发出了清障令，《焦点访谈》报道了事件的后续《把河道还给长江》，播出了长江清障炸楼的过程。

1996年，中央电视台开办了一档深度新闻评论类节目《新闻调查》。为了追求每期45分钟节目的高品质和职业化，《新闻调查》设置了专业化的细致分工。时任新闻评论部主任孙玉胜和副主任袁正明明确提出《新闻调查》的核心理念："我们要做中国的《60分钟》"，由此确立了做成深度调查类新闻节目的初步界定，探寻事实真相的调查理念。《新闻调查》推出很多优秀的深度报道，例如《透视运城渗灌工程》《厦门特大走私案·走私黑幕》和《北京："非典"阻击战》等。《新闻调查》作为国内电视新闻大型深度报道栏目，在挖掘事实、建构背景、培养质疑精神和理性思辨的品质等方面为我们研究电视新闻深度报道提供了借鉴和思考的空间。

1995年《中国青年报》开办了《冰点特稿》栏目。2004年，以《冰点特稿》为基础，新增三个版面，组成"特稿""观察""探索""人物"四个版面，正式改为周刊。《冰点特稿》栏目中的特稿报道长约8 000字。一直以来，《冰点周刊》试图让读者相信：报纸远远可以超越一天的生命。《冰点周刊》创立以来，佳作层出不穷，颇受人们关注和赞誉。即使在传统媒体受到新媒体剧烈冲击的今天，《冰点周刊》依然以独特的视角和笔触，保持着深度报道应有的水准，记录着中国社会中普通人的命运。《冰点周刊》创始人、《中国青年报》前副主编李大同曾指出，"冰点"最大的变化就是在题材选择上根据社会需要，逐渐向硬新闻转变，新闻报道转向纯正的新闻事件和调查报道，但是，不变的还是站在读者的角度进行思考。

20世纪90年代中期，南方报系开始崛起，从一家地方型小报逐渐发展成国内知名的大报。《南方周末》是南方报业传媒集团1984年创办的，更是在1996年转型之后，在深度报道领域深耕，形成了"北央视，南周末"的深度报道格局。《南方周末》呈现了许多深度报道的杰作，例如《山西"割舌事件"真相调查》《张君案检讨》《南丹矿难调查》，还有前文提到的《举重冠军之死》和《你不会懂得我伤悲——杨丽娟事件观察》，深度报道成为《南方周末》的立足之本，也是践行舆论监督的重要工具。"从90年代中期起，通过提供深入和全面的公共事务报道，尤其是调查性报道，《南方周末》则在更彻底的意义上告别了《真理报》模式，而且集中呈现了20世纪末中国报纸所具有的良知、勇气、水准和创造力。”①

1998年后，陆续出现的《财经》杂志、《三联生活周刊》、《新京报》等媒体，以及此后创立的一些周刊类杂志或者周播电视媒体，也开始陆续介入深度报道领域，激烈的市场竞争促使很多报纸为了避免产品同质化而做深度报道，而这种动因又反向促进了深度报道的繁荣。

第三节 深度报道的作用和影响

深度报道拥有不可替代的传播效果，有利于彰显媒体价值，吸引受众，实现议程设置，在受众、媒体、新闻从业者和社会四个层面都发挥着重要作用。

一、深度报道的价值

深度报道是社会进步对新闻业的刚性需求。深度报道出现的先决条件是媒体发展到足够强大，具备技术条件。媒体传播的工具未发展到一定程度之前，深度报道也是无法实现其采集和写作流程的。

“倒金字塔结构，是指以事实的重要程度或受众关心程度依次递减的次序，先主后次地陈述事实的新闻报道结构。”② “倒金字塔结构大多用于对重大事件、突发事件、时效性强的事件以及与公众切身利益息息相关的事件的报道。”③ 倒金字塔结构起源于美国南北战争和电报的运用。美国的南北战争时期，大众化报刊竞争十分激烈，各报纸纷纷把记者派往前线采访，了解战争前线的最新动态，通过电报和电话向编辑部传递信息和稿件，但是电话和电报在当时非常不稳定，不能保证完全畅通传送，时常中断。记者们在前方被迫把所有的新闻拆成一段一段，把它们从重到轻地排列下来，最重要的写在最前面，这种应急措施产生了倒金字塔结构。

“倒金字塔结构方式的创造和发明，本身也是新闻传播规律发现的表现，是新闻传播规律在新闻实践中的体现，并不是简单的、偶然的一种新闻结构方式。倒金字塔结构在新闻再现与建构中是不可替代的。”④ 倒金字塔结构一

---

① 张志安．30年深度报道轨迹的回望与反思［J］．新闻记者，2008（10）．

② 皮传荣．新闻写作实务［M］．北京：中国传媒大学出版社，2017：112．

③ 同②113．

④ 杨保军．倒金字塔：新闻思维的规律性结构［J］．新闻战线，2008（6）．

直延续到20世纪前期，使用了大约50年，不但成为新闻从业者奉行的传播结构，同时也影响了受众的阅读习惯和认知结构。

深度报道是纸媒在与广播电视的竞争中形成的重量级新闻产品。任何行业的发展，都离不开两个主要因素的推动：一是市场需求，二是技术推动。新闻传播业的发展也不例外，每一次技术的变革都导致媒介的革命，报纸、广播、电视依次出现，改变了传统新闻生产分发的理念和形态，影响着人类知识的组织、传递和获取。广播电视新闻通过镜头叙事，再现新闻现场，使观众身临其境，现场感相当强烈，成为传统纸媒强大的竞争对手，促进深度报道的形成。

至今，深度报道已经成为媒体彰显自己的价值和定位，吸引忠诚受众的重要条件。

深度报道具有强大的议题设置和舆论引导能力，随着技术发展，广播电视、网络、多媒体都纷纷加入深度报道的行列中来。《纽约时报》2012年推出了一篇多媒体深度报道《雪崩》，颠覆了传统报纸的新闻呈现方式，耗时6个月，融合了文字、音频、视频、动画等，报道了16名滑雪爱好者遭遇雪崩的经过，报道发布后6天，就获得了290万访问量和350万页面浏览量。这组报道创新了新闻报道的形式，用现代化的技术引起了读者的关注，为报纸赢得了声誉和读者，成为传统媒体利用新媒体强化报道效果的范例。

深度报道可以发挥专业媒体及人力资源的优势。深度报道兼具挖掘被遮蔽的真相和深度整合信息两项主要功能，都可以在某种程度上缓解社会价值取向的多度分散化，引导和影响舆论的走向。专业的权威媒体有公信力和人力资源优势，这是专业媒体区分于其他媒体的一条，迄今为止仍然是无法被逾越的“护城河”，维护着专业媒体的生存必要性。新媒体时代，庞大的用户群体上传信息，即用户生成内容（User Generated Content），在网络平台汇集海量的内容，甚至成为专业新闻生产的重要线索和信息来源，对专业媒体的新闻生产形成挑战。传统媒体最重要的资源就是“经验丰富的资深记者，深度报道要求记者有过人的专业素养”，并不是公民记者所能替代的。[①]

深度报道能摆脱新闻首发权丧失的被动局面。网络崛起时代传播权利的个人化，使得传统新闻媒体丧失了两大优势：首发报道权、独家新闻权。在新媒体状态下，新闻首发权很多时候是不在媒体手里的，而可能在一些论坛、微博、微信朋友圈等平台，这些平台越来越多地占据了新闻首发权。热点事件一出现，就会有很多的自媒体号争先恐后地推出内容赚取流量。自媒体准入门槛低，其中有很多运营者既非职业信息生产者，也非专业信息生产者，

① 李希光，朱星宇．碎片阅读时代的深度报道［J］．新闻与写作，2015（9）．

面对当下激烈的注意力经济之争，自媒体依赖阅读量大的爆款网文。而那些内容现在越来越不被用户所认可，专业的深度报道能够使媒体摆脱新闻首发权丧失这样一个被动局面。深度报道不仅仅是针对广播、电视、报纸而言的“护城河”，而是整个专业新闻内容生产者的“护城河”。

二、深度报道的作用

我们可以从受众、媒体、从业者和社会四个角度理解深度报道的作用。

在重大事件的传播过程中，往往只进行简单的事实陈述，无法对重大事件进行全面性的解读，需要人们自己对事件全貌进行探索。“生活在这样一个急剧变化的社会环境之中，民众对新闻深度信息的需求日益增强，他们不仅需要了解发生了什么事件，更需要知道这些事件发生的原由，不仅要知道这些事件对自己生存环境产生的影响，甚至还要把握这些事件的发展趋向。”①通过深度报道，受众可以更及时更深刻地了解新闻的全面情况。《财新周刊》的独家报道《新冠病毒基因检测溯源：警报是何时拉响的》从头至尾清楚地梳理了疫情发展的逻辑。这篇 4 万字的报道由来自 11 个国家和地区的 34 名记者共同完成。从受众的角度来看，这篇 4 万字的报道系统全面地总结梳理了从 2019 年的 12 月份新冠病毒的传言流出，一直到武汉做出全城隔离决定的整个过程。

从媒体的角度来看，深度报道形成特殊的传播效应，构成了媒体的核心竞争力。传统媒体具有挖掘新闻背后的事实的业务能力，深度报道，是传统媒体在激烈的竞争中占有一席之地的核心竞争力和影响力。从媒体实际操作的角度，可以根据深度报道将媒体分成两类，即能做深度报道的媒体和不能做深度报道的媒体。

与微博等新媒体相比，报纸的最大优势就是其深刻性、专业性和权威性。拥有专业化的采编团队是纸媒的传统优势，而在纸媒的报道板块中，深度报道所提供的信息是最为立体和完整的，这一信息发布形式是目前新媒体尚无法涉及的领域，是专业化采编团队目前掌握的仅有核心技术。

深度报道有助于训练出最高素质的从业人员，能够帮助从业者锻炼出其他报道领域所不具备的高素质。相比普通新闻，深度报道对记者的专业能力提出了更高的要求，而且深度报道记者在调查、采访过程中面临更加复杂甚至危险的环境，想系统而立体地讲清楚新闻事实，同时不会被人产生误解，需要记者具有专业素养和职业道德准则。“调查记者是新闻从业者队伍中的

① 高钢．深度报道的理念与操作［J］．新闻三昧，2009（9）．

'标杆'，这个群体的职业意识和生产实践对整个行业具有示范性作用。"① 在新媒体环境下，深度报道对记者的能力和素质提出了更高的要求，不仅需要传统的采访、写作能力，还要适应融合媒体时期，掌握多种报道方式。

深度报道在一定程度上影响着时代进程和事件发展。深度报道的特性决定着深度报道具有影响力和舆论监督作用。前文提到的《渤海二号钻井船翻沉事故说明了什么》促进了钻井船翻沉事故得到合理解决，开启了舆论监督和行政问责的先河。《被收容者孙志刚之死》一文更是直接在社会上掀起了对收容遣送制度的大讨论，促使了收容遣送制度的废止，有利于保护公民权利，健全我国的民主法制制度，推动依法治国进程。

三、提升深度报道能力的关键路径

提升深度报道能力的关键路径在于必须要找到核心事实。记者要学会挖掘新鲜的选题，提高报道效率，同时准确判断信息，寻找符合深度报道选题要求的核心事实。

其一，需要带着初步的认知，找到与主题相关的全部基本事实，能够完成对核心事实的基本拼图。采访是新闻写作的基础，也是验证核查新闻信息的重要一环。在采访过程中，记者不断深入获取选题相关信息，完成了核心事实的基本拼图之后，整理、分析采访素材，并且验证与最初的目标是否一致，进而选择是否修正预设的核心事实或者彻底推翻自己原有的目标。

其二，在采访的过程中，要遵循第一手信源、可靠的信源和交叉信源原则。新闻来源（采访对象）的可信度是"辨别新闻事实的真伪和可靠程度"的重要依据。深度报道信息量大、篇幅长的特点决定了采访一次甚至难以得到足够的真实的信息。在深度报道的采访中，常常会遇到不止一个采访对象，这时如何筛选采访对象，选择性地在写作过程中使用哪些采访对象说的话，都影响着深度报道的报道角度和立场。除了选择合适的采访对象，尽量做到报道的客观和平衡，记者还应警惕信源可能存在的陷阱。"记者需要认识到，有些信源会说谎，有些信源会有意回避一些重要事实，还有些信源会在没有弄清楚事实的情况下，贸然提供了不正确的信息。即使信源的初衷是好的，多数采访对象也只讲他们想要记者知道的东西、他们同意的东西，或者他们自认为是真理的东西。"② 每一个采访对象都会有自己的相关的目的，记者应该通过信源之间的交叉验证，留下可信的部分，剔除不可信的部分，这是采

① 张志安，沈菲．调查记者的职业满意度及影响因素研究［J］．新闻与传播研究，2012（4）．

② 李希光．如何挖掘与用好"新闻信源"［J］．新闻与写作，2012（11）．

访中应遵循的原则。

其三，尽可能找到最好最多的新闻事实，能够解释最多的“W”。突破越深，事实越多，“W”含量越丰富，价值越大，深度越深。“新闻实践论意义上（指新闻业务操作意义）的新闻事实界定，是把新闻事实直接界定为新闻报道（新闻文本、新闻作品）中描述出来的报道对象，即只有进入新闻报道中的事实内容，才能称之为新闻事实。”① 新闻事实不同于自然界和人类社会存在、发生的一般事实，是一种特殊的符合新闻规律的一般事实。后真相时代，由于媒体操作失误或者凭空捏造事实，“反转新闻”和“假新闻”频发，严重损害了媒体公信力。

“很多新闻报道中，还存在着严重的片面化报道问题，即媒体在进行报道时，没有全面准确地进行新闻报道，而是采用选择性视角进行报道，导致了以偏概全，并最终歪曲了新闻的真实状态。”② 因此，记者应在得到全部基本事实之后，从一堆信息和细节的碎片中挑出来最好最多的事实，能够解释最多的“W”的新闻事实，作为建构文章的基础。一篇深度报道少则三四千字、多则上万字，让人看起来不枯燥，津津有味地读下去，有效的新闻事实是后续结构组织文章的基础。

四、职业素养的养成

新闻是一个与人打交道的行业，有 90%的新闻是部分或全部以人为基础写成的，但是这并不代表“深度社交恐惧症患者”不能当记者。“参与式新闻”的主体公民记者因为缺乏新闻专业素养被诟病，他们在报道中可能会扭曲事实，掺杂个人情感，甚至过多窥伺他人隐私。公民记者发布的信息真实性和客观性也都可能受到质疑，不具备专业媒体的公信力。“受过新闻专业教育或职业训练的记者编辑，具有普通公民通常不具备的专业素质、职业道德和工作经验，他们在任何时候都是新闻传播的主力军。”③ 作为新闻传播者和生产者，记者须遵循新闻职业道德，培养专业的职业素养。深度报道是专业新闻从业者和公民记者相区隔的最后一条“护城河”。

那么，如何才能使得媒体从业人员打造出这样的一条“护城河”？

首先，多沟通，从身边做起，从和身边人聊天，清楚地描述事实入手。其次，多观察，新媒体时代，记者获取信息的途径愈加丰富，更要理性地甄

① 杨保军．再论“新闻事实”：技术中介化的新闻事实及其影响［J］．新闻记者，2017（3）．

② 赵笠鑫．反转新闻的成因与防范［J］．青年记者，2017（5）．

③ 蔡雯．“人人都是记者”：“参与式新闻”的影响与作用［J］．对外传播，2010（3）．

别信息，“要努力站在时代的前沿，站在新技术的使用前沿，使用最新鲜、最有用的传播途径，发现发掘最新、最有价值的信息”①。再次，多阅读，阅读优秀的新闻作品、文学作品甚至是影视作品，都有益于新闻职业素养的提升。第四，多联系，在日常生活的观察中，把一些孤立的事情联系到一起，把一些孤立的片段整合到一起，实现逻辑串联。

最后一点，就是深度报道比一般的新闻报道更加需要优美洗练的文笔。一般的新闻消息、通讯对文笔要求不高，倒金字塔体等简单的写法就可以完成，但是深度报道无疑对文笔有更高要求。那么漂亮的文笔从何而来？主要依靠个人的练习，以及后天的阅读。

第四节　新媒体时代的深度报道

在新媒体时代，深度报道的新闻生产和内容分发环节出现了思维模式的改变、选题意识的改变、传播方式的改变和网络用户阅读习惯的改变。运用数据，熟悉社交媒体，实现选题突破是应对新媒体环境改变的重要措施。

一、深度报道的变与不变

新媒体时代，新兴媒体技术层出不穷，给深度报道的内容和分发等新闻生产环节带来了全新的挑战和变化。

新媒体改变了传统的传播方式、传播渠道。传播技术的进步，严重压缩了纸媒的生存空间，传统媒体广告收入大幅下降，尤其是报纸生存发展面临重大考验。全国报纸印刷总量从 310 亿对开张增长到 2011 年最高时的 1 678 亿对开张，1997 年至 2004 年，年均增长率达到两位数。2005 年以后，全国报纸印刷总量快速增长告一段落，出现起伏变化。自 2012 年起，连续 6 年全国报纸总印刷量下降，2015 年和 2016 年下降幅度在 15%以上。2018 年党报和时政类报纸印刷总量继续保持稳定，都市类报纸仍在减量、减版甚至停刊。2018 年的报纸印刷总量为 501.19 亿对开印张。②

在深度报道领域，不变的是公共立场和家国情怀。“传统知识分子的家国情怀和忧患意识依然流淌在当今中国深度报道从业者的血脉中。”③ 即使沉浸

① 张征，马海燕．从“单打选手”到“全能选手”：新媒介环境下的新闻采写变化探析 [J]. 国际新闻界，2011 (5).

② 2018 年度全国报纸印刷量调查统计报告 [J]. 印刷杂志，2019 (3).

③ 张志安．深度报道 30 年：轨迹回望与专业反思．新世纪新闻舆论监督研讨会论文集 [C]，2008.

式传播、全息影像等新媒体技术持续发展，文字永远是不可能被替代的。第一，它的留存性是所有的传播载体里最好的。第二，文字具有跳跃性，阅读者可以根据阅读习惯自主选择。这两个特质使得文字虽然也有欠缺，但是不可能被彻底取代。所以不变的是深度报道的题材，以及题材所能够承载的公共立场和家国情怀。

二、深度报道的四点变化

（一）思维模式的改变

“记者要采编出好的深度报道，就要努力变静态思维为动态思维，只有变革思维方式，才能使新闻报道有深度、有广度、有力度、有强度，这样的深度报道才会有较强的创造性和指导性，才能更好地发挥新闻媒体的舆论监督作用。”[①] 深度报道的代表性作品从选题、报道方向、写作方式等，一直持续不断在发生着变化。那种宏大的社会题材对人们失去吸引力的时候，背着粪桶的掏粪工就能让人耳目一新，这是一种思维模式的变化，同时它也意味着选题意识的改变。

（二）选题意识的改变

近些年，和人们的情感直接相关的选题，比如小众群体、次文化群体等，越来越受到人们的认可，聚光灯越来越多地打到过去不受关注的群体身上。普利策奖深度报道奖项的选题不断发生变化，“由热点选题的跟随到静态选题的深挖；由负面选题的聚焦到中性选题的替代；由对政府的监督到对全社会的监测；由单一形式的文字报道到可视化选题的开拓”[②]。深度报道的特殊性决定了需要对新闻主题深入挖掘，深度报道选题的选择，除了根据新闻价值时效性、重要性、接近性、显著性、趣味性五个要素外，还应该根据时代的变化改变选题意识。

（三）传播方式的改变

传播方式上的最大变化就是传播的渠道和载体发生改变，从纸质阅读变为电子阅读，经历了传统媒体、门户网站、社交媒体、短视频＋直播的不同阶段，深度报道主要通过前三种渠道和载体在传播。现在微信的用户已经超

① 赵海燕．变革深度报道的思维方式［J］．青年记者，2011（5）．

② 窦锋昌．普利策奖深度报道奖项的“选题常规”：基于10年间7项普利策奖获奖报道的全样本分析［J］．新闻大学，2016（5）．

过 11 亿人次，微信订阅号也成为重要的阅读内容，“微信用户会主动寻找符合自身新闻信息需求的传媒微信订阅号进行关注和阅读”①。从这个角度上来说，深度报道是不讨巧的。阅读一篇 1 万字的报道在手机上需要下划屏幕 55 次。深度报道所必需的篇幅，与当下人们碎片化的短阅读需求之间产生了矛盾。

（四）网络用户阅读习惯的改变

报纸、电视等传统媒体都是横向的阅读方式，而智能手机是纵向的阅读模式，“竖屏形式在移动互联时代具有巨大的传播价值和社交价值，国内外各大网络视频平台和社交媒体平台纷纷在其视频呈现上采取竖屏形式”②。内容生产需要考虑竖屏下用户的观看体验，探索更适合竖屏的传播内容。一张对开的报纸对于段落的容忍度很高，但是在微信上每段超过 3 句话，排版后的效果就显得文章节奏很沉闷。因此，要适时地改变深度报道的文本，以适应新媒体的传播规律和用户需求。

三、最大的改变：“独”和“快”

新媒体背景下，深度报道最大的改变有两点，一是独，二是快。它主要体现在思维模式的变化上，除了独家，还有独到。即使是热点新闻，即使做的是各家媒体都在争夺的同样的题材，也要去寻找和其他媒体差异化的角度。一个相对比较独特的切入点和相对比较独到的视角，往往成为一篇报道成败的关键。

在深度报道兴盛时期，新闻竞争相对较少，很多深度报道都是独家新闻，其独家性或借助本身媒体的优势，或借助对于优质题材的发掘。当下，网络热点事件一出，几乎所有的媒体一拥而上，重大的公共事件尤为如此，这使得深度报道的竞争空前激烈，为此需要采写记者付出更多的努力和思考，“不断加强‘独家新闻’的策划与报道，目的在于以‘独家产品’造成独家影响，形成独家魅力，塑造独家品牌，以赢得更多的受众，占取更大的新闻传播市场”③。

从选题上来说，以往的一些静态的、专业的、偏门的选题正在慢慢被摒弃，取而代之的是更有传播力、更贴合时代口味的社会热点问题。公众对围

---

① 韩晓宁，王军，张晗．内容依赖：作为媒体的微信使用与满足研究 [J]．国际新闻界，2014 (4).

② 高贵武，吴奇．竖屏：移动场景下视频呈现的创造性选择 [J]．新闻与传播评论，2019，72 (3).

③ 杨保军．谈谈“独家新闻”（上）[J]．新闻与写作，2003 (3).

绕小众、冷门、次元文化或者非主流内容的深度报道正在慢慢丧失兴趣，取而代之的是更加有传播力的社会热点和更具融合新闻背景，更有纵深感的主题。

而没有发生变化的，是深度报道始终需要重视题材、采访、写作等各个环节对于时代和人心的折射。所以，一旦时代所关注的内容，人们所关注的重心发生转变和偏移时，深度报道的选题必须要有所调整。

四、内容为王的原则不变

深度报道更需要讲好一个故事。读者可能不在意这篇报道是不是一条新闻，但永远不会拒绝一个好故事。只要内容足够好，好到不会受到外力的影响。好的故事显然具备传播的价值。对于现在的深度报道来说，最不变的一件事情，就是把很多零散的碎片凝聚在一起，形成报道的核心逻辑。

2016 年获得普利策奖解释性报道奖的是一篇名为《一桩令人难以置信的强奸案》（An Unbelievable Story of Rape）的报道，以穿插性叙事分别讲述了 2008 年和 2011 年的两次强奸案调查经过。最近几年，解释性报道奖非常鲜明的特点就是展现出文风和结构上的引人入胜，2019 年，根据这篇报道改编的美剧《难以置信》在网飞（Netflix）上线。

在新媒体时代，读者偏爱有传播力的、有情感倾向的故事。新闻性略微淡一点的内容同样会受到人们的钟爱，读者永远不会拒绝一个好故事。胜利者总是那些会讲故事的人。

为了能够打造出引人入胜的故事，需要进行扎实的采访和突破，这也是深度报道不变的原则，甚至是这种报道类型的“护城河”。采访要到实地、传递真实感受，每一个字、每一句话都要有出处，有证据，“深入地观察、体验、采访是记者深入探索、表现新闻人物心理的前提”①。

五、应对新媒体环境的措施

（一）更加擅长理解和表述数据

数据新闻是大数据时代催生的新的新闻形态，代表着未来新闻业发展的方向，和传统新闻形态相融合，会激发更好的传播效果。数据抓取工具、数据分析工具以及数据可视化平台不仅促使数据新闻作为新闻的一个种类出现

① 陈伟军．新闻人物心理的立体呈现［J］．新闻与写作，2019（4）．

在大众视野里，也给深度报道带来了更多的生机，注入了全新的活力。记者不仅要熟悉数据新闻的使用工具，而且要更新新闻生产理念，适应时代变化。“记者在传统的新闻采访手段和方法之下，也往往只能聚焦于一个事物的某个侧面或某个局部，而数据可以帮助我们将分散的个体、孤立的现象之间的共性或共同规律挖掘与呈现出来。”① 数据新闻的加持从内容上增强深度报道的厚度，从呈现形式上，可视化增强了深度报道的可读性。

（二）能够熟练地将社交媒体应用于新闻编辑

社交媒体中传播的信息可能成为新闻的素材，很多调查类的稿件中会穿插微信对话的截屏提供重要新闻信息来源。除此之外，深度报道的选题可能来自社交媒体，微博、微信、豆瓣等社交媒体平台，网友都可以在上面吐露心声，社交媒体也是新闻线索和写作灵感的重要源泉。社交媒体的兴起影响了新闻业的生产和传播方式，传统媒体的经验和规律须适应媒介的变化和公众的需求，利用社交媒体的特点构建新的话语体系。

（三）尝试新鲜事物，尽可能多地积累新闻采写经验，尽量地突破，扩大选题的范围

在这个不断变革的时期，新技术、新理念和新内容都是适应新环境的创新之举。在具体的新闻实践中，革新记者的报道理念和报道方式，积攒经验，有利于深度报道质量的提升。深度报道的题材在不断拓宽，面对新的媒体环境的挑战，我们可以尝试更多的新鲜事物，多积累新闻采写的经验，拓宽和更加深入地理解新闻的范围。

阅 读

1. 张志安．潜入深海：深度报道30年幕后轨迹［M］．广州：南方日报出版社，2010.

2. 高宁远，郭建斌，罗大眉．现代新闻采访写作教程［M］．北京：新华出版社，1998.

3. 新闻自由委员会．一个自由而负责的新闻界［M］．展江，王征，王涛，译．北京：中国人民大学出版社，2004.

4. 南方周末．后台：1—3辑［M］．广州：南方日报出版社，2013—2015.

5. 特立斯．王国与权力：撼动世界的《纽约时报》［M］．张峰，唐霄峰，译．

① 彭兰．数据与新闻的相遇带来了什么？［J］．山西大学学报（哲学社会科学版），2015（2）．

上海：上海人民出版社，2016.

6. 范长江．中国的西北角［M］. 北京：新华出版社，1980.

思　考

1. 什么是深度报道？有哪几种理解方式？

2. 中国深度报道的发展脉络是什么？有哪些代表性的作品？

3. 深度报道产生的原因是什么？对社会发展有哪些价值？

4. 在新媒体时代，深度报道有哪些改变？不变的是什么？

练　习

1. 选一篇深度报道的经典作品，试评价这篇报道的优点和不足。

2. 请结合阅读的文献和资料，论述新媒体时代，生产深度报道的媒体提出了哪些变革措施。

3. 结合《纽约时报》的报道《雪崩》，谈谈你对其中运用的新媒体技术的看法。

第二章 深度报道的选题

学习要点

任何一篇深度报道都要从寻找选题开始，选一个好的选题意味着这篇深度报道成功了一半。本章主要讲述什么样的选题符合深度报道的要求，可以从哪些方向寻找深度报道的选题，融合性深度报道下的题材和寻找深度报道选题的具体途径。本章从理论和实践两个层面叙述深度报道的选题，新媒体技术带来了更多可能性，促使新闻业不断改变，也为深度报道带来了新的发展空间。熟悉融合性深度报道的主要特征和优势，拓宽深度报道的题材范围。

第一节 深度报道的选题要求

深度报道的选题首先需要具有社会价值和公共意义，以促进社会发展和进步为目的，着眼于社会生活和公共议题，为公共利益服务。深度报道的选题要求主题集中、有头有尾、有开掘的余地，并且视角不陈旧、不反复。

一、社会价值和公共意义

首先，深度报道具备一定的社会价值和公共意义。深度报道属于新闻报道，仍然具备新闻报道的新闻性特征，遵循新闻传播规律。从网页＋搜索的门户网站时代，网民主动发言的社交时代，到网民与平台双向互动的交互时代，互联网重新解构了信息的传播，“就新闻传播业而言，互联网已经重构了关于‘新闻’‘新闻价值’的内涵、重构了新闻生产、重构了消息的传递（新闻分发市场几乎全部被社交媒体占据），新闻传播业的工作环境、工作方式、消费与社会链接方式、商业模式都在发生剧烈变化”①。

其次，深度报道应该遵循新闻专业理念特征。即使在新媒体技术变革的包裹下，新闻传播形态不断发生改变，新闻专业操守仍然是新闻行业生产规范的核心理念。“新闻专业理念就是要求媒体以社会的公共利益为基本出发点，向公众提供真实、全面、客观、公正的报道。”② 2017年，陆晔、潘忠党在《走向公共：新闻专业主义再出发》一文中，重新阐释了新闻专业理念规范新闻实践的重大意义，认为新闻专业理念是构成公共生活所不可或缺的部分，更是作为其基础的公共生活的核心价值。③

因此，深度报道的选题要遵循新闻的根本属性——社会性和公共性，服务于社会公共利益，促进社会良性发展。为了聚焦社会问题，维护公共利益，近些年出现了“公共新闻”，以及进一步延伸出的“建设性新闻”，“这两场新闻改革运动有显著的共同特征，即介入社会生活，关注公共议题，动员公众，寻求问题的解决方案”④。几乎所有的新闻都会有这样的要求，但是趣味性、娱乐性的新闻并不尽然，一定程度上消解了新闻报道的社会价值。

再次，随着媒体技术的进步，新闻的内涵和外在表现形式都应与时俱进，深度报道的制作理念和操作模式也在不断拓宽。

2017年，《人民日报》客户端在建军90周年时，推出了互动H5《快看呐！这是我的军装照》，获得中国新闻奖一等奖，这也是中国新闻奖首次设立媒体融合奖。截至2017年8月7日，该H5的浏览次数超过10亿，独立访客累计1.55亿。

那么能否认为形成刷屏传播效果的“军装照”H5是深度报道呢？“军装照”采用相簿的形式回顾了中国军人的面貌，再引导用户选择不同的军装年份，生成军装照，运用人像处理技术实现了沉浸式传播。“军装制式的要求很严格，细微如领子的形状、袖标的位置都不能有差错。”⑤ 制作团队历经一个星期的图片、文字搜集审核，才选定了11个阶段的22套军装。H5是文字、图片信息整合的产物，每个页面只有少量的文字，如果将22套军装的特征用文字方式报道出来，也会构成深度报道的体量。因此，类似的新媒体作品，只能够被视为“准深度报道”，因为它不存在任何采访的因素，基本上都是大量资料的堆砌，没有信息量上的增量和突破，与深度报道的操作方式以及难

① 陈力丹．新闻传播学中什么样的选题更有价值［J］．新闻与写作，2017（4）．

② 李良荣．新闻专业主义的历史使命和当代命运［J］．新闻与写作，2017（9）．

③ 潘忠党，陆晔．走向公共：新闻专业主义再出发［J］．国际新闻界，2017（10）．

④ 蔡雯，郭浩田．以反传统的实践追求新闻业的传统价值：试析西方新闻界从“公共新闻”到“建设性新闻”的改革运动［J］．湖南师范大学社会科学学报，2019（5）．

⑤ 余荣华．“军装照”H5为何能刷屏朋友圈［J］．新闻与写作，2017（9）．

度是完全不一样的。

最后，并不是所有的新闻题材都能做成深度报道，能够构成深度报道的选题应该是多义的、复杂的，而不是单义的、简单的。

好的选题是深度报道成功的一半。如《南都周刊》刘大玮所说："封面报道的选题策划的成功与否决定着杂志的命运。一个与众不同的选题策划使新闻周刊具有明显的识别特征，可以说，选题策划是新闻周刊生存发展的重中之重。"① 深度报道的选题其实是非常重要的，虽然报道可能写得并不出彩，但是选题本身非常有意义，同样可以独树一帜，吸引公众的注意力，由此形成舆论的影响力和引导力。

打造深度的新闻内容，选题必须具备一定的体量，可以延伸或者扩展，才能够形成深度报道，肤浅的表面的新闻题材，难以深刻地反映报道主题。"深度报道的核心在于新闻的深度，关键在于记者能否通过新闻线索的挖掘，新闻事实的呈现，新闻事件的分析，将一个或一组新闻事件的价值传递给听众，帮助受众更深入地理解新闻事实，引发受众对新闻事件的深入思考。"②

深度报道展现出的是一个宏观的、立体的样貌，而不是一件单纯的小事。例如 2020 年 1 月 20 日，白岩松直播连线钟南山院士，确认新冠病毒可以人传人，这是一个重要的消息，是新冠肺炎疫情防控的转折点。但是这只是一个动态的消息，不能构成深度报道。重大的新闻事件具备社会价值，具备公共意义，未必具备任何深度的价值，它的事件取向相对比较单一，所以深度报道不一定是我们传统意义上的重大新闻。

综上，我们可以得出这样的结论：深度报道的选题，应该是映照时代、打动人心的选题。尤其是这两种特质兼得的选题更能创造出有价值的深度报道。

二、主题集中

一篇深度报道，应该通力讨论某一个方面的主题。

深度报道的主题可以是一件很轰动的大事，可以是立体化塑造的人物，总之，深度报道一定要通力围绕某一个方面的选题来组织，而不能把这个主题分散化处理，不能将各种各样的事情散乱地堆在一起。深度报道的信息一定是要通力地集中在某一个方面，这在碎片化阅读的时代显得尤为重要。深度报道是与主题相关的信息集中地，它有机地将杂乱的信息围绕主题聚合在

---

① 刘大玮．《南都周刊》封面报道的选题策划研究［D］．山东大学，2016.

② 许颖．新闻采访与写作［M］．北京：中国传媒大学出版社，2011：336.

一起。

深度报道就像一个大型的雕塑，有着完整的构架、逻辑和表达主题。深度报道的实质在于挖掘新闻事件与社会和个体之间的关系，是各种社会关系交织而成的“复合体”。庞杂的材料之间需要一根主线串联，不能简单地堆砌，在确保事实材料真实的前提下适当地做减法，将那些不能恰当表达主题的事实果断去除。

报道主题可能是一件轰动的大事，时间或者空间线很长，但深度报道呈现时一定不是把漫长的环节完全展现出来，而一定是要选取这件大事所集中体现的矛盾主体，或者说，寻找一个能够聚焦的切口。例如《举重冠军之死》一文中的主人公才力一生时间跨度较长，那么从哪个角度还原人物的一生，节选哪些细节体现人物的生活境遇，是作者重点要考虑的内容。作者选取了才力去世最后一天，展现了举重冠军光环背后的痛苦和郁闷。

三、有头有尾

深度报道的文章不能有头无尾，经过了大量的事实反映，文章最后应该有结论。

从字面含义解读，结论是从一定的前提推论得到的结果，对事物做出的总结性判断，而在这里所说的深度报道必须有结论，其实并不是说结尾一定要有定论，给出确定的答案，而是由深度报道反映新闻事件，揭露社会问题。深度报道的独特之处在于，可以让公众看清楚事件的全貌、前因后果，以及事件背后的社会运行逻辑。

结论不是判断是非对错，不是说出主观看法，而应呈现文章中所陈述、所展示的客观存在。新闻报道虽然是记者的主观选择，不可避免地受到情感倾向和媒体立场的影响，但是在报道中展示出具体的事例、具体的细节、具体的存在、具体的内容，通过它们不断地给大家尽可能展现出事件的全貌。

深度报道展现的过程，应该是像数学验算一样的推导过程。推导的逻辑不能是仅被小众人群所认可，而不被大众所广泛接受，其结论应该是按照主流人群的思维逻辑能够最终推导出来的结论，产生对社会问题和公共利益的映射。

四、有开掘余地

深度报道的题材应该有开掘的余地。关于这一点，我们从三个层次来理解。

首先，选题要有能够纵深发展的空间。深度报道就像是盖一栋楼房，它需要有立体感、有纵深感的结构，实现报道的纵深挖掘。深度报道的关键在于深度，既体现了新闻信息整合能力，又代表着报道内容的品质和价值。

其次，深度报道选题不能是讨论性题目。在这个标准下，有些选题会自然而然地在深度报道的选题范围中被屏蔽出去。讨论性的新闻给予公民发声的话语权，充分体现了民意。1998 年，美国总统克林顿的“拉链门”性丑闻事件，引发了公民新闻的出现。公民新闻确实起到了舆论监督作用，“是公民争取权益，进行抗争和社会动员、建立认同与促进公民行动的途径与渠道，但是公民新闻只是公民参与社会、参与新闻生产的幻象，而且因为极端或无用而缺乏新闻价值”①，适合公民新闻的话题并不具备深度报道的纵深感。

公民对新闻事件的评论可以看做新闻的传播效果或者新闻深入挖掘的线索，用户通过评论等形式参与对新闻的阐释，媒介机构不再是新闻事件的唯一阐释主体。讨论性的题目即使采访了很多人，获得了很多评论，它仍然不是深度报道的选题，因为这是不立体的、平铺的讨论，而且它最终不产生一个结论。

最后，深度报道的选题也不能是多个平行人物或平行事件的单一性串联。平行的单一性人物，例如考研族、北京的租房者。我们经常看到有这样的方式：记者找到若干这样身份的人，了解他们不同的故事，把这些人的故事聚合起来，但最终得到的仍然只是同类主题的平行排列展示，而不是立体的、有纵深感的内容。这样的选题很难实现新闻内容的深度，因为同一群体里有各种各样的人，通过平铺并列的叙述，很难划分出来人的特点。

平行的单一性事件，例如一些周期性强的选题，如高考，记者采访一下与高考相关的人，包括考场上监考的人，考场外的安保人员，参加高考的学生，陪伴学生的老师和家长，按照高考的平行脉络把他们串联在一起，这同样并不是深度报道。深度报道一定是有一条主线，能够把文章整个贯穿起来，使之形成一个完整的结构，而不是很多平行的人物或事件叠加的结果。

五、视角不陈旧、不反复

选题的视角不能过于反复。这是新闻固有的传播规律的要求，判断选题新闻价值的首要标准便是时新性。

学者童兵认为，新闻的时新性是指新闻所报道的事实，在时间上是新近发生的，在内容上是人们所未知的、具有新意的。此外还指新闻的表现手法

① 陆佳怡，仇筠茜，高红梅．零度控制与镜像场景：公民新闻的透明性叙事［J］．国际新闻界，2019（5）．

新颖，写作清新活泼，但时间和内容上的“新”是主要的。在新闻媒体的实际工作中，很多时候深度报道的选题被否决，原因就是不新鲜，类似的选题已经被做过多次，正所谓“太阳底下没有新鲜事”，记者很难实现新内容的突破。

普通新闻存在周期性，例如节庆、高考等固定事件等，而深度报道很难存在这样的周期性。这些周而复始的新闻很难挖掘出深度，报道的不同角度也被挖掘尽了，所以这种有规律性的、有周期性的新闻的选题，很少能够被纳入深度报道中。

小众、亚文化题材也属此类。

亚文化处于主流文化传播的从属地位，只有小部分人参与和认同。在很大程度上，亚文化，特别是在社会转型过程中快速形成的亚文化，乃是主流话语在强化自身的过程中所伴随的一定人群失范和剩余的结果，当然也是一定人群在迅速变化的时代实现自我保全的表现。随着互联网赋予人们表达的话语权，越来越多的小众、亚文化走入大众的视野。很多时候，亚文化因为人们对此知之甚少，且有去了解的热望，因而成为深度报道的新闻选题。

例如，一种“大批量”挖掘深度报道题材的方式，是可以在中华人民共和国人力资源和社会保障部的网站查询职业资格证书，寻找闻所未闻的职业，以此作为深度报道的选题。或是以小众、亚文化人群的生活方式观察，作为报道题材，这往往是能够获得一个具有可操作性的选题的“兜底选择”。这种类型的选题，优势在于报道内容对于大众来说总归是新鲜的话题，可以满足人们的好奇心，但是切忌流于猎奇。

报道的创新立意和特殊视角，是做好报道的前提。如果要重复前人的选题题材，则必须在写作和材料上有大幅提升。在采写时考虑哪几个角度能够更清晰、更深刻地说明报道主题，同时又能够保证每个角度的报道都能够给受众耳目一新之感，从而吸引受众关注。

整个深度报道的成败是一个恒定值。木桶定律是指一只木桶能装多少水取决于它最短的那块木板，但是这个木桶能够被多少人看见，是由它的最长的一根木板来决定的。如果要重复已有的新闻的视角，选题新闻性弱，所以必须要在采访和写作上有大幅的提升，因为选题已经重复了前人的视角，就不能再重复前人的资料，不能再重复前人的内容。

总之，深度报道的选题有四个具体要求：第一是主题要集中，第二要有头有尾，第三要有开掘余地，第四是视角不陈旧、不反复。

第二节　深度报道的选题方向

调查性报道和解释性报道是深度报道的组成部分，也是深度报道寻找选题的重要方向。调查性报道的特点是获取突破性的事实，形成独家结论；准确、不片面、不歪曲地解释“为什么”则是解释性报道的突出特征。

一、调查性报道

何为调查性报道？调查性报道的定义有很多，并且随着时代的发展被赋予新的内涵。刘明华在《西方新闻采访与写作》中认为，调查性报道是一种专门的揭露性报道，有时也称揭丑性报道。[①] 美国 1975 年成立的调查性报道记者编辑协会（Investigative Reporters and Editors）提供的解释是，所谓调查性报道，就是暴露某个人或组织就一个重大的公共问题企图掩盖的信息。后来调查性报道的含义拓宽为，“并非揭秘，而是展示公众以前未知的信息”[②]。中国的调查性报道不断向前发展，形成符合中国社会国情的特色，涌现出王克勤、刘万永等一批优秀的调查性报道记者。“本世纪以来，中国的调查性报道经过不断探索，更多地表现出中国特色。一是中国的调查性报道多表现为批评，与批评性报道存在相似之处，而不是一味地揭丑。二是中国的调查性报道多注重建设性，不仅进行批评，而且致力于解决问题。三是中国的调查性报道多是在新闻事件被有关部门处理和肯定之后才开展的，这在对一些贪官的报道上表现得尤其突出。”[③]

调查性报道的主要特点就是记者通过长时间的深入挖掘，取得有突破性的、进展性的事实，由此能够构成独家结论，这一特点也是调查性报道能立足的前提。如果没有实现事实上的突破，则只能叫做整合性报道。

调查性报道的深度来源于新闻事实本身，“事实意义重大、影响深远具有历时性和延展度，具有开掘和拓展的潜力，本身就呈现出意犹未尽的‘深度’，有深入报道的可能。有丰富内蕴和意态的‘事实’是深度报道赖以展开的基础，是构成‘深度’的本源，因而具有决定性意义”[④]。调查性报道对采

---

① 刘明华．西方新闻采访与写作［M］．北京：中国人民大学出版社，1993.

② 章晓英，翟峥．国际新闻报道教程：经典新闻作品深度阅读［M］．北京：中国传媒大学出版社，2015：87.

③ 皮传荣．新闻写作实务［M］．北京：中国传媒大学出版社，2017：234.

④ 徐国源．当代新闻采访写作［M］．4 版．苏州：苏州大学出版社，2013：210.

访的要求非常高，调查的方法、问题的角度、记者的能力等，都对调查性报道的质量起着至关重要的作用。

2012年6月30日，天津蓟县莱德商厦发生火灾，大火持续数小时，五层商厦被烧毁。天津市政府发布消息称，火灾造成10人死亡，16人受伤。很多网友质疑火灾的死伤人数，认为媒体在瞒报，政府没有把真实的数据告诉大家。同时网上开始流传一份378人的死亡名单，“这份名单列出了死者的性别、住址，乃至死亡状态和原因，有的条目里还表明了死者的姓名和工作单位。该名单上所记录的死者约有百人”[①]。有一个记者按照名单上面的地址，花费了6天的时间，走访了二十多个村子，挨个核实名单上的死者的身份，核实其是否在这场大火中去世。“调查发现，政府公布的10名遇难者名单全部被‘百人名单’中的信息涉及，但有11人次属于重复计算，另有17条线索，涉及人数超过80人，均被记者采访到的村民和有关部门人士予以否认。”

这个报道就提供了突破性、有进展的事实，记者不仅让公众知道名单的存在，还彻底走访调查，验证名单的真伪，由此构成了独家的结论——这份名单是假的。

记者在已经问世的新闻报道中，发现一些线索性信息后，展开深入的调查研究，再次获得大量新的信息和新的启发，在此基础上提炼和开拓新的主题，自从调查性报道出现以来的优质调查性报道，几乎全都符合这样的要求。

二、解释性报道

解释性报道产生于20世纪30年代的经济危机时期，人们迫切需要了解经济危机背后的原因。拥有多年记者从业经历的美国新闻学家杰克·海敦(Jack Hydon)在《怎样当好新闻记者》一书中提出，解释性报道是一种作解释或者作分析的报道，也就是那个被过多地滥用的词语“有深度的报道”，它是一种加有背景，给新闻揭示更深一层意义的报道，它是要回答为什么会发生这一新闻的问题，也即是回答新闻五要素中最主要的一个问题。[②] 解释“为什么”是解释性报道区别于其他类型的报道最突出的特征。

解释性报道的诞生和发展都源于公众的认知需求，主要目的也是满足公众对信息更深层次的需要。高钢对解释性报道的定义是，指对新闻事件的生

---

① 天津蓟县大火百人名单调查：超80人经查未伤亡［EB/OL］.（2012-07-13）［2020-10-16］. http://news.sina.com.cn/c/sd/2012-07-13/110624768707.shtml.

② 海敦．怎样当好新闻记者［M］. 伍任，译．北京：新华出版社，1980.

成原因、影响范围、发展趋向和深层意义进行解释的报道，影响着公众利益和社会发展进程的新成就、新事物、新问题、新冲突，以保证民众真实、全面、及时、深刻地了解其生存环境。① 它既要探讨事实的来龙去脉、前因后果，又要揭示事实的意义、影响，预测其发展的趋势和规律，满足受众对信息深度的需求。

准确，是解释性报道的生命。解释性报道需要不片面、不歪曲地展示出被解释事物，需要做到绝对的准确，才能赋予解释性报道以活力。解释性报道以事实为基础，即使最后的文章中并不能全部呈现，记者也需要全透彻地了解事实，做出更能令人信服的报道。解释性报道涉及的内容往往是公众不了解的事件和领域，记者需要对此进行深入浅出的整理和分析，因此，要准确向公众传递信息，就必须对报道的材料全面地钻研，掌握全部事实。如果缺乏报道领域的相关知识，记者就很难达到对主体新闻的深刻理解，记者自己都理解不好的事物，读者通过记者的文章就更加难以理解了。

在哥伦比亚大学新闻学院的定义里，调查性报道被置于解释性报道的前一个层次，就是因为调查性报道可以通过盲人摸象的局部调查，叙述清楚事情的来龙去脉，但是解释性报道需要写明白前因后果，系统地完整地调查研究，从而做到新闻事实不片面、不歪曲。

解释性报道最首要的重点是准确，其次则是生动。生动是解释性报道的灵魂，要用生动的事例和细节去搭建生动的整体。解释性报道需要大量的背景材料分析新闻事实，这是与一般的新闻报道最大的不同点，背景材料在普通新闻题材中只起到辅助作用，而在解释性报道中，背景材料会在文章中占据较大的比例，甚至有时会成为文章的主体。

解释性报道的难度就在于，需要解释的新闻往往出现在受众不熟悉的领域，甚至很可能是一般人极其不了解的专业领域。这就需要记者能够在深刻理解新闻的内涵与意义之后，用很生动的事例和细节，以及通俗的语言将新闻真实地描述出来，让晦涩难懂的专业领域的文字变得通俗易读，那么在这种情况下，文风必须要生动，才能帮助读者理解。

三、深度报道选题形式及写作方法

深度报道的最终呈现是由选题、采访和写作三部分构成的。假如选题的新闻性比较薄弱，但是又有点价值，那么必须要付出的代价就是在采访和报道上有极大的突破，必须有特别丰厚的采访资料，以及特别出色的文笔呈现，

---

① 高钢．社会转型期呼唤解释性报道［J］．新闻战线，2005（7）．

用采访和文笔表现力来弥补题材上新闻性的不足。到目前为止，深度报道有几种相对比较成熟的选题表现形式，它们多适用于展现一个平铺的大场面，或者是展现一个小众的事件。

（一）通篇白描

通篇白描，指的是用无数细节和描述搭建出一个“文字可视化”的场景，需要极具功力的采访来支撑，和强大的写作能力。

白描是中国传统的绘画技法，简练的笔墨描绘出生动的形象，后来运用在文学写作中，指质朴的不加修饰的文笔。白描是符合新闻特点的写作手法，新闻反映的恰恰就是简单明了的客观事实，要求作者记录下真实的事件，还原新闻原本的面貌。“白描”手法的写作特点与新闻要求的客观真实性正好适配。在新闻写作中恰到好处地应用“白描”手法，将“白描”手法的特点完全发挥出来，则达到使新闻形神兼备、骨相俱出的目的。

著名记者艾丰认为，白描的手法是新闻语言的特色。新闻语言应该是一种白描性的语言，或者说是以白描为主要特征的语言，白描可以处理新闻事实中的矛盾，“解决了纪实的要求而又可以带有文学性；可以具有广泛的普及性又可以对艰深的东西加以解释”[①]。通篇白描的稿子，有的是因为选题新闻性很弱，有的是因为它所需要展现出来的场面过于宏大，通篇白描用无数各种的细节、各种的描述，搭建出来一种文字可视化的场景，需要功力强大的采访和写作能力来支撑。

2020年4月8日，《冰点周刊》的《大武汉启封》巧妙地运用白描，说明了武汉疫情大面积爆发以来一点点解封的经历。

文章的开篇首句是“武汉是一点点开的，不是4月8日零时‘轰然’打开”。接下来用各个小人物的行为和故事回忆了武汉启封的关键节点和事件，全文都是各种各样的白描，每一小段就是一个小的细节描述。最后整个文章有八千多字，加起来一共采访了上百人。

通常来说，因为新闻性较低，深度报道的选题不能是多个平行人物或者平行事件的单一性串联，但是这篇报道的题材就选择了使用平行事物的串联，依靠非常强大的采访支撑，撑起了一个庞大的新闻场面。最终，因为串联的内容足够多，细节足够丰满，用文字搭建出来一个可视化的场景，弥补了题材的不足。

---

① 艾丰．新闻语言的总体特色：新闻语言是一种以白描为主要特征的语言 [J]. 新闻与写作，2011 (1).

（二）密集式写作

密集式写作，是指以大量数据、资料搭建出宏大的、人力近乎不可及的报道，近年来一些科技力量被引入其中，数据新闻也是这一方式的可视化展现。

密集式写作的代表作是《人物》发表的《北京零点后》。从声音嘹亮的值班助产护士到“拥有六块腹肌”的消防员，从自杀干预热线中心到“总是抽一支长 10 厘米、直径 0.5 厘米的 Esse 薄荷凉烟的酒吧驻唱歌手”，作者王天挺用 92 个数据串起了 40 个人的深夜故事。这篇报道用非常多的数据、大量的细节和资料展现出不同职业的从业者在繁华北京的零点之后如何开展工作。

近些年比较流行的数据新闻，是这种密集写作方式的一种可视化的展现。数据新闻的展示方式比传统报道丰富立体，可以有各种图表甚至交互设计等。

（三）非虚构式写作和文学化方法

用众多琐碎的细节来勾画人物，加入大量细节和文学化场景，近年来的非虚构写作是其代表，考验文笔，以小说手法与文学语言的运用，来支撑报道的可读性。2015 年白俄罗斯的作家、记者斯韦特兰娜·阿列克谢耶维奇获得诺贝尔文学奖，象征着非虚构作品渐渐走入主流文化。非虚构写作为新闻提供了可借鉴的文学手法，也为新闻注入了新的活力，尤其是长篇的深度报道。

非虚构写作记者杜强认为：“‘非虚构写作’弥补了主流新闻叙事的盲点，拓展了新闻表达空间，增强了新闻表现力。‘非虚构写作’尝试了诸多突破传统新闻叙述的常规手法，强调细节，坚守故事性，用摇曳多变的叙述丰富新闻叙述的表现力。”①

例如，《人物》杂志曾经发布的一篇《动物孤独》，描写了专家为了中国仅存的两只斑鳖繁衍生息而做出的努力，最后所有的努力都付诸东流，这个古老的物种只能静静地灭亡，引发了人们对动物和环境保护的思考。这篇报道的文笔非常好，很精致地刻画了主题，但是这篇深度报道所面对的题材实在是太小众了，所以就需要用大量的文学化的描述和生动的细节来弥补它。

近年来，一些深度报道甚至突破了新闻报道中立客观性的要求，大胆使用文学化手法，引入主观视角，以记者个人的细致入微的采访观察，对社会文化现象的精准把握，娴熟高超的写作技巧，独特的个人风格进行文学化写作。

---

① 张涛甫．非虚构写作：对抗速朽［J］．新闻记者，2018（9）．

例如杜强撰写的三和大神的系列报道，三和大神是指在深圳龙华区三和人才市场附近聚集的一批沉迷游戏、按日打工的年轻人。杜强在三和卧底，与这些年轻人相处了四十多天，亲身体验这个群体的生活境遇，每天打零工，挣了钱就玩游戏。杜强伪装成打工者，用自己的体验完成报道。

杜强认为，“特稿或者非虚构写作，往往提供大量的、近似小说的细节，许多在万字左右的特稿，仅采访速记就有几十万、甚至上百万字，有时候就一个细节要跟采访对象纠缠好几个小时”①。

对于这些尝试，我们目前还报以审慎而客观的观察。文学手法是为了更好地表现真实，而新闻必须基于事实，深度报道不能丝毫背离事实，需要完全以事实为底线。而文学性或记者的主观感受会在一定程度上使得这种中立性受到消解。

第三节　融合性深度报道的题材拓宽

科学技术的进步为新闻领域注入了新的发展活力，主要包括数据新闻、大数据统计和即时互动与沉浸式实感，不仅提供多元的新闻呈现方式，而且形成了全新的新闻报道模式——融合性深度报道，具有融合、参与、互动和鲜活四个特征。

一、新技术提供更多可能性

近年来，数据新闻越来越多地在新闻报道领域广泛应用，不仅丰富了新闻报道的表现形式，而且为新闻的真实性和客观性提供强有力的依据。学者方洁从新闻呈现形态、新闻生产流程和新闻行业发展的角度分析数据新闻的内涵：从狭义来说，“数据新闻”就是“基于数据的抓取、挖掘、统计、分析和可视化呈现的新型新闻报道方式”；从广义来说，“数据新闻”是在大数据时代新闻学发展形成的新领域，代表未来新闻业发展的一大方向。

在数据新闻中，新闻报道脱离了过去文字为主、数字和图表为辅的表达形式，以数据和可视化图表作为新闻的主要内容和呈现方式，通过对数据的过滤和视觉化处理来讲故事，提升了数据和新闻的双重价值。数据新闻的重要呈现形式就是数据可视化，在大数据抓取海量信息之后，记者对数据进行分析和设计，从而让枯燥的数据变得美观，丰富了深度报道的表现形式。数

① 杜强．非虚构写作中的“真实性”问题［J］．新闻与写作，2019（11）．

据新闻将复杂难懂的海量数据以可视化的方式展现给公众，促进公众了解信息、解读信息，为公众服务。

大数据统计和即时互动，是深度报道拓宽题材和表现形式的前提。计算机技术和互联网的发展催生了大数据时代的到来，人们能够获取海量的信息资源。基于大数据的个性化推荐服务，不仅实现了新闻信息的精确定位，节省了用户搜索信息的时间，而且也重构了整个广告业格局，数据成为广告营销业实现精确定位消费者的重要依据。大数据为新闻的内容生产提供了大量的新闻素材，拓展了新闻的广度和深度。除此之外，大数据的信息抓取分析，可以准确了解用户的需求，运用算法推荐，为用户提供精准匹配新闻的服务。它基于用户历史浏览内容的标签，以及用户自身的标签进行匹配，从而实现内容的推荐。

大数据给予新闻生产者创作的素材，也为生产者与用户的双向互动提供了平台，准确了解用户的阅读倾向和喜好。纸媒的时效性和互动性较弱，当天发生的事情特别是临近下午晚上的新闻，报纸只能在第二天才能报道，纸媒一般只具有传播信息的功能，读者在阅读完报纸之后很难反馈读后感甚至批评建议。

新媒体为用户和新闻生产者提供即时互动的技术，用户可以直接在报道下面发表看法，新闻生产者也可以立即回复，形成双向互动。新华社《刚刚，沙特王储被废了》的新闻在网络走红，小编和网友的互动成为热议，这说明了即时互动的重要性。在新媒体时代，互联网交互平台使网民和编辑的直接对话成为可能，并且强互动的特征越来越明显，从编辑到“小编”，反映出读者与编辑地位上的平等，读编关系更加私人化、个性化。

技术的发展一直注重延伸人们的感官体验，近年来，出现了 VR（虚拟现实）、AR（增强现实）、MR（混合现实）等技术，意图赋予人们临场感和沉浸感，也就产生了沉浸式新闻报道这一新兴传播方式。歌星王菲 2017 年的演唱会《幻乐一场》采用 VR 直播的方式，但是受到网络和传播技术的限制，观看体验并不好，观众甚至无法看清王菲的脸。5G 时代的到来，或许可以为沉浸式传播提供新的可能。大数据技术在新闻传播领域的应用促进了叙事话语、叙事结构、叙事接受等方面的变化，无论是数据新闻可视化、VR 还是其他媒介形态和技术，其存在的根本价值仍然是传播信息，为“叙事”服务。

二、新技术带来新闻业变革

经验性向数据统计的转变，带来了深度报道的升级。在新闻真实如何符合的问题上，报道主体的多元化使新闻真实表现为多元对话的符合，报道过程的计算化要求新闻真实表现出可视化呈现的符合，由于中介化事实大数据自身的特性，新闻真实天生带有整体性真实的基因，并可以更容易、更准确地实现前瞻性真实。

传统的深度报道很大程度上依赖于老记者大量的经验性知识的积累和提升，记者的能力、经验以及面对突发情况的随机应变尤为重要。而现在融合性的科技的发展带来了一种从经验性向数据统计的转变。

数据统计改变了新闻生产流程和记者的角色。传统媒体时代，新闻信息主要靠记者采访、调查获得，而大数据时代，新闻信息的采集者已经从专业记者向普通人转变，甚至从人向机器转变。记者变成了数据的聚合者，传感器、无人机等新技术可以延展记者的感官，多角度实时获取信息。这也对记者的能力提出了更高的要求，传统的采访、写作、编辑能力难以满足数据新闻生产需求，这也使得很多计算机技术人员、设计师等进入数据新闻的生产过程中。数据新闻生产者大多将自己定位为数据记者或者数据新闻编辑，但他们实际承担的工作远远超过了传统的记者或者编辑，而呈现出一种围绕产品生产需求而灵活变动的状态。

同时，新闻内容生产团队也由过去的部门分散工作，转为融合型的团队协同式创作。报道团队完成了从编辑部主导向即时互动的转变。

1968年，传播学者马克斯韦尔·麦库姆斯（Maxwell McCombs）和唐纳德·肖（Donald Shaw）在美国大选之前进行了教堂山镇研究，证明大众媒体议程的显著性对公众议程有影响。传统议程设置理论指，大众传播媒体报道量越大的问题，越容易被公众认为是当前最重要的问题，按照重要性等级进行排列。“研究议程设置的第二层（the second level of agenda setting），即在研究事件的显著性排列的传递过程以外，进一步研究媒介议程对事件属性以及受众归因的影响。”[①] 属性议程会反过来影响对对象议程显著程度的认识。随着媒介形态的变化，议程设置理论的第三层——网络议程设置应运而生，影响公众的不是单个的议题或者属性，而是一系列议题所组成的认知网络；新闻媒体不仅告诉我们“想什么”或者“怎么想”，同时还决定了我们如何将不同的信息碎片联系起来，从而构建出对社会现实的认知和判断。

在传统的议程设置理论中，大众传播媒体是议程设置的主体，而在新媒体时代，大众传播媒体不再占有传播的主导权，受众同样拥有话语权，参与议程设置并进行舆论引导。

社交媒体的出现，让传者和受者的身份结构变得更加同一，他们不仅能借助各种自媒体设置让受众感兴趣的议题，使自己成为信息的传播者（即传

---

① 刘海龙．议程设置的第二层与媒体政治：从《事关重要的新闻》说起［J］．国际新闻界，2004（2）．

者），而且在收到来自传统媒体传播的信息（即受者）后，进行二次传播。所以，每一个参与者都有机会来决定媒介的内容。公众在社交媒体发表的言论成为媒体寻找选题的重要线索，新闻价值的判断标准在媒介技术的作用下发生变迁，公众的注意力一定程度上影响着媒体的报道内容。

三、融合性深度报道

媒介融合带来了信息传播模式的变革，使新闻信息的生产由传统的单一形态向多元互动的全媒体信息生产形态转变，进而重构新闻采编人员结构及工作流程，在采访主体及地位、信息流通机制、媒介产品生产方式等方面产生深刻变化，形成了全新的新闻报道模式。应运而生的融合性深度报道，便是利用多种媒介的优势更好地实现新闻传播的一种路径。

融合性的深度报道主要有四个特征（图 2－1）：其一，它是融合的，不是单一的文字配简单的图表和图片，而是有各种的表现手段。其二，参与性更强，可能有若干的互动，或者是体会性的参与。其三，双方互动更强，技术为良性互动提供了对话的平台。其四，它能够相对的更鲜活，而非单一的、相对死板的形式。

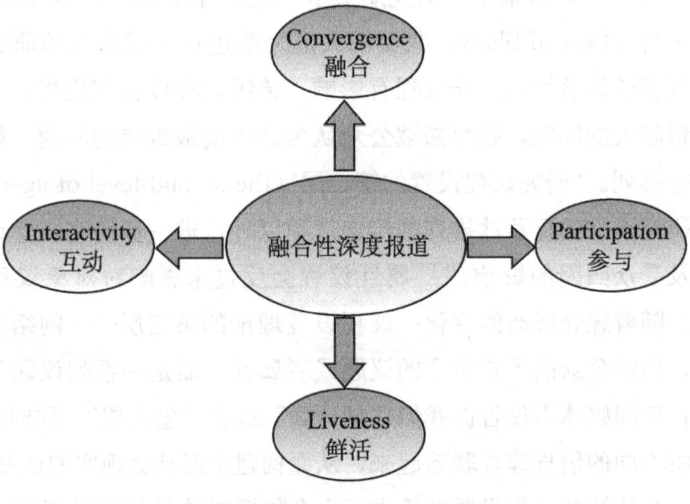

图 2－1　融合性深度报道的主要特征

这种变化就会使融合性深度报道在选题题材上与传统的深度报道出现一些差异。融合性深度报道的选题题材相应有以下特点：

（1）面向垂直用户，聚合消费社群；

（2）围绕用户中心，满足价值需求；

（3）建立连接场景，实现持续互动；

(4) 强化关系属性，探索盈利可能。

未来的调查性新闻报道，技术、产品、渠道和运营的作用形成合力，结合日益变化的信息源结构，使得新闻盲点大大减少，足以还原事件的方方面面，提升新闻价值的实现效率。

融合性深度报道的选题实现了清晰叙事。《卫报》网页发布的大数据新闻报道上，在伊拉克地图上密密麻麻的全都是小红点，用户点开每一个小红点，都是一个在伊拉克战争中死去的人，显示这个人的年龄、性别、死亡原因等大致情况。在这篇报道中，数据的抓取、挖掘和分析起到了非常重要的辅助作用。将涉及十几个国家、时间跨度长达一年的复杂运动以动态方式呈现出来，纯文字报道难以达到这样的效果。

这篇伊拉克战争日志也实现了受众和新闻生产者之间的双向互动，受众不仅阅读新闻，了解信息，而且可以自主控制选择观看哪里，被赋予了接受新闻过程中的自主选择权。

大数据新闻还能够描述那些看不见的短期过程，比如流言如何在社交网络上传播。《卫报》通过追踪分析 260 万份推特内容，利用可视化动态图表描述了从流言开始传播到辟谣结束的整个过程。

融合性深度报道方式能够在宏观上对某个事件看得更加清楚与全面，事件复杂的演进过程以及这个过程中的各个方面，都能描述得直观且有趣。

融合性深度报道还可以用来预测未来走势。2013 年“十一”长假期间，九寨沟发生游客大量滞留现象并引发群体性事件。百度运用中国的局部大数据，生成的媒体产品可以提前报道在哪个具体时间段内，有多少人从哪些地方前往九寨沟，其中男人、女人、老人、儿童各有多少等等。

大数据时代不仅意味着数据量级和数据资源分布结构发生深刻改变，而且也意味着数据处理技术的极大提升，以及数据处理模式的多样化，这为提高预测的精准性提供了较大的便利和新颖的思路，大数据预测将传统意义上的“预测”拓展到“现测”。大数据搜集、整理后，根据事物发展的客观规律，结合具体的实际情况进行科学合理的对比分析，推测出未来的发展趋势，为公众了解身边的环境变化提供借鉴。

第四节 寻找深度报道选题的途径

深度报道易于实践的选题有四种寻找路径，分别对应主动挖掘型选题、线索型选题、故事报道型选题和解释报道型选题。

一、主动挖掘型选题

深度报道的初期，寻找选题是一个艰难的过程。劣势就在于初涉者还没有打开耳目，但通常过了瓶颈期之后，记者就会非常迅速地打开报道局面，因为他的人脉关系网络都已经搭建形成。

刘万永认为，一个成熟的调查记者，往往能够积累大量的人脉资源，从而获得独家线索，这些资源包括律师、官员、专家、同行和曾经采访过的人。建立人脉关系需要一定时间的积累，重要的是，媒体本身和记者本人要有公信力，能取得别人的信任。[①] 有经验的老记者不会发愁没有新闻选题，最发愁的是选题做不过来，因为他们每一次的成功采访，都能够和被采访者建立若干关系，这些联系都可能提供下一个新闻线索。

当你需要寻找选题、落实选题、写作选题的情况下，如何成功找到深度报道的选题呢？可以通过以下几种方式来求解。

（一）从微小的线索找到有价值的选题

2002 年《波士顿环球报》用接近一年的时间发布了几十篇报道连续报道波士顿性丑闻案，而这一系列报道也获得了普利策奖。这桩性丑闻案由新闻报道改编为电影《聚焦》，获奥斯卡最佳影片。起初，记者从一个特别微小的事情找到了线索。《波士顿环球报》的专栏刊了一则“牧师涉嫌卷入性侵丑闻”的简短报道，称天主教神父被指控性侵男孩。正想要深入挖掘时，却得知法庭的记录被封存，不公开，这种欲盖弥彰的态度让记者坚定了继续挖掘的信念。天主教是基督教的三大派系之一，受到很多人的信仰，神圣的宗教神职人员性侵幼童的丑闻必然会引起公众关注。

在国内，中国裁判文书网也被很多记者作为线索来源。2013 年 7 月 1 日起，中国裁判文书网陆续公布生效的裁判文书，在此之前，中国所有相关的司法的案卷、判决书都是不公开的。中国裁判文书网是最高法院推动的非常有效的司法公开途径，是中国司法非常大的进步，极大地促进了社会监督和司法透明。现在所有的判决书都能够在中国裁判文书网上找到，这些案件经常被媒体记者作为选题的重要来源，从这些微小的线索里去找有价值的选题。

（二）从社会热点现象或者问题中找到可供深入挖掘的选题

深度报道需要的是有价值、有分量、有社会意义的题材。因此，寻找选

① 刘万永．调查性报道［M］．北京：人民日报出版社，2015．

题的时候，完全可以从这样一个反向而至的角度入手，先看哪些内容有社会价值，受到公众关注。那么先找到宏大的事件，比如留守儿童、环境污染、考试黑幕等等，这些内容本身就具有社会价值。然后再从这些主题入手，找到标志性的事件或者标志性的人物，由此形成一篇深度报道。

不过，这些反向寻找的选题，在经过一段时间的调查性报道和解释性报道后，会逐渐变成常见的社会问题，存在报道过多、题材不宽、角度陈旧等情况。对于这些各家媒体百“报”不厌的热点焦点话题，需要媒体在旧热点中寻找新变化、新视角和新突破口进行报道。

（三）从日常现象入手，进行深入调查，说明原委

2002年《中国经济时报》记者王克勤发布了《北京出租车业垄断黑幕》的报道。出租车是日常生活中常见的交通工具，但是当时整个北京的出租车存在很多问题，打车难、打车贵，出租车司机的服务水平差，出租车车内脏乱差，人们叫苦连天，不明白这些现象背后的原因。王克勤用了半年的时间，采访了北京100多位出租车司机、出租车公司经理、政府部门以及专家学者，报道了北京出租车司机艰难的生存境遇，出租车公司的买车卖车、兼并联合，独家披露了北京出租车业垄断黑幕。由于出租车行业涉及面广，调查采访要深入到多个区县，王克勤先后联系了30多家机关单位，采访并不顺利，有的还下了逐客令。

报道刊发后影响甚广，“文章的威力是巨大的，一个切实有力的出租车业管理体制的改革已经拉开帷幕”。作者王克勤认为，对日常生活中困惑现象的深度报道，耗费时间长，需要深入的调查，才能清晰叙事，这样的报道题材其操作难度也比较大。①

（四）挖掘有强烈关注度和明显故事感，能够调动读者兴趣的选题

1995年《冰点特稿》的代表作《北京最后的粪桶》就是这类选题的典型报道。这篇深度报道的结构，既有明线，也有暗线。明线是北京最后在胡同里面的几名掏粪工的日常工作流程。暗线就是能够看到整个北京的发展变化，原来的露天厕所不见了，掏粪工也越来越少，慢慢淡出人们的视线，它能够映射出改革开放以来，北京的经济发展以及社会生活的进步。

这样的题材，关注“普通人不普通的命运”，注目社会底层，为之立传画像，表现人物的稀缺特质，既呈现了当代普通个体的命运和生存状态，又使

---

① 王克勤．一个有良知的记者能走多远？采写《北京出租车业垄断黑幕》的前前后后［J］．新闻三昧，2003（3）．

人们分享了普通人身上所折射出的信仰和内在的精神价值，并体会到能够折射人心的时代变迁感。

这类题材，是可以通过记者的主动挖掘找到的。但是比较遗憾的是，经过多年挖掘，类似的选题几乎被报道殆尽，越来越难以发现优质选题。

二、线索型选题

靠知情人士提供线索，是线索型选题的主要形式。

绝大多数的知名调查类报道全都是靠线索。水门事件就靠着“深喉”所提供的匿名消息，完成了轰动世界的报道。“线索是否及时、准确、丰富，对记者来说至关重要。爆出独家新闻，往往需要强大的线索搜集平台支撑。新闻竞争越激烈，媒体越重视线索的搜索、分析和整合。”[①]

依靠“爆料”找到选题的方法就是线索型。很多媒体都会为此建设自己的线索获取渠道，普遍开设的新闻热线就是最直接的途径。

新闻热线是媒体触角的全面拓展和延伸，新闻热线正是记者获得消息来源最方便、迅速、广泛的渠道。现代通信事业的发展，为人们随时随地通过热线向媒体传达信息，提供新闻线索创造了条件。

培养线人，让他们成为你的新闻触角，也是一种普遍使用的方式。刘万永在《新闻采访与写作》一书中写到，线人和当事人略有区别，他们往往是事件中的人，知道事件真相，但与该事件没有太多利益纠葛，出于某些原因（正义感或其他），主动向媒体爆料，希望将真相公之于众。[②] 新闻线人的出现，有利于提高记者的工作效率，产生独家新闻。但是线人的隐私难以得到保护，后续调查或者发表时暴露线人的事情也时有发生。

为揭露黑幕提供线索的新闻线人，其人身安全容易受到威胁和报复，所以新闻媒体必须慎重使用新闻线人，考虑到保障他们的生命安全。有些报社或电视台在披露负面新闻时，往往会把线人的资料和照片展示出来，以显其真，并没有考虑线人是否会被“被揭发者”报复的问题。

新闻业对于“线人”的保密原则，也逐渐由此形成。长期以来，当遇到比较重大的新闻时，往往还是靠传统的新闻采写方式，即采访突破能力和新闻写作表达能力，来达成人们对于新闻事件必要的了解。由此，持续地获得轰动性的选题，逐渐成为新闻界得以立足并取得成绩的根本。

当很多重大线索必须依靠愿意向媒体传递信息的知情人士，这些知情人

---

① 刘万永．调查性报道［M］．北京：人民日报出版社，2015：43.

② 高钢，潘曙雅．新闻采访与写作［M］．北京：中国人民大学出版社，2018.

士往往出于对自己人身安危或者现实得失的考量，希望隐瞒身份。而新闻媒体会承诺帮他隐瞒身份。对善待记者、善待媒体的人给予充分的回报和保护，慢慢变成了新闻业的“行规”。作为对新闻业监督公共事务、促进社会发展的回报，“保护新闻线索”也被法律在一定限度下所宽容，沿袭演变下来。

传统媒体的新闻热线的形式在新媒体时代不断更新变化。在2020年新冠肺炎疫情的爆点中，很多新闻媒体在其推送的微信公众号里公布记者的微信号、手机号、邮箱等联系方式，表示如果有任何跟武汉相关的内容，都可以直接打电话或者是加微信来讲述。这种方式是传统媒体的新闻热线在新媒体背景下的延伸，也取得了很好的效果。

另外，现在很多新闻的第一线索源于网上爆料，这是一个值得关注的趋势。近年来，来自网络特别是微信、微博的新闻信源明显增多，而采编、互动等环节也越来越多地借助了网络平台。微博、微信、知乎等社交媒体平台往往是新闻信息的第一集散地，记者可以从中随时了解最新的信息，保持新闻的敏感性。

不过，网络上的大量信息不仅为记者的选题和新闻线索提供了便利，也对记者的业务能力和职业素养提出了更高的要求。网络上的信息鱼目混珠，记者要准确判断出新闻线索的新闻价值，也要仔细甄别信息的真实性，做好事实的信息核查。当下，网络上的假新闻呈现两大特点：一是在制作环节上，网络谣言炮制者采用新闻报道的手法，在形式上力求逼真，甚至盗用正规媒体的名义；二是在传播环节上，令网络媒体乃至传统新闻媒体中招，通过它们具有权威性、公信力的传播平台以新闻形态进行再传播，证实其可信度。

用眼睛发现选题，也是一种有效的方式。这被新闻记者们通俗而亲切地称为“扫大街”。

网络不是新闻选题的唯一来源，走出去，街头巷尾也许会有独特的新闻线索。记者深入群众，深入生活，在公交车上听老大妈闲聊，在出租车上与司机师傅攀谈，在餐桌上与朋友交流，还有微信群中互动等都是发现好的新闻线索的重要途径。

民国初期，以写通讯而出名的记者黄远生曾提出“四能说”，即脑筋能想、腿脚能奔走、耳能听、手能写，强调记者要深入新闻现场。随着新媒体时代的发展，这样的优良新闻传统并未摒弃，而是演变为“四力”。习近平总书记强调，新闻工作者要不断增强脚力、眼力、脑力、笔力，努力成为全媒型、专家型人才。记者不仅要在互联网的信息中深耕，更要走进新闻一线，踏实做好实地调查。

三、故事报道型选题

这类选题的新闻性较弱，取胜之道在于鲜为人知。

第一种是亚文化人群，例如第三性、女权、LGBT 群体等。关注小众人群，是打开深度报道选题的一种思路。

2017 年，Me Too 运动席卷全球，世界各地被侵犯或性骚扰的女性站出来，说出自己受害的经历，维护自身的权益。女权主义越来越盛行，女性追求男女性别平等，反对性剥削、性歧视和性压迫。与此相关的深度报道一出，常常会受到公众的关注，引发热议。

不过，以这种亚文化的人群作为选题，需要注意其是否符合折射时代、映射人心的标准。如果纯粹就是小众的亚文化人群，出于猎奇心理对其进行描述，就失去了深度报道所应有的意义。

第二种是有社会争议、社会关注的事件或人物。2018 年腾讯“谷雨”推出的《和尚爸爸》在这种类型的选题中非常具有代表性。“和尚爸爸”35 岁出家，在寺庙里发现了很多人去超度堕胎，便开始劝说堕胎女性。将出家前的别墅改为“护生小居”，专门救助孕妇和孩子，已经救助二百多个生命。但是他的救助却引来了很多争议，有人传言，和尚在外找女人，偷偷生下小孩养起来。普贤寺担心他的行为影响到寺院的名声，还开除了他。

第三种是明星或者近期热点新闻人物。明星拥有一定的粉丝，自带流量和关注度，这也是很多媒体喜欢做的选题。但其操作难度在于，明星或者热点人物本身就特别有名，接受过很多媒体采访，在这种情况下，只有凭借大量的采访，非常高超的写作手法，才能突围获胜。

《人物》杂志 2014 年推出过一期关于张艺谋的封面报道，2018 年张艺谋获第 55 届台湾电影金马奖最佳导演奖之后，再一次发布了这篇报道《张艺谋：一只比较像变色龙的老虎》。

《人物》杂志除了对张艺谋进行深度访谈，还采访了张艺谋的大学同学、多年好友、工作伙伴和谋女郎等 18 个人，还原了张艺谋的性格，分析了其创作上的优缺点。这篇报道被张艺谋认为是他见过的写他最好的一篇报道。

最后一种是选取某个故事情节相对集中的场景。例如深夜食堂、急诊室、夜班公交车、通宵自习室等等，这类题材把各种各样的人聚焦到一个空间里，可以使用白描的手法来刻画世间百态，故事情节相对集中，然而这类选题的新闻性同样较弱，选题能够成立的前提在于必须能实现映射时代、折射人心的作用，并需要用大量的采访和非常高超的文笔来弥补新闻性的不足。

四、解释报道型选题

解释性报道选题具备以下特征：

其一，需要一定知识背景的社会现象或自然现象。充分的背景资料才能解释和说清楚事件的原因和结果。社会现象，尤其是自然现象往往需要强大的知识脉络，用客观事实深入解释、分析，才能理顺事件的前因后果。2017年《人物》杂志的《动物孤独》深入浅出地说明了斑鳖艰难的繁衍生息，不得不面临将灭绝的现实。医学相关的报道更是需要记者全面了解医学知识，寻找方方面面的医学资料，才能为公众提供科学、合理的医学报道。

其二，能够对一件事情提供更加详细和多角度的解说。杜强所写的《太平洋大逃杀》完整地复盘了在海上漂泊几个月的渔船上矛盾升级发生的一次次血腥残杀。这件事被很多媒体报道过，但是，由于媒体时效性等各种原因，并未出现细致的复原。而杜强通过一年多的深入挖掘，呈现出了这件事的整体面貌。

《时尚先生》2015年发布的特稿《大兴安岭杀人事件》其选题角度和《太平洋大逃杀》有异曲同工之妙。特稿《大兴安岭杀人事件》之“特”从报道的视角与题材的选择上看，是从小处着手，将时代背景下的大问题从微观角度进行剖析，注重新闻的题材与时代背景的结合。记者在采访时，几乎亲身见证了这起杀人案件，这篇报道从记者的角度呈现了这起凶杀案，同时联系着大兴安岭的历史、经济和环境，文章充满戏剧性和张力。

其三，能够对一个地方、一个职业、一个现象进行立体化分析。

2010年，王克勤在《中国经济日报》发表的《山西疫苗乱象调查》就属于对某一现象的报道。这类针对某一专题所进行的调查报道，是媒体针对某一社会热点、难点、疑点、焦点问题进行的深度调查，是一种静态问题的调查报道，这类报道能够最充分地实现公众知情权，为公众提供解疑释惑的服务。

其四，对某个行业或某个方面的深度解析。这个选题角度的确立，与新媒体背景下大量的垂直媒介发展有关，是对于某一个行业或者某一个方面的深度解析。例如，2018年自媒体“乱翻书”的《腾讯没有梦想》。作者从20多万字的采访笔记和材料中总结、梳理出来4万多字的初稿，最后修改成1万多字的终稿，资料非常扎实，写作逻辑也非常严密。通过对大量腾讯近几年的表现来判断，腾讯这样一个庞然大物般的互联网公司，已经走到有点迷茫、有点彷徨的时期。作者认为，“腾讯正在丧失产品能力和创业精神，变成一家投资公司。这家快20岁的公司正在变得功利和短视，他的强项不再是产品业务，而是投资财技”。这篇文章刷遍了科技互联网圈，甚至惊动了腾讯的高层管理人员，腾讯总裁刘炽平还在微信朋友圈回应了文章的内容。

像类似的对于某一个行业或者某一个方面的深度解析、深度探讨，在经济、体育、文娱、休闲等很多领域都大量存在，这类题材凭借作者对于大量数据的掌握和鞭辟入里的分析见长。

阅 读

1. 高钢，潘曙雅．新闻采访与写作［M］．北京：中国人民大学出版社，2018.

2. 刘明华．西方新闻采访与写作［M］．北京：中国人民大学出版社，1993.

3. 赖斯顿，李普曼．新闻与正义：普利策新闻奖获奖作品集：1—3 辑［M］．修订版．展江，主译评．北京：中国人民大学出版社，2009.

4. 弗里德曼．媒体的真相：致年轻记者［M］．梁岩，王星桥，译．北京：中信出版社，2007.

5. 詹金斯．融合文化：新媒体和旧媒体的冲突地带［M］．杜永明，译．北京：商务印书馆，2012.

思 考

1. 深度报道的选题要符合哪些基本要求？

2. 如何理解调查性报道？调查性报道有哪些特点？

3. 新媒体技术对新闻行业的生产环节和经营理念有哪些改变？

4. 什么是融合性深度报道？融合性深度报道的优势是什么？

练 习

1. 根据本章内容，试着寻找身边可以做深度报道的选题。

2. 从议程设置理论谈谈融合性深度报道的传播效果。

3. 挑选一篇深度报道，评价其选题的优劣，说说属于哪种类型的选题。

第三章
深度报道的原则和规范

学习要点

本章主要学习深度报道的原则和规范：深度报道所要求的道德伦理原则，报道的文本原则，丰富立体原则。通过了解深度报道的道德伦理原则，探究记者在新闻实践过程中需要注意的各个方面，再从文本原则和丰富立体原则两方面规范深度报道的行文，从新闻专业角度增加报道的真实性、客观性、公正性等特性，从文学角度提高报道的深度、厚度、可读性。本章将叙述身处社会急剧变化的重大转型期，深度报道应如何坚守道德伦理和专业精神，并通过专业的报道方式应对时代的新变化、新要求。

第一节　深度报道的道德伦理原则

新闻报道拥有强大的社会影响力，深度报道因其特性在新闻中更是拥有诉诸舆论而参与社会治理的特殊身份和地位，对于公众道德有示范和表率作用。本节将从价值观、保护意识、职业伦理三个方面探究深度报道的道德伦理原则，进而指明深度报道的道德伦理要素和着重注意方向。

报道的道德伦理是以新闻从业者为主体的职业道德，即新闻媒体中从事采写、编辑、信息交流沟通、宣传策划、出版发行、经营管理等方面工作的新闻从业人员在长期的职业实践中形成的调整他们之间及其与社会组织、公众之间相互关系的行为规范[①]，是媒体必须遵守的最高道德准则，一旦出现僭越就可能对传播效果造成严重的负面影响。不论是情感缺位，对于人性的关怀温度不足，还是在传受之间存在价值取向偏差，或是报道信息背离了新

① 陈绚．新闻传播伦理与法规教程［M］．北京：中国人民大学出版社，2016.

闻真实性的基本要求，都不为报道的道德伦理所接受。

道德伦理不同于采访、写作的技巧，它在新闻传播活动中起着调节、指向的作用，引导、促进新闻传播事业沿着健康、正确的道路进行。采写技巧的熟练可以帮助记者成为一名会报道的媒体人，但因为新闻工作者在报道信息的传播活动中的主观能动性是不可否认的，每一位新闻工作者在新闻传播活动中表现出来良好的道德状况对整个社会良好风气的形成和道德水准的提高都具有重要的意义，所以想要成为一名优秀的记者，价值观必须符合真正的伦理道德，拥有严谨求实的工作作风、无私无畏的敬业精神、严肃认真的科学态度，等等。

南非摄影师凯文·卡特（Kevin Carter）通过其摄影作品《饥饿的苏丹》，向全世界提出了一个经典且重要的伦理问题：先拍下照片，让全世界都看到非洲饥荒的灾难，还是先将秃鹫赶走，救下小孩的性命?《饥饿的苏丹》首次刊发于1993年，随后引发强烈反响。伴随着时代的发展，以前需要争论的原则如今已经形成基本准则写进了媒体人职业操守中：在特殊的灾难时刻，如果没有他人而只有记者，直接救人或吁请救援应该压倒记者的采访本职，放在第一位。因为生命原则在伦理原则中是第一位的。

随着新媒体的发展，“技术是否绑架新闻”“流量与意义谁更重要”等新问题的出现，督促我们更应该结合不断变化的时代背景，从价值观、保护意识、职业伦理等方面来探究新媒体时代深度报道的道德伦理原则。

一、价值观

价值观，是人们基于一定的思维而作出的对于一类事物的价值的基本判断、整体观念，表现为对此类事物相对稳定的信念、信仰、理想等，是人们行为方式、行为规范的内在驱动力和评价尺度，也是人们精神追求的目标。价值观存在于人们的头脑中，表现在人们的社会实践中，也体现在新闻报道中。

媒体的价值观这一概念十分抽象，但它是媒体各种报道业务的无形指挥棒，决定新闻工作者的思想——什么可以接受，什么不可接受，什么令人向往，什么令人鄙视，媒体或记者的价值观通过他们的新闻业务实践来进行展现和解释。

记者在报道过程中应该坚持的价值观多以规范的形式来表现，如我国公民应遵循社会主义荣辱观，时刻铭记八荣八耻。再如中华全国新闻工作者协会于1991年通过并于2019年第4次修订的《中国新闻工作者职业道德准则》指出的：全心全意为人民服务、坚持正确舆论导向、坚持新闻真实性原则、发扬优良作风、坚持改进创新、遵守法律纪律、对外展示良好形象等七项价值标准。

由于价值观规范无法穷尽地规定所有应该的行为和可能发生的冲突，在实际应用过程中，即使面对同一新闻活动，不同的记者、编辑会做出不同的、甚至可能是完全相反的判断，所以报道所体现的价值观，只要符合新闻专业领域内或社会中获得广泛认同的基本道德原则，无须苛求完全一致。

深度报道与其他报道的不同之处在于其“深度”二字，“深度”说明它的选题需要具备立体、纵深等特点。记者很难通过深度报道完整、彻底地揭示出某一事件的全貌，应做的努力便是让报道尽可能无限地贴近事实。而这些努力，例如对事实信息的选择、分配比例，文笔上的串联、说法等每一点微小的细节，都会展现媒体机构及记者的价值观。

2015年，《人物》杂志刊发的《惊惶庞麦郎》一文爆红网络。从该文主人公的许多生活细节、心理状态，可以看出庞麦郎是诚心诚意地配合记者工作，但这篇人物专访报道却赤裸裸地描绘出一个草根爆红后的生活状态——生活环境脏乱差，与经纪公司纠纷难断，没有专门的助理来帮助他处理生活琐事，没有专人来教他应付采访，以致他在报道中所展现的形象显得怪诞、浅薄、无知：

> 他的头发板结油腻，弓着身子站在上海普陀区的街道十字路口，羞涩得似乎想把自己藏起来，抠着手说，“去我酒店吧先。”
>
> 一推门，一大股食物腐烂、被单潮湿的味道。他挺不好意思，招呼服务员来打扫。
>
> 房费每天158元，位于转角，不足10平方米，没窗，大白天也得开灯。床脚的被单上，沾着已经硬掉的、透明的皮屑、指甲、碎头发和花生皮。唯一的板凳上堆着他的褐色牛仔布大包。房间的床头，他郑重放了一张歌单，选了5年来写的10首歌，打算出专辑用。
>
> 在上海待了半年，庞麦郎的活动范围是一个以小旅馆为中心，半径200米的圆。他没电脑，不会用手机连Wi-Fi，醒了出门去网吧聊QQ，谈找上门的商演生意，没生意时就打连连看。吃饭叫外卖，回到房间，打开电视只有法语频道能看。他不懂法语，仍坚持收看凌晨5点播出的法语动画版《西游记》，这是他夜里唯一的娱乐。
>
> 他拎来一袋生花生叫记者吃，然后径直去了洗手间，隔着半透明的玻璃门，一边蹲坐在马桶上一边说，“我要上封面，必须在最前面，拍照也必须把我拍得帅，你不要跟我要花招。”他要求穿着身上这件价值100多元，买于夜市的花衬衫为封面拍照。

女服务员正在把旧床单扯下来，一抖，毛发、皮屑泼泼洒洒散在空气里。他起身，冲水，马桶剧烈抖动。

《人物》这篇文章把庞麦郎没有驾驭金钱、名气和演艺圈复杂的社会关系的能力，一举一动都有失水准的这一面挂在高墙上示众。不论是否客观，这篇文章语句背后所呈现的价值观让不少人产生不适之感。报道刊发之后，庞麦郎解释，他认为只是和记者闲聊一下。而记者却打开录音笔，在庞麦郎的房间内捕捉所需要的场景、气味、声响，甚至连庞麦郎使用马桶的体态和声响都一一记下，也许庞麦郎活得邋遢肮脏的确是真实的，可以反映突然获得爆红的草根明星的生存状态，但该文所体现的审丑窥私，践踏和亵玩个人尊严的价值观是值得商榷的。

如果价值观无法经受住社会、时代的考验，那么这篇深度报道不会是一篇成功的报道。甚至说，如果未能经受住道德伦理考验的报道具备了高超的制作技巧和传播效果，那它能够起到的恶劣作用更大。从这一角度来说，采写深度报道时对价值观的追求，应该比对于采写技巧的追求更为重要。

德国导演莱尼·雷芬斯塔尔（Leni Riefenstahl）为纳粹德国拍摄的政治纪录片《意志的胜利》便是如此。尽管该宣传片已经过去近 90 年，但“无论是构图、剪辑、配乐还是塑造人物上，该片都表现出一种关于秩序与力量的庞大美感，展现了灵气、优美和感性的复杂动态”[①]。《意志的胜利》在电影美学上的卓越地位超越了其作为政治宣传片的属性，很多业界人士深受其技法的影响，但其为纳粹德国输出的负面价值观蛊惑了许多后来者。这就充分呈现出：失败的价值观比失败的技术和方法，对新闻的影响更为致命。

为了避免报道出现价值观偏差，记者应做到以下几点：

首先，在呈现报道时应该公正，对于性别、人种、残障、犯罪前科等因素不加偏见或歧视。社会心理学家戈登·奥尔波特（Gordon W. Allport）把偏见概括为一种“对属于某一集团的人所产生的厌恶，甚至敌视的态度。这种态度的产生，仅仅是因为这个人是某个集团的一员，因而这个人也就具有这个集团所有的令人不愉快的特征”[②]。社会学家戴维·波普诺（David Popenoe）将歧视概括为“由于某些人是某一群体或类属之成员而对他们施以不公平或不平等的待遇”[③]。在报道中，不经意的评论或具有成见的描写，都会造成偏见或者歧视，记者应该谨慎使用语言，确认什么是可以接受的，什么是

---

① 凤凰新闻．意志的胜利　阿道夫的靴钉［EB/OL］．（2019－01－17）［2019－03－10］．https://ishare.ifeng.com/c/s/7jXoPF8kQV1.

② 科塞，等．社会学导论［M］．杨心恒，译．天津：南开大学出版社，1990：305.

③ 波普诺．社会学［M］．10 版．李强，等，译．北京：中国人民大学出版社，1999：306.

不可接受的，不要让他人感到被冒犯。

例如对性别的歧视。在女性处于强势地位的新闻报道中，会特别强调女性的性别，而对男性性别不做强调。在百度新闻中，搜索关键词“博士”找到相关新闻约 1 170 000 篇；同时，搜索关键词“女博士”找到相关新闻约 67 000 篇。但是，搜索关键词“男博士”却只找到相关新闻 221 篇。与此相同，搜索关键词“部长”，找到相关新闻约 1 980 000 篇；搜索关键词“女部长”，找到相关新闻约 15 000 篇；而搜索关键词“男部长”只找到相关新闻 9 篇。悬殊的新闻数目对比可以看出，媒体已经给大众授予了强势角色不做强调即为男性的观点。

对残疾人的歧视也需要在新闻中处处加以警惕。对残障的歧视在传统神话故事中便有体现，身体软弱和有残疾的人常常都是作为负面的角色被丑化的，而英雄往往都是身形高大的，充满力量的，完美的。长期以来，通过这种歧视化的形象和语言符号化的暗示，人们的思想逐渐形成了一定的思维定式。虽然现在大众媒体直接针对残疾人和弱者的偏见与歧视已经大幅度减少，但是新闻中还是会偶尔出现。报道言语中不应对他人的身体或精神的残疾加以突出，或者采用讽刺的陈述。即使媒体毫无恶意，“聋子”“瞎子”“残废”等词也会造成冒犯，应该代之以中性词语，如“视听障碍”等。

除此之外，新闻报道中还应该考虑所有容易受到歧视的人群，例如老年人、同性恋者、某些宗教信徒以及某些语言群体等。总之，正确的价值观下，偏见与歧视应该受到绝对禁止。

其次，一旦报道中涉及法律问题，就要在法律框架下进行讨论，切忌影响司法公正。采访时以正当合法的手段采访司法活动，不对普通案件进行隐性采访，在涉案人员被司法判定为罪犯之前，不暗示他们与犯罪有关。写作和编辑时不做定性、定罪、定量刑、胜诉或败诉的报道和评论；在报道中不能将涉案当事人称为“罪犯”，而应该是“犯罪嫌疑人”，不使用定罪倾向的描述，如罪大恶极、拒绝认罪等；使用中性词语叙述案件，不用煽情式的描述，如校园杀手、黑老大、巨贪等；平衡呈现涉案各方的事实和观点，不使用片面消息源以及保护相关人员的隐私。

在司法案件中，媒体的监督作用毋庸置疑，但是媒体监督与“媒体审判”之间的界限往往会被模糊。媒体审判是指媒体和新闻从业者超越司法程序，抢先对涉案人员作出定性、定罪、定量刑、胜诉或败诉的结论①，它起源于美国的司法实践，如果媒体在司法审判前对案件或涉案当事人做过多的报道和渲染，可能会影响法官的判断和陪审团的投票，从而间接影响判决的公正，

① 魏永征．新闻传播法教程［M］．北京：中国人民大学出版社，2002.

反映了一种新闻与司法之间的不正常关系。我国《宪法》第一百二十六条规定，人民法院依照法律规定独立行使审判权，不受行政机关、社会团体和个人的干涉。但是司法判决的过程所展示出来的丰富内容对媒体来说具有强大的吸引力，媒体所拥有的广泛社会影响、舆论监督力量，也使得司法机关无法忽视媒体的作用，以至于干预了司法的独立审判权力。

2010年10月20日晚，西安音乐学院大三学生药家鑫开车撞伤一名26岁女子，因担心自己的车牌号被对方记下，药家鑫持水果刀朝对方连捅数刀，致其死亡。在司法审判之外，关于此案的舆论纷争席卷网络。中央电视台的《新闻1+1》栏目在报道该案件时以药家鑫的哭诉为主，慨叹他的青春人生，被批报道不平衡，引起声讨药家鑫的人群不满，舆论普遍谴责他撞人不救，手段残忍，用受害者被连刺数刀时的疼痛以及遗于世间的丈夫和两岁小儿来要求判处药家鑫死刑，让很多公众都目睹了公众舆论是怎样在法律杀死一个人之前，先在"社会意义"上把他杀死的。

掌握着信息出口的大众媒体，既拥有报道事实的权利，也握有"道德审判"的权力。要想避免权力失范，就必须要慎用自己的权利，在法律的框架之内报道。可事实上媒体很难做好这一点。

2013年，"李天一案"发生后，李天一是著名歌唱家李双江之子的身份成为各大媒体争相爆料的热点话题，网友们先后在网上发帖进行声讨，纸媒、电视媒体、门户网站、移动媒体、论坛博客等共同参与。在案件还在侦查阶段，媒体报道中就不乏泛道德化评价和有违"无罪推定"法理的言辞，相关报道还写出了极为详尽的殴打、强迫脱衣、未进行避孕措施等施暴细节，同时用"醉酒""兼职""害怕李家背景"等字眼描述受害者杨某。

同时，李天一的过往被翻了个"底朝天"，出现了如《媒体称李天一曾将同学推下楼 事后不了了之》《李天一被曝曾在美打架 曾口出狂言》《暗访李双江居所装修人员：李天一说话很横》等文章，以至于公众几乎一面倒地坚持从严判罚李天一，最后舆论压力影响了当时的司法审判结果，媒体的热议也脱离了法律框架。我国《刑事诉讼法》第十二条明确规定"未经人民法院依法判决，对任何人都不得确定有罪"，《未成年人保护法》第五十八条规定"对未成年人犯罪案件，新闻报道、影视节目、公开出版物、网络等不得披露该未成年人的姓名、住所、照片、图像以及可能推断出该未成年人的资料"，但大部分媒体显然忽略了这一点。

最后，涉及极端案例就要从人性道德出发，杜绝为了引人注意或是拨乱反正而影响舆论的情况。以2010年富士康员工连续跳楼事件为例，十数条年轻生命离去的背后不是简单的员工工作压力大，企业管理机制有问题等，记者在报道该事件时不应该突出使用“X连跳”吸引眼球，不断地分析跳楼原因，不断地“打感情牌”，指责富士康的工作有多不人性，宣扬工人有多辛苦。而应该从人性角度出发，主动传播心理情绪的疏散、引导方法，帮助工人解决心理问题、劳资问题等，并深究这种依赖于中国人口红利的劳动密集型企业背后所蕴含的问题。

在鲍某疑似性侵案中，一个十三四岁的小姑娘被生母交给一个陌生男人，家庭对她置之不理，长时间相处下来，自身学识素养尚低的她对这个陌生男人产生了复杂情感，同样是非常复杂、极端的报道案例。媒体不能为了博得广大受众的同情，简单地将李星星塑造为一个遭受中年男人性侵的可怜未成年人形象；也不能为了平衡公众对该事件的一面倒声讨，匆匆地给这个极端案例定性。

哈佛大学神学院的拉尔夫·波特（Ralph Potter）博士曾设计了一个“波特图式”道德推理模式（图3-1），这个模式由“定义、价值、原则和忠诚”四个部分组成。要对某个问题作出道德判断时，我们针对某一个问题从定义情况到确认价值，再到提出一个道德原则，到最后选择忠心，从而推理出我们要解决的问题。

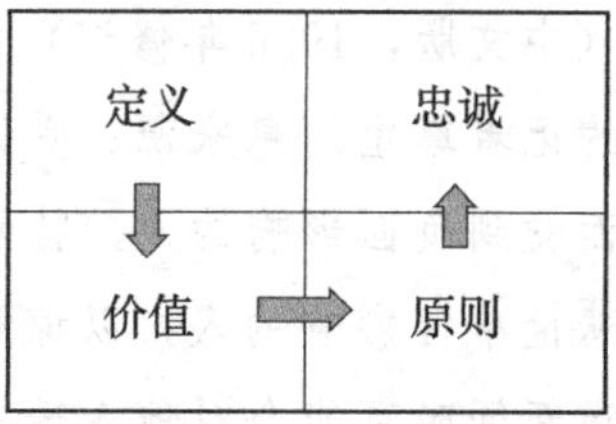

图3-1　“波特图式”道德推理模式示意图

资料来源：

克里斯琴斯，等．媒介伦理：案例与道德推理［M］．9版．孙有中，等，译．北京：中国人民大学出版社，2014.

而在新闻报道领域，定义是呈现新闻事件中媒体对新闻事实选择性报道的情况；价值是表明媒体这样报道背后的价值判断标准是什么；原则是指媒体秉承什么样的伦理原则进行报道；忠诚是将问题最终归结为媒体到底忠于谁上面。①

根据该道德推理模式，不同的人因为奉行的标准不同会推理出符合道德的结果。记者只要在该模式的四部分中有充分且明确的判断即可。但最公正的做法便是不做任何的价值判断，只描述事实。从人性道德出发，可以向受害者、弱者做合理的倾斜，但本质上仍需坚守基本事实，如此才符合基本的媒体价值观。

① 克里斯蒂安，等．媒介伦理学：案例与道德论据［M］．5版．北京：华夏出版社，2000.

二、保护意识

保护消息来源的合法权益和人身安全是媒体和记者应尽的职责。联合国《国际新闻道德信条》（草案）第三条规定："关于消息来源，应慎重处理。对暗中透露的事件应保守职业秘密，这项特权经常可在法律范围内，做最大限度的运用。"英国全国新闻工作者联盟《行为准则》、韩国《报人行为准则》、挪威新闻协会《新闻（报刊、广播、电视）业务道德准则》、德国报业评议会《德国新闻业准则》等，都对媒体及记者保守职业秘密做了严格的规定。在美国新闻界，保守消息来源的身份秘密甚至以与法律抗争为代价，一些记者宁愿因藐视法庭罪坐牢也不愿意泄露其新闻来源。这几乎成了一条不成文的道德规范。①

保护意识分为最小伤害原则和最大同情原则，两者均出自美国专业记者协会（Society of Professional Journalists）于1996年修订的《职业伦理规范》中的"减少伤害"条文：

> 减少伤害（中文版，1996年修订）
>
> 坚守道德的记者尊重消息来源、受访者及同侪。记者应该：同情因新闻消息曝光而受到负面影响的人，特别是儿童及没有接受采访经验的人；关怀受到悲怆事件影响的人，以谅解的态度采用照片或访问；要认识到采集及报道新闻时可能会对他人造成伤害及不安，追逐新闻不等于记者就有权自以为是；品位要高，勿以耸人听闻迎合公众；小心处理或保护少年及性罪案受害者的身份；在检控未正式提出前，审慎处理罪案疑犯姓名；公众知情权与疑犯受公正审判的权利应得到平衡。

简单来说，最小伤害原则是指记者要保护采访对象，尤其是在做负面报道，采访对象本身不是主事人时，记者有让采访对象免于或者尽可能少地因为接受采访而受到影响的义务。因为采访对象一旦接受采访，会占用时间、精力，尤其在深度报道中，采访的时间更长、次数更多。采访对象在一次又一次地忍受打扰之后，还要承担潜在的被放置在公共聚光灯下的压力风险。因此，一个好的采访对象比黄金还珍贵，保护采访对象也变成了新闻业内的一个行规。

2011年10月22日，广东深圳发生一起联防队员强奸案，经《南方都市报》报道《妻子遭联防队员毒打强奸　丈夫躲隔壁"忍辱"一小时》后，引

① 陈力丹，等．中国新闻职业规范蓝本［M］．北京：人民日报出版社，2012.

发广泛关注。在有关报道中，有的详细描写或播出了受害人王娟的受害细节，如有的报道中提到："王娟则一丝不挂地躺在地上，哭喊救命，大量鲜血流在地上"，有的节目播放了施暴人杨喜利搂抱、撕扯王娟的监控录像（因居住于自家经营的商铺，具有相关设备）；有的对受害人丈夫杨武劈头盖脸一顿痛批；有的报纸文章《两米的距离：一个制造黑暗一个接受黑暗》称杨武"懦弱无能"；有的都市报对此事整版报道的标题是《"我是世界上最窝囊的丈夫"是的，你还好意思说！》；某卫视"今日一线"主持人在节目中说："看到这里很多人都不敢相信，做丈夫的杨武怎么能窝囊到这种地步"。[①]

2011年11月15日，《光明日报》在《媒体采访不应造成"二次伤害"》中评论：新闻采访权是把双刃剑，"对强者它是弱者，但对更弱者它却还是强者"。它可以让新闻记者"铁肩担道义"，如果用错了地方，揭露个人隐私、炒作花边新闻，又会对社会或采访对象造成巨大伤害。[②]

最大同情原则是指记者应该对可能因为新闻报道而受到影响的人表示最大程度的同情。当记者面对着儿童或从来都没有面对过媒体的朴实农民等没有被采访经验的新闻来源或新闻主体的时候，要比面对一个经常接受访问的大学教授更加小心，更具同情心。尤其是，记者在采访正处于悲伤中的人们和使用他们照片时应特别小心。

1988年12月21日，美国《每日新闻报》在头版刊登出一幅美联社记者拍摄的照片，照片中"一位妇女在得知其女儿所乘坐的航班被恐怖分子炸毁后，哭倒在候机大厅"。这张照片在当时引发了各方声讨，谴责媒体未能保护好被拍摄者的隐私和尊严。之后，美国媒体一般不发表遇难者遗体及其家人照片，以示尊重。

2012年4月，两名中国留学生在美国南加州大学校园附近遭到枪击而身亡，两名留学生的父母抵达洛杉矶时，许多媒体记者簇拥在机场等候，但没有一家媒体刊登了家属们的正面照片。媒体记者在机场里三层外三层地等着当事人父母乘坐的飞机降落，因为这是这则新闻的新进展，他们需要跟进报道，但所有人都只拍摄了几名老人悲伤的背影，没有一个人去拍摄他们的正脸，并且保持距离，没有冲到家属跟前提问。这便是媒体记者对受害者家属抱有的最大的同情心。但在该枪击案件中，个别国内媒体的炒作行为却罔顾道德伦理，例如刻意报道一男一女、留学生开宝马跑车等细节，向该学生扣上"富二代""生活腐败"的帽子，引发互联网上的舆论声讨，而不是对遇害

① 蒋玉鼐．媒体报道怎样做到"最小伤害"："联防队员强奸案"引发的职业伦理思考［J］．中国记者，2011（12）．

② 周正．媒体采访不应造成"二次伤害"［N］．光明日报，2011－11－15（7）．

者表示惋惜与同情。经过警方与校方的联合调查，该宝马跑车为被枪杀留学生临近毕业为了方便找工作、省吃俭用买的2003年旧款二手车。

前文所提到的深圳联防队员强奸案发生之后，仍处于悲痛中的受害者王娟及其丈夫杨武一再被记者要求复述事情经过，《南方都市报》的报道已经描述了受害人王娟的精神状态，称她“自事发后一直躺在家中不愿见人，也不愿与人对话，不吃不喝，精神失常，还时常撞墙”，并有自杀行为，但蜂拥而至的媒体依然找上门，一直逼问到王娟用被子捂住脸，杨武痛哭流涕地下跪哀求。①

正如一位著名记者所说：“这样一个新闻，被毫无尊严地、粗暴地曝光于他们的邻居、父母、孩子面前。他们确实不知道怎么反抗暴力，对自己最脆弱的保护，只能用袖子掩住脸，来避开采访。是的，这是一场羞辱，但不是他们的。”这场羞辱是没能遵守最大同情原则的媒体记者的羞辱。

坚持保护意识，并不是抛弃客观与公正原则，而是一种人性和同情心的表达，也是在遵循人道主义，是一个人及社会向善的表现、德性的表现。尽可能地去保护因为报道而有可能被伤害到的人，既对报道有好处，也能使记者免于自己内心的责问，同时按照报道的价值观要求也应该这样做：

其一，信守为匿名采访对象保密的承诺，只有在有证据证明消息来源提供的事实是捏造或者故意歪曲的，或采访对象的匿名身份危害公共利益时，才可以公开其真实身份。

其二，如果需要公开匿名采访对象的身份，需要征得其同意，并告知公开身份后可能带来的压力和影响。

其三，对消息来源、受访对象进行匿名处理，例如使用化名、模糊画面、变化声音等，使其不被公众或亲朋好友辨识。有时甚至要在一定程度上冒着信息不连贯的风险，减少可能透露采访对象身份信息的内容等。

其四，涉及公共利益并可能影响采访对象的人身安全时，向公安机关申请对采访对象的暂时保护。

其五，尊重和保护未成年人、少数民族、女性、残疾人等特殊人群。

其六，舍弃可能会伤害报道对象名誉的无关紧要的细节，舍弃可能会煽动暴力或冲突的有关仇恨的内容。

三、职业伦理

职业伦理是一个行业从业人员的行为标准和道德规范，不仅反映了从业

① 叶铁桥．“最残忍的采访”有违新闻伦理［N］．中国青年报，2011-11-12（1）．

者个人的职业操守，也关系到行业的社会声誉。新闻业在社会运行中发挥着极其重要的作用，因此对从业人员的职业伦理规范就显得尤为重要。

记者的职业伦理规范数量不胜枚举，人民日报出版社出版的《中国新闻职业规范蓝本》一书中提到，媒体和记者有义务遵守我国的法律法规，秉承真实准确原则、客观平衡原则、实效原则、自主原则、社会责任原则等。中国人民大学出版社出版的《新闻采访与写作》一书中提到新闻记者需要具备正义感、富有同情心、勇往直前、坚持不懈、勤奋学习、不断质疑、勤于思考。知名学者展江在《新闻职业伦理四大争议问题评析》一文中提及“救死扶伤与新闻本职的矛盾”“公众知情权与公民隐私权的冲突”“消息来源保护问题”“媒体自由与公正审判问题”四项职业伦理问题。

尤其是进入新媒体时代以后，新闻的公共性愈发突出，新闻职业伦理向公共伦理转型，记者对既定新闻常规的认知逐渐被代替，需要遵循的职业伦理规范也越来越多，但有一些已经成为新闻业界的常识、常理、常情，深入人心。

例如真实性原则。《中国新闻工作者职业道德准则》中写道：“坚持新闻真实性原则。把真实作为新闻的生命，努力到一线、到现场采访核实，坚持深入调查研究，报道做到真实、准确、全面、客观。”新闻的真实性是事实性的真实，必须排除所有非事实性的表达，反映客观事实的本来面貌，它的基本目标就是帮助大众了解客观环境的真实变化状态，要求新闻报道不能歪曲、片面化、绝对化，记者采访所得的内容，不能使得报道最终呈现出来的是不太客观、不太全面的事件状况。

然而，坚持真实原则的难度在于其实践中的困难，媒体在报道社会事件时，基于客观事物具有的种种复杂性，例如不同人群的各种价值冲突，记者自身的认知能力的局限，工作过程中各种利益关系的制约，往往不会、恐怕也不可能完整地反映真实的社会情境。同时，记者作为一名普通职业工作者，在采访和写作的各个工作环节中，必定会对事件产生自己的判断，而判断里也必定会掺杂记者自己的好恶，容易产生无意失实。

不论有意还是无意，新闻失实都是性质最严重的职业过失，不仅会让媒体和记者付出昂贵的代价，也会给社会带来严重后果和深远的负面影响。所以，新闻行业才需要制定以下自律规范来要求行业从业人员避免这些可能带来不良影响的报道方式、手段以及内容。

其一，竭力寻找事实真相，不策划、制造事实或推动事实的发展。

其二，准确叙述事实，谨慎使用形容词和副词，不夸大其词、杜撰事实，严禁对事实进行主观想象。

其三，前期报道出现失误或失实，及时公开更正。

其四，尽量剔除个人偏见和感受，全方位地调动五感去贴合采访对象的感受，不按主观倾向对事实进行取舍和判断，把采访对象的感受客观地描述出来。

其五，多渠道收集事实，阅读各种背景资料，不从单一的消息来源获取事实。

《人物》杂志在2018年刊发了《奥数天才坠落之后》。该文讲述了一个15岁就曾摘得IMO（国际数学奥林匹克竞赛）2002年和2003年连续两年的满分金牌，凭借出色的竞赛成绩被保送至北京大学数学科学学院的天才转变为一个不知名院校的数学老师的故事。报道里，作者用“IMO参赛者成年后大多会继续从事数学研究，2000年以后的14位菲尔兹奖（被誉为‘数学界的诺贝尔奖’）得主中，至少8位都有IMO的获奖记录”等文字充分表明主人公付云皓曾经的优异，也同样用大量笔墨描写付云皓大学期间沉迷游戏、人际关系处理差、多门课程相继挂科导致无法顺利毕业、最终到二本院校任教等信息，对比出付云皓在荣获两届IMO金牌之后的“失败”。

报道发出之后，主人公付云皓在知乎专栏发表了题为《付云皓自白书：奥数天才坠落之后——在脚踏实地处》的文章，表达了其对《人物》杂志所作报道的看法：

> 对我进行的约10个小时的采访在文章中展现出的东西少得可怜，反倒是对我的学校老师、同学的采访以及作者自身的观点占据了绝大多数的篇幅。
>
> …… ……
>
> 纵观全文，作者的主旨思想似乎是在学科上有天赋的孩子必须要去做学术研究，并得出有价值的研究成果，才叫做成功，除此之外的道路都叫做不成功。……
>
> 对该报道所传递价值观的不理解。该文章的作者笔下传递的观点是：优秀的人从事基础工作，就是一件很可耻的事情。得过IMO冠军的人，如果不出意外，他们的征途就一定是高等数学的星辰大海，而不是给一群“二本师范生”教初中数学知识，如果成了付云皓这种去给“二本师范生”讲课的人，那就是天才坠落了。……如果一个曾经很成功的天才在后来没有做出经天纬地的成就，而是平平淡淡地生活，那就是失败！
>
> …… ……
>
> 现在的我是一名普通师范院校的教师付云皓。

《人物》杂志的报道及付云皓的自白书传达出了一个人对生活状态的两种截然不同的解读，也展示出这篇报道的主人公认为报道背离了他自己真实的心理状态。该报道虽然未直接给付云皓的人生扣上“失败”二字，但却处处渗透着与世俗成功观两相对比下的失意与落魄。正是因为写作中表现出较强的预设立场、强加于人的价值观，因此也被受访者本人及众多网友指责裁剪事实——选择性地强调或者忽略一些内容，从而使得文章的客观性和权威性受到质疑。[①] 任何人都有选择任何生活方式的自由。付云皓认为自己没有坠落，反而正处在脚踏实地处，正稳稳当当地一步一个脚印踩在基础教育的道路上，那这个答案才是真实的。

其实这篇报道无论选题、采写，还是文章架构等方面都有值得称赞的地方，资深媒体人叶伟民曾表示：“情节是跌宕的，有欲望，有困境，有挤压，有挣脱，这个故事是精彩的；故事背后有公共教育、奥数、人才培育等问题，有足够的公共性；故事还能延伸至教育观、成功观、个人自由与世俗枷锁等思考。”[②] 但它输在了道德伦理上，记者在采访前不能预设立场，在报道中只选取利于表现自己预设立场的事实；不能带上个人偏见，片面地表现一个人的丑陋或是失败；更不能抱有精英般居高临下的距离感，要对每一位采访对象报以最大的善意。

又如隐性采访所导致的伦理冲突。隐性采访是指记者在出于公共利益的基础上不暴露真实身份（包括假扮其他身份）和采访目的，在采访对象不知情或未同意的情况下进行采访，或采用秘密方式获取信息将其公开报道。在深度报道中的调查性报道里，需要大量地采用暗访、偷拍等非公开采访形式，而隐性采访的手段的不正当并不能因其出于公共利益的目的的正当性而得到鼓励，它可能在法律或新闻职业道德方面得不到支持，也没有被社会广泛认可过，更从未成为专职新闻采访的主流方式。

《中国新闻工作者职业道德准则》认为：“要通过合法和正当的手段获取新闻，尊重被采访者的声明和正当要求。”中国人民大学教授陈力丹对这句话的理解是：“从这句话的行文不难看到，《准则》不允许采用秘密的采访手段，因为‘尊重被采访者的声明’的前提，当然是记者公开采访，不然哪里能谈得上尊重被采访者的声明呢？这样的理解不应该存在分歧。”[③] 同时，在“合法和正当的手段”上，需要特别注意三点：（1）记者所使用的隐性拍摄和录音设备，应是市场公开销售的普通拍摄或录音产品，而不是通过非法渠道获得的窃听、窃照专用器材；（2）不能以揭露他人犯罪行为的主观目的为由，客观上参与犯罪活动，例如贩毒、走私、拐卖妇女等；（3）不能为了采访而

---

① 年度传媒伦理研究课题组．2018年传媒伦理问题研究报告［J］．新闻记者，2019（1）．

② 叶伟民．《奥数天才坠落之后》一文，问题到底出在哪？［EB/OL］．（2018-05-05）［2019-03-21］．https://www.sohu.com/a/230567847_681737．

③ 陈力丹，徐迅．关于记者暗访和偷拍问题的访谈［J］．现代传播，2003（4）．

冒充公务身份，如人大代表、政协委员、政府工作人员、警察、军官、法官、检察官等。2019 年 11 月，中华全国新闻工作者协会对《中国新闻工作者职业道德准则》作了修订，修订后的第三条指出："通过合法途径和方式获取新闻素材，认真核实新闻信息来源……不摆布采访报道对象，禁止虚构或制造新闻。"

如果非公开采访形式泛化，会伤害社会的诚信意识，影响媒体的公信力，加大记者正常采访的难度，是整个新闻职业的悲哀。但在无法避免的情况下（有充分的证据证明所要调查的事件或人物与公共利益相关，而隐性采访是唯一的、最后的手段），记者应该秉持隐性采访的伦理规范：社会公众利益＞个人利益＞公众猎奇的好奇心。只有当非公开采访所获得的资料，能够帮助民众获得更大的知情权，推动事件解决，从而起到新闻监督等正向作用时，隐性采访形式才值得被允许。

当下社会经济急剧发展变化，伴随着媒体机构的市场化程度越来越高，记者的生存环境出现了全新的矛盾。记者的专业素养、精神诉求与新闻单位追求经济效益的目标经常会发生冲突，记者职业伦理的"滑坡"和道德失范问题的严重，动摇了媒体获取读者信任、安身立命的根本，并为记者这一特殊群体带来了巨大压力。但即便面对新媒体迅猛发展造成的强势冲击，提升专业媒体和职业记者的道德伦理基本素养也迫在眉睫。

第二节　深度报道的文本原则

深度报道的文本原则主要用于规范深度报道的行文，包括行文的准确性、信息溯源、信息验证、尽可能的客观、公正平衡五个方面，从新闻专业角度增加报道的真实性、客观性、公正性等特征。

一、准确性

在新闻媒介中，报道文本是表述新闻事实、传播新闻信息的主要手段和载体。而作为新闻生命力的真实性很大程度上是由文本的准确性来支撑的，因此，准确性成为报道文本的首要追求目标。报道文本的准确性，"从逻辑学的角度说，是概念明确，判断准确，推理合理，从语义学的角度说，是表意明确，不产生歧义，合乎分寸，没有偏差，符合实际，没有虚假"[①]。如果一

① 宋嘉扬．论新闻语言的准确性与模糊性［J］．新闻界，2006（5）．

条消息失真，或有误差，不仅会降低其新闻传播的价值，失信于民，而且可能会惹上新闻官司，被追究相关法律责任。

但在信息复杂得难以纠扯的深度报道中，想要做到准确性会比数百字的消息、通讯更难。首先记者需要保证确有其事。2019 年 5 月 27 日，央视网、北京头条、《中国妇女报》、新浪新闻、网易新闻等数十家媒体几乎在同一时间发布了《孙小果等 9 人恶势力犯罪集团被逮捕》的消息。该消息来源于 5 月 23 日人民检察院案件信息公开网上发布的“昆明市盘龙区检察院审查逮捕孙某某等 9 人涉恶案件”，媒体在转载的过程中自行将标题中的孙某某改成了孙小果。后经昆明市盘龙区检察院证实，此前公示中的孙某某并不是孙小果，只是同姓。

其次，报道中所写的新闻基本要素和引用的资料必须准确。2019 年 5 月 22 日，《南阳日报》在《水氢发动机在南阳下线，市委书记点赞!》一文中称：“水氢发动机在我市正式下线啦，这意味着车载水可以实时制取氢气，车辆只需加水即可行驶。”5 月 24 日，南阳市工信局在接受《新京报》、澎湃新闻采访时说，水氢发动机尚未认证验收，是记者在报道中用词不当，信息发得不太准。所谓下线是指从生产线下来试跑，并未通过验收，汽车也并非加水就能跑，是加水后需要经过一些反应才能跑。为了避免这种夸大其词、耸人听闻的报道，记者需要在采写这一报道时，更加尊重常识和科学，辨析车辆只需加水即可行驶的可能性，科学地探究相关技术的本质和特点。

最后，报道中涉及的新闻事件的各种细节都要准确无误。2018 年 10 月 28 日，《新京报》发布报道《重庆公交与轿车相撞坠江　系轿车车主驾车逆行导致》，称《新京报》记者从万州区应急办获悉，大巴车坠江前曾与一小轿车发生相撞，系一小轿车女车主驾车逆行导致。但当日下午 17：46，重庆市公安局万州区分局官方微博发布通告称：经初步事故现场调查，系公交客车在行驶中突然越过中心实线，撞击对向正常行驶的小轿车后冲上路沿，撞断护栏，坠入江中。《新京报》在真相未明之前把肇事原因归咎于“女司机”，给她及家人造成了很大困扰。

而正因为在新闻报道中做到事实准确有很大的困难，且一旦出现失实将造成严重的后果，因此更需要深度报道的记者寻求准确的事实，让报道对事实进行正确的反映。为此，记者需要做到：

首先，直接观察，将所有能够直接观察的细节都拿到一手资料，因为采访对象可能会说谎、无法准确描述事件，记者也可能理解错误。没有对事实的直接观察、科学分析和如实反映，是不可能产生准确的报道文本的。

其次，使用权威的、灵通的、可靠的、相关度高的消息提供者，在选择采访对象方面有三点可以借鉴：根据新闻事实基本结构所涉及的主体选择采访对象、根据不同主体在新闻事实结构中的不同关系选择采访对象、根据新闻事实和采访活动的发展变化确定采访对象。[①] 或是选择相关可记录的或能够提供的物证来源，例如信函、录音、截屏等。

再次，核实并呈现事实细节，深度采访中，采访对象有撒谎的可能，也有对方出于修饰目的而掩盖部分真相的可能。如电影《罗生门》中每一个与案件相关的人都有私心，每一个人在过程中都做过错事，但每一个人都只说一部分事实，最终使得大家无法拼凑出整个真相。所以，记者在采访中对所有获得的信息都要做到认真核实。

最后，反复推敲，锤炼字句。写作新闻稿时，要注意语意语境的细微差别，结合文章的内容去选择词语，力争选出最有表现力的"唯一"的词。在词义准确的基础上，还要留意词语的感情色彩，讲究语言的得体，把握落笔的分寸。

二、信息溯源

信息溯源是指记者在报道中要交代清楚所使用信息的来源。因为只有记者指明了消息来源，读者才能根据这个消息来源的可信程度和记者与该信息之间是否存在利益关系，来判断信息的准确性和真实性。2018 年 3 月，麻省理工学院发表报告称，虚假新闻在推特上的传播速度是真实新闻的 6 倍，虚假新闻被分享的概率比真实新闻被分享的概率多了 70%。在虚假新闻快速吞噬媒体公信力的局面下，通过新闻消息的溯源来重塑专业媒体公信力显得尤为重要。

在报道文本中可以不用交代信源的情况只有以下几种：众所周知的、常识性的消息；已经被多方来源证实的消息；记者就是事件亲历者；不具争议性的消息。除此之外，为了增加事件真实性的证明力量，报道中所有的重要新闻细节都需要清晰交代信息来源。

另一方面，交代信息来源是对记者的保护，能够避免记者因为不使用消息来源而承担不应承担的责任。记者亲眼看到的信息不用交代来源，因为记者在报道署名便是用自己的个人信誉为自己的报道负责，但如果不是亲眼所见却直接引用便会增加记者信誉下降、受到伤害的风险。同时，溯源也是前文提到记者需要赴现场直接观察的原因之一，否则报道通篇都是溯源的用词，对文本搭建不利。

然而在某些特殊情况下，例如披露了消息来源的真实身份后，可能对其

① 徐晓波．论采访对象的平衡选择［J］．新闻界，2008（5）．

造成人身威胁和权益损害时，媒体不得不选择对消息来源进行匿名处理。此时，记者应该明确告诉消息来源，匿名处理只能在公开报道中得到实现，而他的真实身份至少要被告知编辑、媒体的决策层等，如果因使用匿名消息来源提供的信息造成法律纠纷，媒体必须遵从法律程序向公检法机关提供相关协助。同时，为了增强报道中的可信程度，记者应该寻找其他来源证实匿名消息来源的说法，或者要求匿名消息来源提供证据证明他的说法。

溯源的原始目的并不是为了证明信息的真实性，而是为了划分责任。消息来源提供的信息真假难辨，但只要限定到具体的个人，该信息所造成的任何影响的责任都可以被明确划分到个人。如今在许多新闻报道中都有“有消息称”“据业内人士说”“相关专家认为”，这不禁让人疑惑，是否是记者为了表述一个观点，假借了一个来源？该业内人士、相关专家是否具有权威性？倘若该信息引起了争议或者本身是错误的，相关责任应该由谁来负责？

所以，交代来源只是为了分清责任，想要证实信息的真实性，则需要记者进一步去验证。

三、信息验证

美国哥伦比亚大学新闻学院研究生院终身教授梅尔文·门彻（Melvin Mencher）在《新闻报道与写作》一书讲到报道要素时，强调对所获得的新闻素材要“核实、再核实”，并提出：核实应该成为记者的第二种天性。[①]

验证信息，要求记者运用一切手段，通过与所报道事件无关的两个以上的权威来源对最初得到的信息进行核实。从时效性和工作效率角度来说，验证太过繁琐，会占用记者大量的工作时间，耗费记者的心力和体力。然而正是这一专业的工作环节保证了新闻报道的真实性，它的最终目标就是获取真相，也是把新闻和娱乐、宣传、小说、艺术区分开最好的方式。

但在如今的新闻环境中，很多新闻里都断言泛滥。例如，2019 年 10 月 23 日，英国埃塞克斯郡一个工业园内，警方在一辆货车集装箱里发现了 39 具尸体。英国 BBC 最先报道英国警方指死者全为中国国籍，10 月 25 日在遇难者身份尚未核实的情况下，美国 CNN 记者在我国外交部的例行记者会上发难：“为什么在新中国成立 70 周年，并且取得巨大成就的情况下，还有人逃往海外？”并于当日发表新闻《中国人民因何原因冒险来到英国》，美联社也同样发表文章《中国的不平等促使许多人到国外寻求更好的生活》。然而该事件在 11 月 7 日发生了巨大反转，11 月 7 日晚，越南公安部发布公告说：

---

① 门彻．新闻报道与写作［M］．展江，译．北京：华夏出版社，2003.

“越方和英方已确认英国货车惨案，39名遇难者均为越南公民。”与此前众多西方媒体大肆宣扬的中国公民遇难全然不同，它们的观点也不攻自破。因此，断言泛滥不可取，媒体在报道前坚持验证才是解决问题的良药。

验证的方法其实不难，就是用权威事实和报道中需要引用的消息来源的说法作比较。与实证主义类似，新闻报道可以将采访、观察得到的信息认定为一个假说，再通过不断的多方面观察来验证假说的真实性。新闻界有“三角定位法则”，就是当记者在做一个有利益冲突的复杂题材事件或现象报道的时候，要尽可能找到三种性质的消息源，包括中性的、正面的和负面的，这样才能防止偏听偏信。还有“两个以上独立消息源”原则，以防单一消息源可能是道听途说，如果找到两个以上消息源，对这个事实确认的风险就会降低，并且还需要确保这两个以上的消息源是相互独立的，他们之间没有串供的可能性，没有互相修补对方的记忆，没有共同的利益联盟等。

20世纪末，美国参议院共和党领袖特伦特·洛特（Trent Lott）曾对克林顿轰炸伊拉克有过指责：“当乔治·布什总统1991年要求得到授权对伊拉克动武时，我认为没有一位民主党人会投票赞成此举。”这句话被很多新闻报道引用。然而有记者去参议院和众议院，查看1991年美国参众两院对布什总统要求对伊拉克动武的表决记录，验证了该消息的真实性，他们在报道中写道：“事实上，众议院的86位民主党人和参议院的10位民主党人，当时都投票赞成布什总统对伊动武。”国会的投票记录多数都是公开的，想要验证几乎不费吹灰之力，但多数记者也许会认为一个共和党领袖应该不会撒谎，他的话是可以直接引用的，便没有验证。

官方代表权威，但不代表真实，权威、可靠的信源给出的事实越重要，越需要验证。新闻记者不应该是任何一个组织的代言人，而是社会的瞭望者，必须为社会提供可靠的观察，提供真实的报道，提供多方面的信息分析，提供解读新闻的背景资料。[①] 在新闻业有一句非常极端的话：“当妈妈说她会无偿爱你的时候，你需要让她证明。”这句话虽然已经背离了常识，但也提醒记者：从任何一处得到的消息都需要验证，没有经过验证的消息只是传闻，而不是新闻。

2007年1月17日国务院通过了《中华人民共和国政府信息公开条例》，以此为标志，我国的信息公开制度越来越完善，新闻媒体进入了更加透明、开放的信息资源环境，新闻验证也越来越方便。2019年5月20日，包括今日头条、搜狐新闻、凤凰新闻、网易新闻在内的多家新闻门户网站和新闻聚合平台，都以“新华社最新消息”的名义，发布了《中美贸易战停火！止

---

① 高钢，潘曙雅．新闻采访与写作［M］．北京：中国人民大学出版社，2018.

战!》的消息，当天新华社便通过微博发布声明称该文系2018年旧闻，对盗用新华社名义发布虚假新闻予以谴责，并保留依法追究其责任的权利。在中美贸易战的敏感时期，众多新闻网站集体乌龙暴露出整个新闻行业的验证机制存在严重问题，只要记者或编辑在互联网上稍加搜索，便可以发现这条新闻的失误。

但在报道中，也有一些信息在当时是无法验证的。例如各方对于事件所持的看法是不可验证的。2020年4月17日，官方公布了2020年一季度中国的GDP增长速度为－6.8%，各方都会持有一定的态度。比如恒大集团首席经济学家任泽平认为要做好较长时期经济衰退的准备；中国民生银行首席研究员温彬认为经济只是短期下滑，但面临的困难仍多，需要政策继续发力；平安证券首席策略分析师魏伟则认为经济低谷已过，后续将缓慢修复；植信投资研究院甚至觉得经济增长的回升初露端倪，二季度GDP增速将会明显反弹。经济学家们根据日积月累的经验以及对现实条件的判断，对未来的经济形势做出一定的预测，这基本不会构成事实性的错误，在当时也无法验证。

类似于此，任何事件中，各方主体对于某事件所持的看法都有可能不同，只要不违背科学常识，可以直接用于报道中。

观点可以多元，但真相只有一个，各方对事件的看法最终会被时间证明哪一种看法是正确的。验证就是为了把真相打捞起来，展现到公众面前。

四、尽可能客观

客观性原则要求新闻报道必须提供事实，而不是鼓吹观点。最早由美国《斯普林菲尔德共和党人报》的主编塞缪尔·鲍尔斯（Samuel Bowles）在1855年提出，他主张要在事实与观点之间划清界限。在我国，著名新闻教育家徐宝璜在1919年出版的《新闻学》中写道："切不可将意见夹杂于新闻之中迷惑读者。""只有事实，可成新闻。事实登载后，阅者自然自有主张。"

经历一百多年的新闻实践，客观报道已经成为国际新闻界有所共识的专业工作标准与规范，其中最简单、基础的两点是：新闻报道的内容必须是客观存在的事实，不能虚构、夸张、编造、想象；新闻报道不受记者本人的观点左右，记者和媒体的观点应该与新闻报道界限分明。

但根据现实条件而言，客观性是被新闻从业者们追求而实际上难以企及的目标。著名语言学家费迪南·德·索绪尔（Ferdinand de Saussure）在《普通语言学教程》中提到了符号任意性原则，他认为语言符号的能指所连接的所指不是事物本身，而是人的心理印迹，是人认知客观世界的自我投射。

这意味着主观性、倾向性是内在于新闻报道的语言当中，而不像外在物一样可以剔除。因此，尽一切可能地做到最大程度的客观，是一个比较准确也相对比较实际的表述。

在报道文本中尽量地做到客观性，是新闻从业者的基本立场，也是媒体长久以来为社会各界提供真实信息的职业形象要求。尽管绝对纯粹的客观新闻并不存在，但想要保持客观性最简单的做法便是完全依据事实，尽可能地把自己脑海里面的那些主观的内容剔除出去，依据事实来进行判断。新闻报道是由人写的，人本身带有主观性行为，如果主观上想尽可能地还原事实，便是尽一切可能做到最大程度的客观。

想要做到客观，记者在从采访到写作的全过程中就不能带有偏向。哪怕是出于善良的目标，写作时也不能只努力展现其中的个别部分，纯粹地呈现事实才能为公共利益的天平提供是非判断的事实性依据，才是对于各方的最好的帮助，与新闻业伸张正义、维护公正并不矛盾。因此，每一名新闻从业者都需要经历新闻专业的训练，帮助自己成为一个尽量客观的人，使客观在媒体人的认知里变成一切采写操作的天然原则，承担起描述新闻产生的环境、解释新闻发生的缘由、说明新闻对公众的影响、发掘新闻蕴含的意义四项责任，向纯粹的客观新闻靠拢。

1998年，《南方周末》刊发一篇报道《昆明在呼喊：铲除恶霸》，部分原文如下：

> 孙小果问张苑是否把他的手机号告诉了别人，张苑说她根本不知道孙小果的手机号。孙及其手下一阵拳打脚踢，将张苑打倒在地，站不起来。孙令其手下架住她的左右臂，吊起来，他本人则照准她的腹部轮番猛击，张苑几次痛昏过去，但孙小果仍不肯罢休，叫人找来筷子和牙签，用交叉起来的筷子猛夹张苑的十指，将牙签扎进她的指甲缝里。少女的声声惨叫似乎让这伙人倍感快意，他们狂笑着，拿起牙签，根根刺进少女的乳房；拿起烟头，在少女的手臂、腹部烙下一块又一块的疤痕……
>
> …… ……
>
> 1997年12月24日，记者来到昆明某院采访受害少女张苑。经过医院抢救，张苑总算脱离了危险，但长达七八个小时的非人折磨，已使她头部重伤，脑内淤血，右额叶挫裂，胸骨骨折，手臂烧伤，乳房刺穿，大小便失禁，遍体鳞伤，体无完肤。住院治疗一月有余，双腿仍无法正常行走，记忆失常，语言逻辑不清，写字异常费力，平时熟练的字也难以写出。当记者问及她胸部的伤时，少女的屈辱感无法控制，哇的一声大哭起来。

> 张苑的妈妈在她很小的时候就离她而去，十多年来，她和父亲相依为命，不想竟遭此重击。老实巴交的父亲望着女儿，悲愤交加。他首先想到的还不是告状，而是寸步不离地守着女儿，怕她再受伤害。因为，他听说那伙人太厉害了，连公安都拿他们没有办法。他是一个下岗职工，每月只有两三百元的收入，既无权，也无钱，他生命中所拥有的，只有这一个遍体鳞伤的女儿。一个多月来，他几乎没有离开医院一步。——有人告诉他，离开医院，他自身的安全也难以保证。

该报道详细描写受害人的被害经过，且并未交代消息来源，以及在后续采访中不顾女生的心理状况，询问其伤势等做法，是存在可商榷之处的。记者过于详细地描写受害者的情况在一定程度上可以理解为展现受害者的可怜，突出孙小果的暴行可恶之处，引起公众对孙小果的不满，为该案件施加舆论压力，但报道的初衷应该是不抱有主动促成目的，不夹杂任何主观因素地把真相呈现出来。

新闻报道语言文本的叙事试图对这个事实和观点无法分离的世界进行客观性原则处理，让事实和观点分离，让新闻看起来更加客观真实。客观性原则便要求媒体人不仅在意识上充分认同客观性，还需要掌握实现客观性的技术。具体而言，客观性作为一种操作技术涉及新闻作业的各个层面。

首先，为事件寻找更加客观的观察视角，客观性原则要求记者和现实保持距离，是现实的观察者、记录者、反映者，而不是参与者。

其次，客观性原则要求记者在采访中无限地全面接近新闻现场和新闻当事人，找出事实背后真正的原因，并把这个原因完整地解释给读者。

最后，更加全面地解释新闻，帮助读者理解这个新闻在其领域的地位、重要性，而不是让公众“盲人摸象”，任由读者只看到事件的局部，将大象的耳朵误解为蒲扇，将大象的腿想象为柱子。

倘若存在某种特殊情况或者出于客观条件的限制，记者的确无法完完整整地向公众清楚展示某一事件，记者需要对报道使用更加精准的定位，更加详细地聚焦于事件的某一局部，除此之外，还需要告知读者这一局部在整个事件中处于何种位置，局部中的主体在全局中是何种地位，这一局部在全局中发挥了何种作用，等等。

五、公正与平衡

1729 年，本杰明·富兰克林（Benjamin Franklin）接办《宾夕法尼亚日报》，提出“当人们各持己见的时候，双方均应享有让公众倾听各自意见的平等机会”[①]。这一主张被看作是“平衡报道原则”的首次提出。公正与平衡是与验证相似但不同的一种原则，它的目标是让不断变化、充满矛盾的不同价值倾向都能展示出来，要求记者抱着对社会负责的态度，居于没有偏见的立场，使用多元信息渠道，了解新闻全貌，平等对待冲突中的各方人士与机构，真实反映新闻本质事实的原貌，不忽略具有关键意义和重要价值的事实，更加突显事件的多面性、复杂性与矛盾性。[②]

在客观方面，美联社如此要求：“我们尽可能努力地去获得与我们正在报道的新闻有利害关系的人的观点——尤其是，如果那个人是一次攻击或指控的目标……无论何时，我们还应该核实我们的文件，看看那个人是否过去说过与这些指责有关的内容。如果有的话，将过去的观点写进报道，或许可以提供所需要的平衡的内容。”[③]

2018 年，《中国青年报》刊发《这块屏幕可能改变命运》，报道了成都七中与 248 所贫困地区中学合作开设远程网课，通过技术为山里的学生提供教育机会的故事。这是一篇极为正面的报道，但也正因如此，它太过于迫切地想把屏幕的魔力与作用展现出来，屏蔽了一些客观的事实，例如网课学费高昂，家境贫穷的农家子弟无法负担，学校网课班选人的条件也相对严格，成绩差的孩子无法接受到这种更好的教育。尽管如果在新闻中使用这些事实，这块屏幕在公众心中的威力有所削弱，但对于能上网课的学生本身就要具备一定的成绩条件和家庭条件这一具有关键意义和重要价值的事实，记者也必须全部告知读者，而不能引导公众将该网课合作理解为一种乌托邦式的奉献和教育领域的重大进步。

在鲍某疑似性侵案的报道中同样如此，如果一篇报道中写出这个女孩在心理上呈现出种种不正常的状态，例如经常性的以自杀相威胁，以及她这些年全靠鲍某供养，鲍某在她 19 岁生日时送了求婚钻戒等事实，可能会在舆论上不利于这个女孩，同时也不如一个楚楚可怜的小女孩形象那样对公众具有强大的冲击力，但只要是事实，记者就应该公正地将情况写出来。

所以，在报道操作过程中，坚持公正与平衡的程序规范包括：

其一，全面提供新闻信息，不掩盖任何已知信息和充分挖掘未知信息，尤其是具有关键意义和重要价值的事实，在文本中依照提供最多事实材料的方式组织报道，安排事实陈述的轻重位置。

其二，如果事件具有争议，不能达到多数统一，报道要提供冲突各方的

---

① 埃默里．美国新闻史［M］．展江，译．北京：新华出版社，2009：35．
② 高钢，潘曙雅．新闻采访与写作［M］．北京：中国人民大学出版社，2018．
③ 门彻．新闻报道与写作［M］．9 版影印版．北京：清华大学出版社，2003：53．

真实主张，并使用确切的描述，以便读者识别冲突之下对手之间的真实主张，杜绝断章取义，更不能有意或无意地引导读者误解。

其三，使用直接引语指明消息来源提供的信息，而非记者陈述；未曾亲见，绝不能使用直接引语，绝不能直接描写场景，而必须通过转述。

其四，为新闻事件中冲突的各方提供利用媒体平等发表意见的机会，尤其是需要给个人和弱势群体信息知晓权和意见申诉权。

其五，杜绝让记者的个人情绪和偏见进入报道。通过文本来承载的情绪和偏见可大可小，大到整篇报道的立场、价值观，小到其中的一句话、一个称呼，记者在进行准确描述时，应避免使用带有情绪或偏见的言辞。

第三节　深度报道的丰富立体原则

丰富立体原则主要用于丰富深度报道的行文，利用时间、空间等因素增强文章的深度，利用充足可靠的新闻背景增强报道的厚度，搭建出立体的故事结构、真实通透的场景，从文学角度提高报道的可读性。

一、通过时空等因素增强文章深度

深度报道要求文中的人物、事件、解释因素等都是丰富而立体的存在。在一篇稿件里，要通过时间、空间等因素增强文章的深度，通过故事的主线、支线搭建营造深度报道的立体感，完整地叙述一件事、一个人、一个场景靠主线来完成，而折射人心、反映时代，体现出文章的新闻价值等功能，是靠支线来承载。

一篇好的深度报道一般有三种线：脉络线、结构线、延伸线。如果想在有限的时间内，让受众清晰地了解报道的相关内容，就要求深度报道必须具有一条清晰的脉络主线，所有关于新闻主体的内容都围绕这条脉络主线展开，这样才能引导受众一步步地接近新闻主体，而不至于产生错乱的感觉。尤其是对于内容单一、现场感较强的新闻，适宜按照时间顺序依次展开，不但线索十分清楚，现场感也极强，环环相扣，跌宕起伏。

一篇好的新闻报道应当是各种元素的有机整合体，各种元素之间相互补充、依托、印证，从而形成一气呵成的结构线。记者要选择最具代表性、最重要和最精彩的事件片段呈现到报道中，并对故事张力表现不足的地方加以补充说明，运用文字的叙述功能把联系得不十分紧密的片段串联起来，形成一个具有明显逻辑关系的结构。

深度报道的延伸线就是透过新闻事件表面的浅表性信息，发掘其更深层次的问题，由表及里，由外而内，由浅入深，挖掘新闻事件背后更有价值、更加深刻、更耐人思考的东西。

二、通过新闻背景增强文章厚度

任何一篇新闻都不能就事论事，除了采访所得的信息之外，还需要很多必不可少的支撑性背景材料，才能够在报道中讲清事件的来龙去脉。与一般新闻不同的是，深度报道对于新闻背景的重视与依赖更为突出，其使用新闻背景材料的分量要远远超出其他任何新闻文体。提供有说服力、解释力的背景信息可以帮助记者深化报道主题，帮助读者深化对事实的认知。记者对于新闻背景的深入了解程度以及使用新闻背景的纵深感和贴近感，在一定程度上决定了报道的厚度和价值。

梅尔文·门彻教授曾说过："不使用背景材料，几乎没有什么报道是全面的。忽视这个忠告的记者，决不可能为读者和听众提供充分的情况。事件并不是没有原由地突然间从天而降的。记者的任务就是发现它的起因，说明它的发展，而且最好是在一个最短的篇幅里做到这一点。"

深度报道的背景包括：历史背景，事件发生以前的相关信息；数据背景，说明群体情况或事件严重性；事实背景，跟事件相关的多重事实；等等。由于受到时效性、篇幅和结构等条件的限制，一般报道往往难以使用大量的背景材料，从历史渊源、因果关系、矛盾激变、影响作用、发展趋势等诸多方面解读新闻事实，而仅仅流于从个别视角看问题的一事一报的浅表层次，不能满足受众日益增长的探求事件发生深层原因的需求。记者就需要依靠自己的判断和取舍，在紧扣新闻事实的基础上，灵活穿插背景材料以增加报道的时空纵横感，体现该报道在历史、趋势或影响方面的深度。

深度报道的背景使用要具体、可感、贴合，在于能将新闻事实由表层拓展向深层，由单个事件本身拓展向事件之间的联系、事件与人的联系，在对主体事实及相关事实的条分缕析与层层解剖中，找到新闻事件隐含的深层信息。

三、通过搭建结构、营造场景增强文章可读性

深度报道篇幅很长，短则数千字，长则上万字。如何让读者愿意且轻松地将全文阅读下去？这就需要搭建故事结构，营造故事场景，讲好一个故事，借用一些文学创作的手法，比如说插叙、倒叙，或是借用电影拍摄的手法，

比如蒙太奇切换法。好的深度报道就是要以说故事的形式向人们提供信息，不再是干巴巴的事实罗列，而是真实生活的体现，更加吸引受众。同时，大多数深度报道是为了释疑解惑，讲故事的作用和意义，就在于浅化新闻复杂的信息，通过具体的例子，帮助人们理解复杂的事实。

以科普性新闻报道为例，2020年初，新型冠状病毒感染肺炎疫情暴发，我国各级各类媒体发布了大量的科普性新闻，内容覆盖了病毒起源、传播路径、药物研发、疫情发展等，对热点问题进行了有力回应，帮助公众科学认识、正确应对疫情，在舆论引导和舆情应对方面也表现突出。但因为科学与普通受众的距离过远，媒体需要把一个科学问题用讲故事的形式深入浅出、准确地表达给普通公众。一般而言，科普新闻要着重介绍最受公众关注的结论，不必详述相对难懂的科学方法和研究过程，尽量采用打比方等通俗易懂的修辞手法，也尽量多用短句等表达技巧，以提高文章的可读性，争取更多受众的阅读意愿。

新冠疫情期间，“回形针”出品的视频《关于新冠肺炎的一切》从感染、传播、口罩、死亡率四方面充分地向公众科普了新冠病毒的可怕。虽然视频与文字的表现方式略有不同，但将视频里的画面（见图3-2）用恰当的语言描述出来同样吸引受众。关于人传人的传播途径描述，它是这么说的：

> 在肺炎初期，人传人的信号就已经很明显了，这41人（最早确诊的41名患者）中有14人都没有去过华南海鲜市场。最早出现症状的男士在到达武汉后的第4天开始发烧腹泻，之后3天，他的老婆和岳父岳母也都开始发烧咳嗽。1月5日，全家返回深圳，4天后，没有去过武汉的母亲开始全身乏力。最终，这个7口之家里，6人确诊新冠肺炎，包括他没有明显症状的儿子。
>
> 在密切接触的家庭成员里传播冠状病毒并不难。首先是喷嚏，你会喷出10 000个以上的飞沫，最远传到8米之外。然后是咳嗽，1 000～2 000粒飞沫，最远6米。最后，即使是平静的说话每分钟也会产生大概500粒飞沫。
>
> 这是你打出喷嚏后0.34秒的样子。绿色的是那些100微米以上的大飞沫运动轨迹，因为足够重，它们会在10秒内落在地上。而红色的则是小飞沫们形成的雾云。它们会在空气中迅速蒸发变小，成为干燥的飞沫核。上皮细胞蛋白质会包裹着冠状病毒，在空气中漂荡，接触其他人的黏膜。

图 3-2 《关于新冠肺炎的一切》视频截屏

资料来源：

“回形针”微信公众号文章《关于新冠肺炎的一切》.

不足400字的文字数量，讲述了人传人的初始故事、传播方式以及恐怖程度，再配上视频中的画面和音效，通俗易懂，能够发挥极好的科普传播效果。

与此类似，一篇优秀的深度报道就像一部剪裁得当、画面合理的电影。电影如何塑造出来人物的形象，深度报道就如何通过人物作为线索来讲述故事；电影如何讲述事件的来龙去脉，深度报道就如何利用事件的发展历程来突出事件的矛盾、冲突；电影的最后往往还给人们留有一些思考和回味的余地，深度报道亦是如此。电影和深度报道都追求一种叙事的能力，只不过电影是画面叙事，深度报道是文字叙事，而文字叙事的具体表现就是选择典型事实，保留那些最有戏剧性、最有意义、最能令人回味的事实；营造文本中的场景，争取让受众身临其境，感受到现场的张力；利用制造并解释悬念来搭建文章的结构、框架，设置一个波澜起伏具有悬念的叙事结构。

阅 读

陈绚．新闻传播伦理与法规教程［M］．北京：中国人民大学出版社，2016.

科塞，等．社会学导论［M］．杨心恒，译．天津：南开大学出版社，1990.

波普诺．社会学［M］．10版．李强，等，译．北京：中国人民大学出版社，1999.

魏永征，周丽娜．新闻传播法教程［M］．6版．北京：中国人民大学出版社，2019.

高钢，潘曙雅．新闻采访与写作［M］．北京：中国人民大学出版社，2018.

帕特森，威尔金斯．媒介伦理学：问题与案例［M］．8版．李青藜，译．北京：中国人民大学出版社，2018.

克里斯琴斯，等．媒介伦理：案例与道德推理［M］．9版．孙有中，等，译．北京：中国人民大学出版社，2014.

陈力丹．中国新闻职业规范蓝本［M］．北京：人民日报出版社，2012.

门彻．新闻报道与写作［M］．展江，译．北京：华夏出版社，2003.

埃默里，埃默里，罗伯茨．美国新闻史：大众传播媒介解释史［M］．9版．展江，译．北京：中国人民大学出版社，2009.

思　考

1. 深度报道的道德伦理需要符合哪些基本要求？
2. 记者应该采取何种方式面对采访对象并处理所得信息？
3. 如何理解深度报道的文本原则间的关系？如何做才能符合这些原则的要求？
4. 如何充分利用已有采访信息写作出一篇丰富立体的深度报道？

练　习

1. 根据本章内容，进一步分析深度报道是否涉及更多的要求与规范。
2. 从文学写作及大众审美的角度分析丰富立体原则给深度报道带来的影响。
3. 挑选一篇深度报道，评价其文本的优缺点。

第四章
深度采访

学习要点

俗话说，“七分采，三分写”，这足以说明采访在新闻报道中所占的分量。新闻采访是一个不断挖掘真相，接近真相的过程，是新闻工作的灵魂。本章以深度采访为核心，主要阐述了深度采访的特点、采访时的准备和采访的过程三个板块。采访是新闻工作者为搜集新闻素材所进行的活动。采访的前期准备尤为重要，充分的准备使得记者在采访时游刃有余，这部分详细讲解了采访的具体准备工作。采访的过程包括采访的开端，采访的途中和采访的后期。

第一节　深度采访的特点

深度采访区别于普通的采访，主要特征是需要更长的过程和更清晰的目标，采访难度更大。深度采访由主要形式和辅助形式共同完成，采访中记者的心理状态调适很重要，要尽可能给采访对象留下一个良好的印象，进而赢得采访对象的信任。

一、采访：新闻工作的灵魂

深度报道由深度采访完成采访新闻的过程，因为其最终产出不同，与浅层次的消息或者通讯的采访有些许不同。因此，首先仍然需要明确采访的定义，在此基础上，进一步地认识深度采访。

采访是新闻工作的灵魂，一篇深度报道的最终成色往往是七分采、三分写，甚至可能采访所占的比例更高。如果有绝对的非常具有突破性的独家采访内容，即使最终的文本呈现有一些失败，也依然不能阻拦其成为一篇优秀的报道。

新闻采访是调查研究活动在新闻工作中的运用。记者要做的就是将调查研究运用在新闻工作中，使得最终的报道得到的事实最大限度地接近于真实的事实。准确地对新闻采访做一个定义，可以理解为新闻工作者为搜集新闻素材所进行的调查研究活动。记者进行采访活动的目的是使得新闻素材最终呈现为一篇完整的报道。

深度采访和普通的采访有什么不同呢？这是由最终的呈现来决定的。深度报道最终呈现出来的是篇幅相对比较长，结构相对比较考究，整个文章的逻辑相对比较严密深入的报道。因此，深度报道的采访一定会比简短消息或者特写更加复杂，得到更多的材料，这样才能支撑起来整个稿件。

新闻永远在追求真相，在不断地接近真相。“新闻文本的典型特征是对事实的报道，即是对新闻事实的反映和呈现，其典型方式是写真式的客观描写和陈述，对于传统的图像类新闻来说，更是直接的图像或音视频呈现，以接近新闻事实感性面目的方式呈现事实，更利于收受主体通过文本对新闻事实客观面目的想象。”① 就像新闻摄影，哪怕是一些经典的新闻摄影作品都会存在技巧或操作上的问题，例如对焦、用光或者构图等存在极大的瑕疵，但是只要作品展现出来的新闻视线和画面足够重要，就是一幅优秀的新闻图片。

新闻报道也是如此，稿件的最终写作呈现固然重要，但是采访上的突破更为重要。如果采访得到的新闻事实足够重要，甚至即使文章写作略微逊色，也称得上是一篇优秀的新闻报道。

新闻采访是记者认识客观实际的活动，或是主观认识客观的调查研究活动。“好新闻是记者行动的产物，而且行动的目标是现场。如果没有在现场的深入采访，不能拥有大量的第一手材料与细节，缺乏在现场用全部身心进行的体验与感悟，很难产生真正意义上的好新闻。”② 但是记者在这些方面基本上永远是被动的，很少出现记者直接就在新闻现场目睹事件发生全过程的情况，记者没有公民记者在事发现场的优势，只能在事后前往新闻现场调查，这也让新闻现场的文字或镜头显得尤为珍贵。

1996 年 7 月 3 日，北京电视台播出了一条交通新闻，在京通快速路上，一辆桑塔纳轿车将违章穿越的行人撞得腾空而起，翻了几个跟头之后掉落下来当场死亡。这样惊险的镜头是怎样被记者捕捉到的呢？

记者本来是要去采访全封闭的京通快速路护网开了洞，且行人随意穿行

---

① 杨保军．论收受主体视野中的新闻真实 [J]．现代传播，2017 (8)．

② 刘保全．一篇具有“同期声”的现场新闻佳作：评第十四届中国新闻奖通讯一等奖作品《目击杨利伟飞天归来》[J]．新闻战线，2005 (4)．

的问题。北京电视台新闻部三位记者来到行人穿行最多的地段梆子井附近，将镜头对准了一个个违章穿越快速路的行人，架好镜头不久就拍到了擅自穿行被撞的过程。

这则报道此后揽奖无数，最大原因就是拍摄到了真实的第一新闻现场，而这种情况在新闻采访中如同凤毛麟角。新闻工作的最大遗憾，就是记者绝少能够出现在新闻发生的第一现场，所以记者尤其是深度报道的记者，面临的首要挑战，就是将自己和采访对象带入原来的情境，从原来的情境中得到最接近事实的真实呈现。

从理想角度来说，采访是一个主观认识客观事实的过程，记者不生产事实，只是新闻事实的挖掘者和搬运工。然而，在采访中，记者毕竟是一个活生生有血有肉的人，会受到自己思维的局限，包括过往的经验以及世界观、人生观等。所以他看待被采访者时，总受到若干因素的影响，这些影响不可避免地呈现在他的作品中。这样的影响在一则完全由客观事实构成的消息中体现得不是特别清晰。而对于深度报道而言，则不可掩饰地会受到主观倾向的影响。

记者作为新闻的生产者，从事深度报道可能会涉及很长的周期，或者涉及深入的层面，那么在此期间，记者使用哪些材料，用哪些话语陈述这些材料，最终都会影响读者所看到的内容。

新闻客观性主要可以从两个角度理解。首先，它是一种新闻职业理念。“客观性是指意识到新闻报道中的‘主观’，从而要求事实与价值分开的一种专业信念和道德准则。”①

客观性在操作层面上是一种报道方式。陈力丹在《新闻理论十讲》一书中将新闻客观性原则在写作和编辑中的操作方法归纳为将事实与意见（包括价值判断）分开；以超脱情感的中立观点来表达事实；努力做到公开和平衡，为事实涉及的各方提供应答的机会。② 记者用事实说话，尽量避免主观倾向，用客观的报道形式和报道内容传递给公众平衡、客观的新闻信息，也起到了保护自己的作用。

其次，新闻从业者对这个职业，要有将事实和对事实的评价分开的认识。新闻客观性是新闻从业者的职业追求和职业规范。

客观报道要求报道内容和形式都应是客观的。即报道的事实必须是现实生活中确确实实发生的事情，传播者在报道新闻时不宜直接表达个人观点和

---

① 黄旦，孙藜．新闻客观性三题［J］．新闻大学，2005（2）．

② 陈力丹．新闻理论十讲［M］．上海：复旦大学出版社，2008．

意见，而要善于将其寓于所报道的事实之中。[①] 新闻报道的客观性一直备受质疑，认为宣称的客观是不存在的，记者的主观判断、媒体自身的立场不可避免地深入新闻报道。马克思主义新闻观承认新闻人具有自己的倾向和观点，但在新闻报道中，不能允许自己的倾向影响报道的真实。新闻客观性至今仍然作为一种原则指导着新闻生产实践，即使不能做到完全客观，记者也要站在超脱的立场上，用客观的报道方式呈现新闻事实。

二、深度采访：需要更长的过程和更清晰的目标

深度采访和其他采访之间的区别，就是它需要更长的过程和更清晰的目标。接下来，我们将具体进行拆解分析，来学习如何实现比日常采访难度更大的深度采访。

其一，深度采访在采访之前的准备工作更为必要，也需要更加详尽。采访之前的准备工作对于深度报道来说是尤为必要的，需要先准备非常完备的内容，而且需要准备得更加详尽，才有可能使自己达到预期采访目标。“‘准备过度胜于准备不足。’这是许多记者的经验。对于一次成功的采访来说，或许没有什么准备工作是‘过度’的。准备得越充分，成功的把握就越大。”[②] 例如做一个人物报道，那么这个人必须得是一个丰富而立体的人物，因此在采访接触到当事人之前，甚至达到已经连他的朋友、同学、敌人等相关的人都了解过了。

其二，采访场地和情境需要更为有利，便于获知更多的信息。记者要充分调动五感进行全方位、沉浸式的采访，这将对稿件最终成形产生非常大的促进作用。在深度报道的采访里，如果记者不能将采访对象带入一些更加有利的场景和情境之中，就无法更加深入地接近采访对象的内心，也就无法彻底地了解采访对象。

例如记者将采访对象带到事发地点，约在咖啡厅，或将采访安排在采访对象的家里或者记者家里，在这四个不同的场合里面，这个人能够展现出来的谈话内容肯定是不同的。美联社记者尤金·莱昂斯（Eugene Lyons）采访苏联领袖斯大林时，就约在斯大林的办公室里，这是斯大林的日常办公环境，是一个绝佳的采访地点。

深度采访要在采访之前预估可能出现的情况，做出相关预案。采访被拒绝了应该怎么样？在什么情况下提问应该深入到什么程度？之后继续取得信

---

① 郑保卫．要讲客观报道也要讲立场倾向［J］．新闻与写作，2017（3）．
② 高钢．记者如何做采访前的准备［J］．新闻与写作，2017（11）．

任的下一步的方案是什么？记者在进行采访准备时，要注意到不管选择什么样的场景和场地，全面地考虑这些问题都是很有必要的。

其三，采访的内容不仅包括提问，还包括全面调动五感，也即人的五种感觉器官：视觉、听觉、嗅觉、味觉、触觉。

社交媒体为新闻采访提供了新的平台和途径，通过微信、微博等平台进行采访的现象越来越多。文字对话的交流方式，缺失了与采访对象面对面交流的机会，折损了很多信息。社交媒体满足了公众即时通信的需求，但是仍然是隔着屏幕对话，即使是视频通话，也无法代替面对面的谈话。微信采访融合了语音、文字、表情包、视频等多媒体交流方式，但是这种线上平台导致双方的沟通存在延时性，缺乏面对面交流的流畅。线上交流多数都是通过有限的形式揣摩彼此的想法，尤其是单纯的文字交流，看不到对象的表情、动作等等，极易出现理解偏差，影响采访效果。

这就导致文章最后描述出的场景与面对面沟通相差一个层级。

记者在事件的发生地与采访对象沉浸在环境中交谈，呈现的内容会更加生动，效果明显区别于文字交流。文字对话、语音对话、面对面对话、面对面在情景里面对话，这是一个逐级而上的层次。交谈的过程中，能够听到采访对象的措辞，说话时的语气，看到他的神态和动作，进而判断他的性格，这样才能尽量保留文字磨灭的个性化的特色。因此采访的内容不仅包括提问，还包括全面地调动五感，在采访时，需要创造一个能够全面调动五感的机会和环境。

其四，深度采访往往不能毕其功于一役，甚至有些关键问题都不能只问一遍。

简单的消息采访问清楚新闻的时间、地点、人物、事件过程即可。但是深度采访往往是不能够毕其功于一役的，甚至有些关键的问题都不能只问一遍，后面的章节会详细地讲如何追问和连环问。深度采访会涉及采访对象的内心，涉及采访对象比较关键的一些内容。每一个人都是立体的、多面的、复杂的，所以在深度采访中，所有的大而化之的问题都是要被禁止的，不能出现似是而非、含混不清的表述。而且，有一些问题可能要反复地问很多次，才能够确认采访对象真正的态度是什么。

其五，深度采访对于资料的留存要更为精心。深度采访的采访内容不止包括提问，那么要记录的内容就不止包括回答，还要全面地调动五感，整理采访材料时也要回顾整体的情景，这样才能产生更有意义的内容。资料不仅仅要包括采访对象所说的话，还要包括他说话时的整体情境代入。普通的采访过后，只需整理录音内容，而深度采访时，资料的留存不仅要包括采访对象所说的话，还要包括他说话时的整体情境带入。甚至一些关键的问题，需要向采访对象询问多遍，采访对象在回答时，每一遍可能会呈现出不同的神情，这些都是需要详细记录下来的。因此深度报道比平常新闻的采访难度大。

三、深度采访的主要形式和辅助形式

深度采访有不止一种形式，分为主要形式和辅助形式。主要形式是深度采访中不可缺少、无法被取代的采访方式。如果缺少了主要形式，就无法完成深度采访的任务。而辅助形式是深度采访中能够有效提升采访质量、获取更多突破的采访方式，是深度采访的有益补充部分。

（一）深度采访的主要形式

深度采访的主要形式，有个别访问、电话采访和核心人物的周边采访。

第一种采访，个别访问是对新闻人物和知情人士的“一对一”访问形式——谈得具体、深入，且记者易把握主动权，更多适用于重点单个事件。

例如奥莉娅娜·法拉奇（Oriana Fallaci）、迈克·华莱士（Mike Wallace）、王志等很多优秀的记者都是采取一对一的采访，也因为这些采访而被观众所熟知，只有在一对一的访问情况下，记者才更加容易把握主动权。

一对一采访，尤其是实地采访对记者的能力提出了更高的要求，不仅要了解新闻相关的知识，而且要掌握社会学和心理学知识，具备良好的社会交往能力，与采访对象建立和谐的关系。记者要根据采访对象的性格、身份、年龄等基本特征，实时调整，选择最适宜的采访方式，拉近与采访对象的关系。

记者之前采访积攒的很多经验可以运用于一对一采访中，而在这种情况下也有个人风格的呈现和展示的空间，有的记者更加随和，有的记者更加咄咄逼人，有的记者更加逻辑缜密，记者个人不同的风格都会影响到深度采访。这样的一对一的访问，更适用于一些重点的单个事件。

第二种采访的主要形式是电话采访。即使深度报道需要深度采访，但并不是要对深度报道中出现的每一个人物、每一件事情都进行纤毫毕现的彻底挖掘。有一些辅助性的人物，完全可以采用电话采访的形式。但是，首先需要注意的就是准备要充分，因为电话采访会屏蔽掉很多有效的信息，比如说对方的表情、说话的语气等等。

另外，提问要非常凝练，在电话里不像面对面的聊天，能够更加清晰准确地充分表达自己的意愿。问题过长，与采访对象叙述过多，都会影响对方的思考和回答，影响采访效果。

具体有两个方面的影响：一是记者提出的问题太长，所花费的时间也长，采访对象在听问题的过程中，难以跟住记者的问题思路，不记得问题的主要内容，采访对象不清楚问题，自然难以得出优质的回答；二是记者提问时弯弯绕绕，不能用简洁的语言表述，说明记者本身对这个问题不够明白，或者不知道这个问题的关键所在，这样的问题不是一个好问题，即使问出来也没有意义。

记录要及时，因为电话采访的记录并不能完全实现像面对面时一样的全方位感应，因此更要求记者所做的采访笔记应该能够提供记者进行新闻写作的丰富而生动的资料，并且能够唤起记者对整个采访活动的完整、真实、生动的记忆。记者要记录重要的人名、地名、细节、场景等信息，有利于后期整理过程中的情景复现。

第三种采访形式就是对于核心人物的周边进行采访，这个做法有助于使得整个报道变得立体和系统化。深度报道往往不能只聚焦于单个的人物，而要辐射相关的人物，以此避免报道情节的扁平化。

（二）深度采访的辅助形式

深度采访的辅助形式有现场观察、网络采访、转载信息和查阅并收集资料。

现场观察是采访的辅助形式之一，俗称“用眼睛采访”，记者深入现场，用眼睛捕捉那些瞬息万变且能感染受众的情节。现场观察，主要是记者用眼睛仔细观看现场的状况，并且以其他感觉器官作为辅助捕捉现场的各种细节。细节最能体现整篇文章的灵魂，也是吸引读者阅读必不可少的要素，细节来源于记者在采访现场细心的观察，独具慧眼才能发现最生动的素材，为文章增添色彩。

现场观察有利于获得可信度高的新闻报道，文字资料或者口头交谈容易使理解产生偏差，记者现场观察到的信息更加真实准确，接近新闻事实的原貌。另外及时记录现场观察到的内容和感受，传递的场景和情感更加真实，具有感染力，有助于刻画出生动的细节。因此，记者应该仔细观察新闻现场，善于抓住事物的细节和个性。

随着新媒体技术的发展和信息公开化，网络采访也成为协助记者完成采访的重要形式。直接转载信息需要注意两个方面：一是严格核实转载信息是否真实、准确，未经核查随意转载，容易产生事实错误，造成虚假新闻，影响媒体的公信力；二是按照原来发布者的转载规则转载文章，更不能未经允许转载文章，从而避免带来版权纠纷。“这类不正当竞争行为正日益蚕食着新闻行业发展，阻隔新闻网站获得商业回报的可能性，改变读者接收新闻渠道，甚至降低新闻网站广告与读者的直接接触及交易机会，都不同程度制约新闻机构的持续发展，最终还是会损害信息的获取和自由的传播。”①

除了转载信息，网络还提供通过即时聊天工具的交流方式。深度报道的采访形式首选自然是面对面深入交谈，但是由于某些原因不能实现线下采访，只能通过即时通信工具来完成采访。

网络还提供了各个公开信息源所在地帮助记者查阅和收集资料。这个主要依靠记者知识的掌握和经验的了解，判断信息的查询途径。

四、采访永远是艰难的课题

新闻采访是稿件形成的基础和保障，对深度报道来说尤为重要，对记者的职业素养和专业水准也有较高要求。如果记者不是个调查能手，那么他的记忆力、社会交往能力、妙笔生花的写作水平都等于零。假定所有的作者对于一个精雕细琢的句子都有鉴赏力，那他们的成败就取决于调查，也就是挖掘事实了。

但是采访永远会是一个很难的题。采访绝对不会因为记者做过多次而变得简单和容易。因为采访者永远要面对下面的挑战：

其一，接近完全陌生的人。

其二，面对你可能全然无知的领域。

其三，问你本没有自然权利要求对方回答的问题。

其四，要求看别人不想让你看到的东西。

新闻是新近发生的事实的报道，强调将未知的新鲜的信息传递给公众。从新闻价值理论的角度，判断新闻价值的要素即为时新性、重要性、显著性、接近性、趣味性，其中的时新性说明新闻报道的内容都是鲜活的事实，陈旧的众所周知的信息不能成为新闻。新闻具有时新性和趣味性，同理，记者的工作内容往往不会重复，总是在探求未知的真相。

这使得记者作为一种职业会有持续性的吸引力，因为永远会有预想不到的事情发生。浓厚的职业兴趣是产出优秀新闻的重要基础。刚刚进入新闻行业的新人，没有经验并不会阻碍他们崭露头角，仍然可以写出优质的新闻报道。而经验丰富的老记者对每一次新鲜的采访可能也会有畏惧的心理。在采访中，从来没有一成不变，经验并不能带来绝对的成功。因为无论采访经验是否丰富，每一次采访都要接近完全陌生的环境，且绝大多数的采访对象是不认识的。

在采访过程中接近完全陌生的人，面对可能全然无知的新领域，这决定

---

① 林爱珺，余家辉．美国“热点新闻挪用规则”的确立、发展与启示［J］．国际新闻界，2019（7）．

了每一个不同的选题都是一次全新的探索。记者的职业要求决定，记者不仅要迅速地介入这个领域，弄清楚这个领域的知识，而且要将深奥的知识深入浅出地传播给公众。

记者没有自然权利要求采访对象回答问题，这是采访中永远的道德困境。完成采访、写出报道是记者的工作任务，采访对象没有硬性地协助记者完成报道的义务。因此，采访对象可以对记者的采访产生顾虑，甚至直接拒绝记者的采访请求。深度报道力求深入采访对象的内心，寻找深层次的新闻事实，这带来的不仅是采访的过程时间漫长，还要挖掘采访对象内心深处的真实想法，需要采访对象做出更多的配合。

除此之外，深度报道的报道选题是多义的、复杂的，尤其是人物报道，会涉及采访对象的隐私。以上都可能成为采访对象质疑和拒绝的因素。记者要注意交往过程中的态度和言行举止，尽量与采访对象建立起和谐融洽的关系。

案 例

细节，来自深度的采访

《地下室里的沈文裕》这篇文章，写的是一个曾经与郎朗、李云迪齐名，少年时即在欧洲成名的钢琴天才。被送到德国深造学习时，他成为伊丽莎白王后国际钢琴大赛和拉赫玛尼诺夫钢琴大赛双料获奖者。他始终受到母亲的悉心照顾和父亲的强势管束。回国之后，沈文裕在父亲的安排下不断参加各种比赛。现在他们租住在北京南五环外的别墅，大部分演出邀约来自中国三线城市的琴行。有时长达几个月，他连一场音乐会也没有。

为写这篇稿子，记者整整采访了三个月。采访后期，记者可以自然地融入这一家人日常的生活氛围中，没有作为客人的拘谨和约束。经过了很长时间的磨合，一家人把他们自己最深的一面真正地展现出来了之后，才获得真实的稿件。

一个之前在深圳认识的女孩在网上替受攻击的沈文裕打抱不平，肖元生把她夸了一顿。沈文裕和女孩谈起“短信恋爱”。两个月后肖元生觉得不妥，他将儿子叫上二楼，要他分手。沈文裕形容自己“傻掉了”，然后他站起来，狠狠将茶杯摔到地上，茶杯没碎，他爸爸把茶杯捡起来，又猛摔一次，这回碎了。沈文裕愤怒地离家出走，冲出门口却不知何去何从。他妈妈追出来，打电话给附近熟识的录音师，让沈文裕借宿录音棚。

类似这样生活中吵架的细节，只有和采访对象熟悉之后才能得到，因为这些内容他们本来不愿意向别人倾诉。

在具体的采访中，记者永远需要做出选择——是要多走一步，多介入采访对象一点，从而获得更多的信息？还是不要冒触怒他的风险，留下遗憾，不得不使稿子里缺少一些内容，也要保证采访顺利完成？记者永远要在类似的动态自我审判中探寻职业的公约数，思考各种要素和情况的平衡点，因此这使得采访变成记者生产新闻过程中一个永恒的难题。

五、采访中的心理调适

在直接经验的范围内，没有什么东西是绝对确定的。新闻记者应该带着一种接纳多种可能性的感觉去接近每种新的情况、问题或人。

在已知的直接经验范围里，在整个采访过程中，没有任何东西是直接的、绝对的、确定的。所以作为新闻从业者，记者就应该带着去接纳多种可能性的感觉，接近每个新的情况，接近每个问题，接近每个人。在每次全新的采访中，遇到困难是常有的情况，关键在于记者如何应对，尽量事先做好各种可能性的预案准备。“成熟的记者会在采访开始之前，在脑子里想一遍可能遇到的难题，并设身处地从采访对象的角度考虑：哪些问题比较敏感，哪些问题乐于接受和交流，又有哪些问题是感到困难和难以面对的。有的记者还习惯提前将这些问题梳理成采访提纲。”①

采访就是一个不断推翻或者验证的过程。记者先依据了解到的核心事实做出预设，然后通过采访问题接近采访对象，接触事件的具体情况。记者会不断地获得各种信息，获得各种问题的答案，但需要根据所获得的这些信息和答案，在采访过程中，不断地动态调整采访内容和文章的主题方向。记者了解到事件越来越多新的信息，得到越来越多采访对象新的回答后，再根据这些新的信息和新的回答，对于自己的心理预设进行调整或者推翻。这是在整个深度报道的采访过程中都需要进行的步骤。

一方面，记者要结合自己原有的主观判断和愈加清晰的新闻事实，重新思考原先的设想，或者是推翻，或者是修正。另一方面，要不断地修正自己本身的主观判定，尽量避免主观倾向，不掺杂个人感情色彩，客观地报道新闻事实。

在进入采访的时候，要记住两个原则：一是整个世界上没有两样东西是完全一样的，永远不能将这一次的采访经验直接套用在下一次的采访上。二是必须带着一种开放的心态去接近新闻事件。这主要是采访中的心理状态调适，良好的心理状态有利于在采访中取得突破性进展。除此之外，记者要时

---

① 高钢，潘曙雅．新闻采访与写作．北京：中国人民大学出版社，2018：91.

刻知道自己的采访目的，知道应该如何塑造合适的采访环境和采访氛围。

在一些经典的新闻采访案例中，会有一些能够激发采访对象表达欲望的问题，奥莉娅娜·法拉奇就是以激怒对方的独特采访风格而著称的。例如，1979年伊朗革命后，法拉奇采访了该国最高精神领袖霍梅尼，她向霍梅尼连连提出一系列的犀利问题，涉及伊朗对妇女的限制："裹上长袍后，你怎么游泳?" 这下霍梅尼彻底被激怒了。而在真实的情况中，这样的采访方式凤毛麟角。一般情况下，真正有价值的采访，应该是使被采访对象能够轻松自如，真正舒服地说话，很放松地展现出真实的自己。形成这样的采访氛围，采访对象是信任记者的，也愿意诉说更多的真实情况和细节。

在采访中需要让采访对象做到的是真正地去说，而不是一问一答式的对话。那么记者与采访对象交流的过程中，任务就是倾听、观察、思考，可以适当地和他聊天，以便他更加愿意放松下来舒服地交流。

在这种情况下，记者所要做的并不是议论，发表自己的见解，这样往往难以反映真实的情况。倾听、观察、思考，则是非常必要的。

在采访对象面前塑造良好的形象非常重要。这也是在深度采访中难度较大的事情。越是能够在采访对象面前塑造好的形象，越是能够获得采访对象的信任，了解到采访对象最真实的想法。

记者要去寻找一些不太随机的共性内容换取信任，例如礼貌、友好、诚实、富有同情心等，这些特点更大的优势在于共情。无论采访对象在采访过程中说了什么，记者都要时刻保持最基本的礼貌，根据采访对象的情绪和谈话内容，适当地调整自己的态度和言行。

第二节　深度采访时的准备

在深度采访之前，记者要做好充分的准备工作，对报道人物或者事件实现深入挖掘，掌握扎实的背景资料，为真正的访问做好铺垫。假定新闻的主题，撰写问题提纲是缩小深度采访信息差的重要步骤。采访提纲和适宜的采访时间地点也是准备的一部分，帮助记者铭记采访的焦点，与采访对象形成融洽的氛围。

一、采访的准备

深度采访所需要的准备工作远比普通的采访要多，尽可能充分地了解你所采访的人物、事件，掌握尽可能丰富的相关背景材料。

决定做一个新闻选题或者写一篇报道之前，最好先检索一下关于这个内容已有的新闻报道，掌握尽可能丰富的相关的背景材料。注意这些报道的切入角度，判断是否还有创新的角度可以作为自己的切入点，了解这个题目的报道完成情况，已经有多少记者和媒体接触过，决定自己是否还有展开的必要，以及能否超出现有的报道范畴和报道水平。

对于人物的专访，搜集背景资料的基本标准是在搜索引擎中输入采访对象的名字，查阅到检索内容的50页之后，将查到的所有相关资料都整理出来看完。掌握尽可能丰富的背景资料，了解清楚这个人物的主要经历，涉及事情的来龙去脉。

对于已经发生的新闻事件，在采访之前需要知道新闻事件的性质、内涵、核心要点，这样有助于形成新闻报道的立意，明确采访的目的，明确主要采访对象，进而确定采访地点。对新闻事件有所准备，既可以做到有备无患，也给予记者采访信心，与采访对象平等交流，从容镇定。另外，记者能够更加清楚地知道采访过程中的核心所在，适时地提出关于核心内容的问题才能取得采访突破。

采访前充分准备会在提问的时候更加游刃有余。因为掌握的背景资料都会变成已知的内容，就不用为容易检索到的内容再继续花费时间和精力问采访对象了。

正所谓“采访一分钟，需要准备十分钟”，甚至可能远远超出这样的比例，这是经验丰富的记者们达成的共识。如果准备不足，没有掌握那么多相关的资料就贸然采访，向采访对象提出一些简单的基本问题，引发采访对象的质疑和不信任，也是对采访对象的不尊重，这样既浪费了采访机会，也容易给采访对象留下不良的印象，影响下一次采访。

充分的事先准备对任何成功的采访都是最基本的元素。法拉奇有一句名言，“我不把自己当作毫无感情的录音机”。深度采访里需要全身心的沉浸，想要达到和采访对象沉浸式的交流，我们所做的准备工作的范围应该很广、很深、很细，要熟悉采访对象的履历，了解访问对象的专长、主要事迹及成就，之后才可以针对采访对象本身进行更进一步、更深一步的采访。对于新闻事件，要查清楚事件的背景，运用上所学的所有知识。

准备越充分，采访就越主动。扎实充分而深入的准备工作，是记者日积月累的知识和丰富的阅历，由此达到在共情的前提下和采访对象的融洽相处。我们准备得越充分，在采访的时候就会越主动，越深入，而真正地进行一些准备工作，才能够达到和采访对象的融洽相处，才能够达到和采访对象的共情。

另外还需要注意，做好了解背景材料的铺垫之后，还要做到的就是采访过程中的克制。

在尽可能充分地了解了采访的人物和事件，尽可能充分地掌握了相关背景资料的前提下，记者已经具备了一定的知识，具备了一定的思考基础。在这种情况下，要注意保持自己的克制和冷静。记者尽可能地充分准备采访的目的，不是让记者去炫耀自身知识，而是记者展现专业能力，取得更好的采访效果。

二、采访准备的内容

对访问的题目和采访的人进行研究，这样记者在采访时就不仅可以提出恰如其分的问题，并且可以理解并判断对方对这些问题的回答，明确而又不冒昧地向采访对象表明“我绝不是你轻易就可愚弄得了的”。

深度采访对记者的极大考验，是采访者始终要面对采访领域里对信息掌握度远远超过采访者的专家。记者采访的最终目的是希望采访对象将记者不知道、不了解的内容讲述出来。采访对象所了解的知识、掌握的内容永远比记者多。采访对象和记者之间永远会有信息差，这个信息差就是造成采访难度的重要因素。

深度采访与普通采访最根本的差别，是深度采访的信息差是所有采访类型中差距最大的。就掌握信息而言，采访对象与记者有着天壤之别，采访对象是绝对的专家。从事人物报道时，如果想挖深、写透采访对象的性格，前提是要对他进行纤毫毕至的了解。采访对象讲述的事情越多，从心底坦诚交流，说出最真实的想法，心理波动越多，记者获取的信息越多，就越可能有所突破。

案 例

深入采访 寻求突破

《太平洋大逃杀》中存留下来的当事人基本上确定了死刑的结局，记者杜强可以采访到的都是手上沾满鲜血的杀人犯，杀人犯对于犯罪事实本能就会有相应的掩盖，记者只能依靠不断地深入采访，突破杀人犯的心理屏障。

为此，在深度采访之前需要做如下准备：

（一）为你要写的报道设想一个假定的主题

采访的主要目的，就是取得各种情节、故事、引语和其他事实证据以支持或者修正，甚至推翻这个主题。

（二）事先写一个问题提纲

尽你所想，写得越多越好，即使你不可能把这些问题全都问完，甚至你几乎肯定还要提出一些没有列入的问题，也要这样做。

在查阅背景资料、了解事实的基础上，采访之前先写一个问题的提纲，这个问题的提纲尽你所想写的越多越好，不断修改采访提纲，查看是否有遗漏的内容，仔细斟酌采访的问题怎么样表述更加恰当。其实采访提纲里可能会有好多问题是没有用到的，但是仍然要列入其中，在采访现场出现任何意外情况，都可以做到随机应变，不会因为采访问题准备不足造成问不出问题或者采访问题不合适的尴尬情况。

如果采访的是敏感问题，做准备工作时，要事先估计一下被采访者很可能对你和你将向他提出的那些问题采取什么态度。他在事件中起什么作用？他的立场站在哪一边？你可以从逻辑上推断他对于你提出的关键性问题将给予什么样的回答，然后你根据这一推断，拟定你认为可以打破他可能采取的各种防范措施，改变其态度的一个进攻性计划。

（三）事先圈定敏感的话题或者问题

对于直接一抛出，就有可能会被采访对象拒绝的问题，必须事先有预案，有防备。

深度采访跟普通采访不一样，普通采访惜时如金，重点在于抢新闻的时效性，采访开门见山地询问最紧要的问题，倒金字塔体的写作结构也是同样的道理，最重要的事实摆放在开头的位置，按照新闻的重要性依次排列下来。而进行深度采访的时候恰恰与此相反，关键性问题往往不能一开始就抛出来，因为很大程度上关键性问题往往是敏感的，会引起采访对象的反感甚至拒绝，导致后面的采访难以顺利进行下去。

所以深度采访中经常将需要深入交流的问题、最敏感的问题，在采访之前想好，并选择在适合的时候放出。

即使是最后自然而然地提出关键性问题，采访对象也未必会顺利回答，他可能会有很多的反应，例如避而不谈，装作没听见或者直接拒绝。在这种情况下，记者应该采取措施，选择适合的机会，第二次将这个话题问出。因此，需要提前拟定你认为可以打破采访对象内心各种防范的措施，周到而全面地落实到采访提纲之中，以备不时之需。

三、采访提纲的作用

在深度采访中，采访提纲的核心作用，是为了让采访者时刻记住本次采访的焦点，而不是照着名单逐一问完。

其一，采访提纲的作用就是为了在采访过程中将采访的焦点铭记于心。

其二，在采访过程中，随着与采访对象的深入交流，记者要随时修正采访的焦点，不能被采访对象的话带着走。

其三，始终明确自己的采访目的，每个人都是多面体。如果没有明确的目的，聊多少天也聊不完。采访提纲所起到的作用就是时刻提醒自己此次采访的焦点，而不是照着采访提纲逐一机械地问完。

其四，深度采访的采访提纲应该是环环相扣的，设计的问题互相联系，这样才不会在采访中显得突兀。

采访提纲的作用绝对不是一个问题应答书。甚至可以说，最失败的采访就是列一个特别详尽的采访提纲，在采访对象面前逐一念出来，然后采访对象挨个回答。这样的采访不可能深入到采访对象的内心。提纲就像是一张地图，是人们出发前必须做好的规划，但其实上路的时候仍然会遇到各种情况，这些只能靠前期查询资料，以及后期随机应变来解决。

四、适宜的采访时间和地点

采访时间有两种，见缝插针和专门约定。

第一种是采访对象日常行程较多，时间不太宽裕，只给记者特定的采访时间。第二种是记者专门约定时间，如果要进行深度的采访，只有专门的约定才能实现，不可能永远靠见缝插针。

对于适宜的采访地点，有以下要求：

首先，深度采访要求采访者尽量充分地进入当时真实的情境中，最核心的要素是真实。如果选择与采访主题相关的场景，最好在能够复现场景的地方，因为它能够提供真实信息。在前期的资料准备和基础事实了解的过程中，如果有采访对象提到场景或者地点，尽量跟随他一起到现场看一看，感受现场的氛围，这些对于场景的复现和细节刻画都是有意义的。

案 例

尽量选择与采访主题相关的典型场景

这位百岁老人的住所，就像她本人一样，颇有些年岁和绵长的掌故。

中关村科源社区的13、14、15号楼被称为“特楼”，那里集中居住了一批新中国现代科学事业奠基者：包括1948年中央研究院的9名院士、第一批254位学部委员中的32位、23位“两弹一星”功勋奖章获得者中的8位。钱学森、钱三强、何泽慧、郭永怀、赵九章、顾准、王淦昌、杨嘉墀、贝时璋等人都曾在这里居住。

李佩先生60年不变的家，就像中关村的一座孤岛。

这座岛上，曾经还有大名鼎鼎的郭永怀先生。郭永怀李佩夫妇带着女儿从美国康奈尔大学回国，是钱学森邀请的。回国后，郭永怀在力学所担任副所长，李佩在中科院做外事工作。直至我国第一颗原子弹成功爆炸的第二天，郭永怀和好友一起开心地喝酒，李佩才意识到什么。

众多科学家、院士都曾经居住在“特楼”里，这承载了一批科学事业先驱者的记忆，《中国青年报》的这篇报道《这位中国真正的“贵族”今晨走了 年轻人对她却一无所知!》通过对“特楼”，尤其是对13号楼李佩先生的家场景化的再现，还原了当时拜访的情形。就连灰色的布沙发也承受过钱学森、钱三强、周培源等人物。记者直接到了采访对象的家里，以住所为基础复现了当年记忆中的场景，生动形象地展现了细节，有助于刻画科学家的形象。

采访时日久远之前发生的事情，带采访对象重回现场无助于回忆，或者现场早就已经面目全非，去现场之后反而容易混淆采访对象的记忆，那么并不强求一定要到现场复现场景，而是需要找到能够让对方舒适放松的地方。在采访中，更加看重的是气氛，过于残酷的真实或者难以抑制的情绪都无助于采访的顺利完成。

其次，采访者如有条件，最好能够提前到采访地点去熟悉环境，如光线、声音等。这也是采访前的准备。提前到采访地点熟悉环境，熟悉它的光线、声音、位置，熟悉里面的布景，才能使采访者感觉到放松，营造出令双方感到轻松愉快的氛围，才能使采访取得更好的效果。

再次，不一定要迅速切入主题。和“抢新闻”不同的是，只拿到核心的简要事实不足以完成深度报道。如果在深度采访中过早抛出核心问题，导致对方已经告诉了记者最粗略和简易的事实，很容易使得被采访者对细节的追问产生厌烦。另外，核心问题往往是敏感的话题，采访初期提出会使对方有防范，或者破坏采访气氛。因此，深度采访的不同之处在于不一定要完全迅速地切入主题，但是每一次采访一定要有事先想好的巨大突破。

最后，能够达成融洽的合作的采访气氛是最重要的。

做出一个更好的深度报道需要注意各种方面的因素，营造更加融洽合作的采访气氛非常重要。在融洽的采访气氛里，记者才能越来越接近新闻真相。

第三节 深度采访的过程

深度采访的过程由采访开端、采访中途和采访后期构成。记者在采访过程中的表现决定其是否具备采访的专业水准。采访开端往往不直接切入采访主题，而是采用恰当的方式建立关系。采访的中途要尽快过渡到采访的核心问题，同时需要特别注意五个方面。采访后期主要涉及如何收尾，以及为下一次采访做铺垫。

一、深度采访的开端

采访的开端往往并不直接切入主题。深度采访并不适用于采访中的每一采访对象，对于一些用于验证主要人物的辅助角色，不需要郑重其事地深入采访，只需普通采访即可。但是对于在新闻题材中的主要人物、主要事件、最核心的内容，需要进行最周密而深入的深度采访，否则很难实现报道内容的突破，达成预期的目标。

深度采访不是毕其功于一役的，仅有一次采访难以将所有的脉络和梗概了解清楚。当深度采访核心人物时，可以每一次采访聚焦一个主题，立足于说清楚与此相关的全部内容。

在深度采访的开端，往往不直接切入主题，而是以一小段闲聊开始，相对容易获得采访对象的认可，以便与采访对象建立亲密和谐的关系，为后续沟通做好铺垫。因为深度采访很难一次完成，后续会不止一次地联系采访对象，若采访开端直接切入主题，之后再三要求采访，容易使得采访对象产生厌烦的情绪。

开端中闲聊的这段时间，同样是给被采访者一个估量记者的机会。因此在开场白时，虽然没有提出什么核心的或敏感的问题，但记者应该全力以赴，甚至需要比后续进行核心问题采访时更加注意个人表现。

在开场白阶段，记者在审视采访对象，希望能够与他缔造一个和谐的关系，采访对象同时也在审视记者，看记者是否能真正明白他的想法，能否真实反映其内心的感受，记者的品性是什么样的……总之，深度采访的开场白阶段，是记者和采访对象之前互相熟悉和亲近的过程。面对近乎陌生的采访对象，记者要注意礼貌，注意个人形象的呈现，力求给采访对象留下一个良好的印象。

在采访的开端，有以下三种方式建立起与采访对象的关系，分别是缓和气氛、开门见山和循循善诱。这三种方式分别对应着三种不同的使用场景。

第一种采访开端的方式，是缓和气氛，是先同采访对象闲聊，不拘泥于内容，目的在于先建立感情基础。采用缓和气氛的方式作为开端的前提是记者与采访对象彼此不熟悉，而且报道的新闻题材相对敏感，难以深入。

第一种方式可以拉近信任，增强好感。在报道一些重大新闻事件，尤其是灾难性新闻时，往往在电视直播上出现一些不合时宜的问题，而被网友吐槽。例如在地震后问受灾群众“住帐篷冷不冷”“现在是不是难过”等。但是，这些问题并不是记者职业素质不够造成的，很大程度上可能是记者在通过这些问题打破僵局，与采访对象闲聊，拉近距离。电视记者在直播的过程中，将为了缓和气氛所说的话完完全全地呈现在了观众面前，从而使得观众对记者的专业能力产生质疑。

事实上，缓和气氛是新闻采访中一个常见的操作方式，尤其是当新闻题材相对敏感，容易引起公众的怀疑和不信任时，更需要开场时柔和提问，缓和气氛。

第二种采访开端的方式，是开门见山，直截了当地说出采访的问题，不需要拐弯抹角。在和对方的沟通障碍比较小的条件下，记者不需要缓和气氛，可以采用开门见山的方式直接提问。

一般来说，不是极端的矛盾突出的题材，都可以直接开始采访，尤其是一些周期性的题目，例如春运、高考等等。这类题材相对平易，跟对方的沟通障碍也相对比较小，直接表明自己的任务，有利于节省双方的时间和精力，提高采访效率。

第三种，循循善诱的方法适用于难以判断采访对象的内心敏感程度以及与其的沟通障碍大小时。记者可以先缓慢开场，当发现采访对象对于提问相对敏感，就应该有步骤地慢慢引导，慢慢尝试。先抛出一个中等大小的问题，作为采访的开端，然后根据采访对象的回答，尝试着去追问，慢慢地让受访者打开自己的内心。

这三种提问方式分别是：一开始并不提出任何问题、直接提出最核心的问题，以及从一个中等问题开始切入进行提问。三种提问方式分别对应非常敏感且时效性要求不高的采访，不太敏感但时效性要求高的采访，以及非常敏感但时效性要求高的采访，采访者可以根据自己所持题目的性质做出选择。

二、深度采访的中途

开场白过后，应尽快把焦点放在为这次采访准备好的核心问题上来。

采访的问题应该按照其重要性大小来顺序排列。普通问题放在前边，难对付的、强硬的、进攻性的问题通常放在后面，但更需要随机应变。在深度采访中，记者每一次采访核心人物时，可能都会带着不同的重点，也需要随机应变地面对各种情况。

在访谈过程中不出任何意外的情况下，记者可以按照既定的采访流程，在做好铺垫之后再提出核心的问题。如果出现了意外情况，打破预想的采访，记者应该根据当时的具体情况具体分析，随时变更采访策略，辗转提出采访最核心的问题。

一般情况下，最先准备出来的那些安全的问题，一定是一些平庸的闭合式的问题。但是后面跟随的是可以发散和延展的，而最重要的问题是放在脑子里、随时择机放出的关键性问题。在这一过程中需要记者随时观察，根据对方的响应随时调整采访策略。著名记者斯诺说过一句名言："如果提一些令人措手不及的问题，使对方不好回答，那是很愚蠢的。"

华莱士终生都致力于严肃新闻，在采访中经常提出尖锐的问题，他的电视节目《60 分钟》也被认为是"握紧拳头的艺术形式"。华莱士采访过世界各国的很多政要和领袖式人物，包括霍梅尼、马丁·路德·金、里根、肯尼迪、阿拉法特、卡扎菲、邓小平等等。华莱士在采访各国政要之前已经做好了相关的铺垫，周密地设计好了采访问题和问题的顺序，形成一贯犀利、咄咄逼人的采访风格，也是《60 分钟》作为一档访谈节目的重要看点，这样的采访方式是相对安全的，并且没有下一次采访，不需要为此做准备。

而作为普通的记者，我们不具备这么放肆的权利。如果记者提出了一个让对方措手不及、难以回答的问题，则会陷入采访的僵局，甚至导致采访对象拂袖而去，拒绝接下来的所有采访。

徐国源在《深度报道：理念与操作》一书中认为，提问的目的，归根到底是为了满足受众深入知晓的需要：一是带着受众"欲知而未知"的问题，弄清事实的来龙去脉，告知真相；二是为了受众"应知而未知"的问题，探讨事实原委，出解释。这个本质决定了记者必须在采访中找准自己的角色"本位"。[①] 也就是说，记者需要随时牢记自己本次采访的初衷是什么，想要取得的核心突破点是什么，以便在恰当的时候以恰当的方式问出来。

在采访过程中，最好的采访设计是前一个问题要能够导出下一个问题，使整个采访自然而有次序，问题与问题之间衔接得当。有逻辑的采访问题设计能够使整个采访形成闭环，更有秩序，也更能调动采访对象的情绪。

为了做到这一点，就需要记者在采访提纲里尽量详细地把与主题相关的问题尽可能多地列清楚，实现问题之间的融会贯通，推测对方可能的回答，

① 徐国源．深度报道：理念与操作［M］．苏州：苏州大学出版社，2004.

做好问题顺序的预设。

真正进行深度采访时，记者可以沿着对方的回答思路，问出自己想问的问题，进而形成与采访对象之间有效的沟通，而不能拿着没有逻辑关联的采访提纲死板地接着问，忽视采访过程中交谈的内容。只有达成一个自然的聊天气氛，才能够形成明确的互相沟通的机制，拿到核心内容。

三、深度采访中途的注意事项

其一，采访的最终目的是沟通，了解更加深入的内容，而不是为了展现你的智慧和风度，所以记者时刻要记住使采访的方向朝着沟通更加平稳、更加平缓、更加舒适的目标前进。

其二，在采访过程中，记者要以中立的解决问题的心态去访问，不要带有情感倾向。在采访过程中，记者的情感倾向会扰乱采访对象原来的体验，更会在后续的写作中直接影响新闻的客观中立性。

其三，要站在对方的角度去思考问题，理解对方，不要制造事端，挑起矛盾。记者不但不应该有情感倾向，更高层次的要求是先站在对方的角度思考问题，当然也不是只替对方着想，慢慢地变成了对方的传声筒。

案　例

警惕！不要成为受访者的传声筒

这是自2017年7月4日，贾跃亭飞往美国之后，首次公开回应外界质疑。

FF研发总部由两栋矮楼组成，两栋楼之间的停车场，也是FF样车试路的地方。贾跃亭的办公室在其中一栋的二楼。房间不大，一边是茶几沙发，一边是办公桌，办公桌侧面的墙上挂着两个大屏乐视电视。

在美国这四个月，他在FF研发总部和洛杉矶住处之间来回穿梭。大部分时间，他身穿印有FF图案的黑色帽衫，牛仔裤和运动鞋。相比10个月前在拉斯维加斯CES（消费者电子展）期间亮相时的样子，现在的贾跃亭略显瘦削。

午饭时间，助理为贾跃亭准备了简餐。他饭罢又喊来助理，“还是给我泡个辣白菜。”一会儿，助理端来一盒冒着热气的辛拉面方便面，“这个香，我一周吃上几次，就很快乐了。”

减持股份的上百亿元资金去向、国内数百亿元债务如何解决、FF究竟是噱头还是行业变革者、何时回国……种种疑问，让这位乐视创始人置身于舆论巨大旋涡之中。

贾跃亭对《棱镜》一一回应。他否认乐视网IPO造假传闻，同时细数乐视网股票减持所得的资金去向，并披露了他设计的针对乐视非上市体系债务的解决方式。

腾讯新闻《棱镜》的记者在2017年美国东部时间11月2日上午，采访了乐视控股集团创始人贾跃亭，进行了一场150分钟的深度对话。贾跃亭是一个非常具有有煽动能力的人，特别能影响别人的情绪。这篇题为《棱镜对话贾跃亭：赴美这四个月，我想了些什么》的报道，全文提及的内容基本上站在贾跃亭的立场思考，可以说浪费了一次很多记者都很期待的采访机会。

这里提到的要站在对方的角度思考问题，不是指站在对方的立场，和对方同声同气，而是指在采访的整个过程中，采访者要真正地去理解对方，试图实现共情，了解对方，要去思考怎么避免制造事端，不挑起矛盾。记者是记录者，是信息传递的桥梁，不是律师也不是法官，因此不要给受访者贴标签。记者始终要记得，自己就是记录者，是事实的搬运工，不要引发情感的冲突。

其四，采访问题要具体化，不要提出空洞的宽泛的问题。张征在《新闻采访教程》中写到，采访的错误在于第一是抛出的问题太大，第二是问题太空泛，指向不明确，针对性不强，如果不事先向采访对象通报，对方即使对问题有所了解，也很难在短时间内全面地整理思路，将其条分缕析地回答清楚。大问题、空泛问题常常是新记者采访失败的陷阱。问题提得具体，回答才能具体，所获取的信息写作时候才能用得上。①

例如以下的问题都犯了大而空洞的错误：

对于这件事，您是怎么想的呢？

关于×××事件的过程您能给我们说说吗？

这样大而化之的问题，不适宜用在深度采访里。只有非常具体的问题，才能引出新闻中的细节。

其五，注意追问的深度，这和最终发起向隐藏问题的“总攻”有关。

遇到采访对象没有回答问题，或者回答含混不清的情况，记者可以追问具体的新闻事实，但是也要注意不断追问的深度，追问的深度与最终的“总攻”方向合一，最终发起的“总攻”才会更加有效。

如果你发现采访对象在重复他之前说的，或者思路和逻辑错乱，一定要用适当的方式打断。但是也要注意打断采访对象也意味着中止了其流畅的叙述思路，因此不能轻易打断采访对象，只有在判断确实有必要打断的时候，比如发现采访对象在重复他之前说的，没有任何新的信息增量，这时才需要有礼貌地适度地打断采访对象，把他引回到正确的主题。

① 张征．新闻采访教程［M］．北京：中国人民大学出版社，2008.

打断有很多小的技巧。比如虽然有录音工具，但是我们主张记者去采访的时候一定要带上纸和笔，因为纸和笔就是打断对方的特别好的“工具”。在对方讲话时，如果记者突然不小心把笔掉在地上，不得不弯腰捡笔。在捡笔的过程中，对方的话一定是停止的。当你拿着笔重新抬起头看向对方时，就获得了一次全新的提问机会。

采访中，记者经常会听到采访对象对问题的回复是“我没听懂”，记者要敏锐地及时判断出这句话的真实含义：是采访对象不想回答，还是真的听不懂？这是非常关键的。如果你判断出来他是不想回答，要采取的措施就是再反复迂回，重新询问。如果判断他是真没听懂，那有可能是记者的提问表述得有问题。在这种情况下就可以问，“是我没说明白吗？”或者“您跟我说一下您对这个问题的理解”，然后你再重复你的问题，捋顺问题的逻辑，以更简洁、易懂的方式向采访对象说清提问的要点。

四、深度采访的后期

采访后期需要注意以下几点：

首先，让对方从心里接受“一次采访很难穷尽”这一事实。

注意让对方在整个的采访过程中，尤其在采访的后期，发自内心地认为，这次采访结束只是一个开始，整个的采访还没有完全结束。因此，在采访的后期，可以跟采访对象说，“今天时间太紧张了，我其实还对您说的×××特别感兴趣，都没有来得及深入地问”或者“您看我今天才只问了相关内容的一小部分，其他的都还没有谈到”。再比如，本次谈到但是未核实的材料，针对采访对象谈及的事物或地点，问他“您有相关的照片吗？”“您能带我去您说的地方看看吗？”类似的话可以给采访对象心中形成非常自然的铺垫，让对方从内心做好还有下一次采访的思想准备，使得对方觉得下一次的采访不是被打扰，只是他礼貌地践行了你们两个人的约定。

其次，切忌憋问题。

憋问题，就是明明已经没问题要问，但是觉得不要浪费了一次约对方出来的时间，非要强迫自己提问。憋出来的都不是好问题，而且会让采访对象认为，自己已经给了记者足够的采访时间，记者想知道的内容都了解到了。后期都已经开始东拉西扯了。因此如果此后再要求追加采访，就有可能被拒绝。

尤金·莱昂斯采访伊朗前国王巴列维之前便约定好只能提出五个事先定好的问题。尤金·莱昂斯和巴列维交流过这五个问题之后，巴列维并没有结束采访，而是很有兴致，这意味着记者可以继续提问。但是尤金·莱昂斯并没有事先准备额外的问题，遇到了采访中的尴尬时刻。

即使没有充分利用采访时间也不要硬提问题，不如坦然地与采访对象告别，结束此次采访即可。

再次，采访对象对记者个人形象和性情的判断是后续的采访能否顺利进行下去的重要条件。

经过第一次采访，采访对象已经对记者形成了大致的认知，能感受到记者到底有没有想法，是不是和他共情，能不能听懂他说的话，是不是值得信任。这是此后能够继续下去的必要条件，所以从一定程度上说，第一次采访是最重要的。如果开局不好，就没有了后续。

如果采访的开端出现了一些摩擦、隔阂，或者不利于继续展开采访的问题，采访的后期是进行修复、争取弥合的机会。例如，记者最后可以说一些话解释之前的问题或者做出相应的承诺，如："您看我有些东西没有了解清楚，我下一次做好了功课再来，我保证再不耽误您的时间了"，以换取重新赢得对象信任的最后的可能。

最后，把耐心留到最后一秒。

"用后就扔"是极为伤害采访对象的行为。一旦最后告别寒暄之时，记者若体现出心不在焉或急于离身，这种情感的不自主流露会被对方很敏锐地捕捉到，并且成为日后的采访障碍。

在采访初期，记者尊重采访对象，时刻保持礼貌的言行举止。这种谨慎要一直持续下去，直到采访结束。无论是采访初期还是采访后期，记者都要始终小心翼翼，与采访对象谨慎相处，一定要把耐心留到最后一秒。不到最后一刻，万万不能松懈。

五、如何衡量深度采访的专业水平

如何衡量自己所做的采访准备是否充足，在采访过程中和采访结束后的做法是否专业？以下列出了八个问题，可用来帮助记者判断自己的采访有哪些不足，从哪些地方入手改进。

其一，采访前你是否用专门时间研究采访选题？是否尽可能充分地查阅相关的事件与人物的资料？

其二，你是否认真设计你的采访问题提纲？你是否注意设计你对采访对象提出的第一个问题？

其三，你怎样保证采访时不忘记重要的提问？是把它写在采访本上还是熟读背会？

其四，你是否有预想自己采访进程的习惯？并对采访中可能出现的变数事先做出某些应变预案？

其五，你是否注意你的采访记录方式？

其六，你怎样保证把采访对象的重要原话尽可能完整地记录下来？

其七，你是否有自己的速记方法？

其八，你有追记的习惯吗？你是否测试过自己追记的能力？

阅读

1. 艾丰．新闻采访方法论［M］．北京：人民日报出版社，2010.

2. 张征．新闻采访教程［M］．北京：中国人民大学出版社，2008.

3. 莱特尔，哈里斯，约翰逊．全能记者必备：新闻采集、写作和编辑的基本技能［M］．7版．宋铁军，译．北京：中国人民大学出版社，2010.

4. 梅茨勒．创造性的采访［M］．3版．李丽颖，译．北京：中国人民大学出版社，2010.

5. 施瓦茨．美联社新闻报道手册［M］．曹俊，王蕊，译．北京：中央编译出版社，2014.

思考

1. 采访的定义是什么？如何理解深度采访？

2. 深度采访的主要形式、辅助形式有哪些，各有什么特征？

3. 深度采访之前，需要从哪些方面做准备工作，具体的内容是什么？

4. 深度采访的途中，尤其需要注意哪些要点？

5. 深度采访的后期，如何与采访对象沟通，顺序衔接出下一次采访？

练习

1. 根据2020年疫情背景下的竹鼠养殖写一份采访提纲，要求包括采访对象、采访形式、收集哪些方面的资料和具体的采访问题。

2. 搜集阅读一些失败的采访案例，试着总结其失败的原因，就本章讲述的内容可以从哪些方面改进。

3. 就近日看到的深度报道，找出哪些地方使用了背景资料，这些资料使用是否恰当，提供了哪些新的信息。

4. 找一个合适的新闻采访视频，训练自己的速记能力。

第五章

深度采访的“五感”调动

学习要点

本章主要学习深度采访中的“五感”调动，即充分调动记者的所有感官去捕捉采访中的有效信息。五感调动是为了达到“灭绝式采访”的饱和效果，清晰了解灭绝式采访的定义、作用、外延延伸之后，再结合“望、闻、问、切”的概念明确五感调动采访中需要做到的观察、沉浸、询问、判断等具体行为。为了整体报道的品质，记者还需要着重学习如何将调动五感所得采访内容呈现于稿件之中。尽管灭绝式采访是深度采访的最终目标，但迫于新闻的时效性，采访需要通过寻找最优解进行取舍。本章将立足于新闻实践，结合互联网时代与传统新闻目标的双重要求，叙述深度采访调动五感的具体操作方式、目标及注意事项。

第一节　灭绝式采访

深度报道的采访要求记者充分调动“五感”，运用感官沉浸到采访中去，不断向灭绝式采访靠近。灭绝式采访可以帮助记者纠偏，寻找核心信源，还原立体而真实的情节，从而提高报道的真实性和准确性。结合新媒体时代特有的采访外延延伸，灭绝式采访最终会将采访推向饱和式效果，为报道提供长久及现实的有效性。

一、何为灭绝式采访

顾名思义，灭绝式采访就是在采访过程中尽可能地将所有的采访对象全部覆盖，达到“灭绝”的效果。尽管在实际操作层面，灭绝式采访很难实现，但新闻报道工作有“七分采访，三分写作”的说法，灭绝式采访可以帮助记者更深层次地了解事实，接近真相。同时，深度采访与一针见血的短新闻采访不同，往往不能直入主题，以避免受访对象在回答中直接建立起简单的事件框架，难以再度延伸。为了充分获取事件相关内容，深度报道的采访要求记者充分调动“五感”，运用感官沉浸到采访中去，不断向灭绝式采访靠近。

深度报道有“N千字的报道需要N个信源”的说法，即写一篇万字深度报道，就需要采访到包括主要当事人在内的十个人，甚至更多。2014年6月，《人物》杂志刊登了一篇名为《张艺谋：一只比较像变色龙的老虎》的人物报道，该文在杂志上仅呈现出不足五千字，但《人物》记者不仅与张艺谋本人进行了深度访谈，还采访了张艺谋的大学同学、多年好友、工作伙伴和“谋女郎”等18个人，试图还原张艺谋的极度紧张型人格的养成，以及这一品性如何扎扎实实地转换为创作上的优点与缺陷。话题还延伸到当代电影市场的演变、商业大潮对第五代导演的裹挟，以及张艺谋如何适应这些变化。[①]

采访过程中，也许会面临时间紧迫、难以寻人的困境，但报道中每一个变化、每一个故事至少要有两三个信源的支撑，才能达到所需材料的丰厚程度。媒体要求记者做当事人以外的外围信源采访，一方面是为了验证核心信息的真实性，另一方面也是为了拿出有用的重要事实向核心人物求证，同时也可以为深度报道留一条后路，哪怕核心人物保持沉默，通过外围的采访，也能为深度报道积累大量信息，摸索出报道的雏形。只有通过灭绝式采访让信息量饱和，才能写出一篇有深度、有广度的深度报道。

二、灭绝式采访的作用

第一，灭绝式采访可以帮助记者纠偏，为最终的稿件建立一个清晰明了的主题。当深度报道的深度和广度达到一定程度之后，必然包含着记者的价值观，哪怕只是材料的取舍都会包含个人的倾向性。所以，在报道最终成稿前，记者应该对整体事件有一个完整的、准确的认知，从而对事实进行客观筛选后再呈现入稿。灭绝式采访通过让记者不断与不同身份、不同立场的采访对象交流，避开“横看成岭侧成峰，远近高低各不同”的误差，纠正记者对事件的整体及局部认知偏差，为报道文本建立一个时空脉络清晰、内容逻辑明确的坐标系。

第二，灭绝式采访有利于还原立体而真实的情节。一个故事的众多信源就像是朝向同一个场景的众多摄像头，如果只有一个方向的摄像头，哪怕采

① 《人物》杂志．张艺谋：一只比较像变色龙的老虎［EB/OL］.（2018－11－17）［2020－10－09］. https://mp.weixin.qq.com/s/RG4shU-EOjkw-AtARogsYQ.

到了距离最近的摄像头，也无法看清事件背面的阴影处。灭绝式采访要求记者覆盖尽可能多的摄像头，记者就能从各个角度重现事件的细节，甚至具体到每一个故事发生的时间、空间，个人的动作、神态以及折射出的心境、感情等等，从而构建出一个更加立体、真实、客观的故事，在提高报道文本可读性的同时，有利于读者对于稿件里面所展示的事实有一个更加全面的认识。

第三，灭绝式采访有利于报道的真实性和准确性。尽管在实际操作中，新消息源或外围信息源提供的信息可能并未推翻既有材料或是无法将其运用到稿件中去，但不同信息源间的相互印证才能够确保已有信息的真实性，使稿件进一步提升真实性和准确性。记者在尽可能开阔地搜集信息的过程中，通过与不同身份、立场的消息源交流，可以对事件或人物有更准确的、客观的认识，此后写作出的文本也更加贴近事实，符合深度报道的真实性、准确性原则。

第四，灭绝式采访有利于寻找核心信源。打个比方，每发生一次值得报道的事件就像把一块石头扔到平静的湖面上，会荡起一层又一层的波纹。新闻客观事实本身就是石头，与新闻的事实相关联的圈层关系就是层层波纹。新闻记者介入到事件中时，往往是从最外层、最容易切入的采访对象开始，如果不进行灭绝式采访，很容易被外层的信息源所蒙蔽，无法接近事件的核心。同时，所谓灭绝，本意是要把所有的采访对象都覆盖，但是最里层的一级信源价值最高，越外围的信源越不重要，不必花大量时间去灭绝。

在鲍某疑似性侵案的相关报道中，《财新周刊》与《南风窗》的报道无法令读者信服的一个原因便是信源数量不足。该案件中，李星星、李星星母亲、男方鲍某是与事件直接相关的必不可少的核心信源，也是最基本的信源。而《南风窗》大量地使用女方信源，并且带有夸张性、艺术性的情节。《财新周刊》则大量地采信男方的说法。在没能灭绝一级信源的基础上，无法弥补稿件基本信源缺失所带来的危害。

一定程度上，深度报道的采访过程与刑侦破案的过程相似，都是通过抽丝剥茧寻找真相的过程。传统的采访中，记者必须学习心理学，熟练运用交流技巧和大量陌生人打交道以积累采访经验，才能够顺利地约到采访对象，让其尽可能地畅所欲言，并确保信息真实，或者即使采访对象说谎，记者有能力去鉴别，绕开虚假信息。而深度采访的外延延伸类似于警方使用技术手段使破案过程变得更加方便，是对传统采访技艺的完善和扩充。而这种外延的延伸，不管延伸到何种地步，都有一个前提条件：客观准确，都是为了最终能够使得报道无限地贴近真相。

总体而言，灭绝式采访就是在为记者自己、为新闻报道不断地寻求突破，寻找各种可能性。为了刻画出真实客观的原貌，要把一级信源全部收纳到采访过程中。尽管因为新闻报道不得不在事实与效率之间寻找一个恰当的平衡点，记者可以在一定程度上使用二级信源，但绝不能因为偷懒或任何其他原因而过度使用二级信源，否则稿件的真实性和中立性会极大地降低。

三、深度采访的外延延伸

传统意义上，新闻采访是针对于人的一种行为，记者会与采访对象面对面交流，甚至跟着采访对象进入一个场景，比如采访作家往往会在书房，采访运动员往往会在训练室。但是，伴随着深度采访向灭绝式采访的发展以及科学技术的进步，深度采访不仅仅需要尽可能地覆盖采访对象，还需要一种物证的外延延伸：网络证据。时至今日，以大数据、聊天截屏为代表的网络证据已经被习以为常地用在了采访报道里。

QQ、微博、微信等社交媒体的兴起，使记者能够较为轻松地还原采访对象的生活轨迹，把握其性格特征，有时还能观察到采访对象在特定事件、特定情境背后的特定心态，对他的社会关系网及日常社交行为有较为直观的感受和判断，为人物描述提供重要的新闻背景。例如，记者还未见过当事人，但是已经在 QQ、微博、微信等社交媒体上与其成为好友，通过空间、朋友圈、博客看到了当事人的照片，只要能通过其他途径验证该照片未经过修整，那么网络上所看见的当事人照片就可以被直接用为描述当事人外貌的有效证据。

但众所周知，网络信息极易造假，上海《新闻记者》杂志每年刊发的虚假新闻报告中不乏因为网络信息造假产生的假新闻、反转新闻。因此，记者需要谨慎使用网络证据，一旦决定使用就必须投入大量精力核实信息。

2018 年 5 月 5 日，公众号“乱翻书”发文《腾讯没有梦想》，称“腾讯正在丧失产品能力和创业精神，变成一家投资公司。这家快 20 岁的公司正在变得功利和短视，他的强项不再是产品业务，而是投资财技”。该文批评了腾讯公司在各个方面不尽如人意的地方，并在科技圈、自媒体圈迅速刷屏。6 日凌晨 2 时，网络上开始迅速传播马化腾回应此文的微信聊天截屏图片，被许多知名媒体用在报道中，就连腾讯旗下的腾讯新闻也相继转载。6 日晚，一个名叫“zen”的网友公开声明马化腾回应的截图是他 PS 的，腾讯公关总监张军也辟谣确认该截屏是伪造的。

通过微信的对话生成器，模仿马化腾的口气假造一张回应截屏图片骗过众多知名媒体，是报道使用网络证据的反面案例。

大数据在深度报道中的使用也得以迅速发展，一方面由于技术的发展使得挖掘数据的方法日渐成熟，另一方面互联网与人的活动已经无法分割，通过爬虫得出的数据是充分可信的。2020年新冠疫情期间，DT财经、澎湃美数课、网易数读等众多数据新闻平台根据爬取武汉市民在互联网上发布的信息以及定位，制作了许多传播效果优异的数据报道。数据新闻值得被信任有两个前提假设：第一，人不能离开智能手机且智能手机所进行的地理定位是充分可信的；第二，人们在互联网上发布的信息多为真实的，网络证据也是由人生产而来。因此，网络证据与采访所得同样可以在深度报道中采用。

四、深度采访的饱和效果

通过灭绝式采访和采访的外延延伸，深度采访也逐渐向饱和效果靠近，就像一块吸饱了水的海绵，只要轻轻触碰就会往外溢水。具体而言，需要满足以下几点才能算是基本饱和：

第一，基本理清故事的来龙去脉，包含故事的主题、叙事线、情节等要素。

第二，所积累的材料有足够支撑故事的细节，如果故事以人物为主，那么这个人物性格的细节就要做到活灵活现，如果故事展开以场景为主，那么这些场景要做到可以看到、听到、闻到、触碰到，使读者能够历历在目。

第三，理解这个故事所需的宏观背景材料、数据都已经采访收集到手，能够把故事放入相应的背景中去，使个体获得共性意义。

第四，宏观与微观的尺度把握恰当，微观方面的采访做得足够细致，宏观方面的材料收集十分充分，两者结合才能让读者在读故事时对报道意义有深刻的理解。

（一）饱和效果的长久有效性

采访的饱和效果对于新闻采写而言具有长久的有效性，能够不断地为报道寻找更好的细节、故事，更新颖的、客观的角度，力争更加真实的事件呈现。一般而言，饱和效果并非一蹴而就，而是需要不断进行采访与写作的交替过程，当已经通过采访掌握70%～80%的材料时，记者便可以开始动笔写作，在写作的过程中不断查漏补缺，按照缜密的逻辑关系梳理信息，发现缺少的素材再着手进行补采，如此“采访—写作—补采”不断地滚动进行，最终能够给新闻报道找到好的细节、故事，达到饱和的效果，并保持长久的有效性。

（二）饱和效果的现实有效性

采访的饱和效果同时还具有现实有效性。客观而言，新闻报道永远要在时间效率和最终呈现的结果之间取舍，所以在实际操作中践行灭绝式采访并达到饱和效果的案例并不常见。但饱和效果在主观上的现实有效性在于，每一次向饱和效果靠近的过程，能够帮助记者不断积累经验，在采访的迫切时效限制下进行正确取舍，更加清晰地判断出哪些地方必须去，哪些人必须采访，而另一些可能就算费尽心力采访到也收效甚微。这也正是经验丰富的记者能够在时间紧张的情况下，做出准确率极高的判断的原因。但即使经验特别丰富的记者，也不能完全掉以轻心，要避免掉入经验主义的陷阱，必须要求自己在时效允许的情况下，最大限度地逼近饱和效果。

《弗兰克·辛纳屈感冒了》是做到采访的饱和效果的经典案例，迄今为止仍是人物报道的典范。它的作者是盖伊·特立斯，新新闻主义（new journalism）的代表人物，报道中的主人公是20世纪著名流行音乐家弗兰克·辛纳屈。采访期间，辛纳屈刚好在录制一场节目，盖伊·特立斯与辛纳屈的团队达成协议，让他全程跟随辛纳屈，观察辛纳屈的一举一动，但不打扰辛纳屈的工作，同时辛纳屈要开放身边的同事、亲人、朋友让盖伊·特立斯采访。就在辛纳屈从未亲身参与采访的前提条件下，盖伊·特立斯通过观察和访谈75～80个周边信源得到大量的细节和故事，成功塑造了辛纳屈这个鲜活的人物形象。以下是摘取的片段：

> 猜测辛纳屈对某件事的反应是很不明智的，因为他的情绪和想法非常多变，对任何事情全凭自己的直觉——反应得突然、强烈、迅猛，没有人能预料到将要发生什么。《生活》杂志社洛杉矶分社有一位叫简·郝格的年轻女记者，曾经和辛纳屈的女儿南希同校就读。有一次，她应邀参加辛纳屈前妻在加利福尼亚的家中举办的一个聚会。在那次聚会上，和他的前妻一直保持着亲密关系的辛纳屈先生充当男主人。聚会开始后，郝格小姐靠在一个桌子旁，桌上放着一对雪花石膏制成的小鸟，她不小心用肘部将一只碰掉地，摔得粉碎。郝格记得当时辛纳屈的女儿惊叫道：“啊，那是我妈妈最喜欢的……”——没等她说完，辛纳屈瞪了她一眼，制止住了她。在40多位来宾的默默注视下，辛纳屈走到那个桌子旁，用手指把另外一只石膏小鸟也碰掉在地上摔碎，然后温柔地搂着郝格的肩膀，用一种使郝格不再紧张的语气说：“没什么，我的孩子。”

该片段中，盖伊·特立斯使用了一个辛纳屈与小女孩郝格之间发生的小故事，来表明辛纳屈对某件事的反应时常令人难以预料这一特质以及他十分有气场的形象。在盖伊·特立斯一万余字的稿件中使用了大量的类似于这个小故事的细节，为读者塑造出一个非常立体、多元的个人形象。在稿件里，辛纳屈不再是一个特别扁平的、片面的、仅仅是万众瞩目的明星，通过“谁给他拿来带番茄酱的腊肠——这是他十分讨厌的吃法——他就会朝那人扔瓶子，把番茄酱泼得他满身都是”这样的描述，盖伊·特立斯向读者展示了辛纳屈丰富的喜怒哀乐。

而能够达到如此效果的原因是盖伊·特立斯跟随弗兰克·辛纳屈长达三个月，尽管他们之间没有进行一次正式的采访交谈，但盖伊·特立斯能观察到辛纳屈本人的一言一行，观察他在酒吧里跟女人调情，观察他在台球室里差点跟人打起来，观察他在舞台下的孤独，观察与他有关的一切细节，才能积累大量的故事素材，并进行了大量的相关人员的采访，最终才达到饱和效果，成就经典。

第二节　深度采访的“望闻问切”

“望闻问切”本是中医用语，望指观气色，闻指听声息，问指询问症状，切指摸脉象。深度采访借用中医“望闻问切”的四字概念来形容灭绝式采访的具体要求——记者需要调动五感，问、听、看、触摸，甚至亲身参与体验，来获得一切需要的采访资源。

一、望，即观察

望，即通过视觉进行观察。在采访过程中，如果观察人，就要注意采访对象和周边人的神态、举止、言谈、行为；如果观察环境，需要注意环境中具有代表性的所有陈列布置，以及有关主要事件的种种细节。总之，望是通过肉眼观察所得的一切相关内容来展示相关主题、想要描述的事件或人物形象，而不是通过询问，例如通过观察到采访对象的办公桌摆设在同一办公室里最杂乱，说明采访对象的性格随意、不拘小节，或者是生活习惯邋遢、照顾不好自己的生活。

奔赴现场观察是新闻记者体现职业价值的所在，既可以在事情正在发生的第一现场，也可以在事后面对当事人的采访现场，例如2020年初，面对新冠肺炎，许多记者冒着生命危险前往医院病区进行采访，就是为了观察第一现场的真实情况，将社会公众并不了解但却需要知晓的信息及时进行传递，维护公众知情权和社会安全。

（一）望的内涵

观察的前提是懂得观察，记者需要有一双善于观察的眼睛和勤于思考的大脑，能够在第一时间就观察到有分量的、能够反映报道主题的信息内容，而不是刻板地、平淡地呈现一些无价值内容。例如在观察当事人所处的场景时，不能简单地观察该场景的装修是某种风格，墙是某种颜色，桌子是某种颜色或材质，配有何种风格的装饰品，而是应该观察为何在这一场景能够发生新闻事件，或者是这一细节能够体现当事人的哪种特点，让场景跟新闻事件发生的“空间”联系在一起，让报道更加具有画面感和场景效果。

有时，记者可以观察的内容过于庞大，但是往往最普遍的、大范围的事物不需要展现出来，需要记者根据报道主题的要求，来选择合适的内容。例如在地震废墟内，一眼望不到边际的废墟几乎都具备报道的新闻价值，但是记者需要观察并呈现哪些废墟细节才能向读者描述出地震的惨烈？有时候是废墟中一只颜色亮丽的玩偶，有时候是一瘸一拐相互搀扶的灾区群众，有时候是一张被扔在地上的照片，有时候是连续抢救灾民数十个小时的军人或是医生。类似，新冠疫情爆发时，如何描述武汉这一庞大的城市才能体现出被迫封城的寂寥？记者可以选择没有一辆汽车行驶的长江大桥，或是鲜有寂静时刻的城市地标黄鹤楼，或是找不到一家营业的热干面小店……观察到的内容会直接影响稿件氛围的营造，直接指向报道文章的基调，在选择的时候一定要贴合报道的主题，同时要让所观察到的事实说话，而不是越俎代庖，向观众们直接展示记者在该场景中的个人感受。

有时，需要观察的内容一闪而过，存在时间十分短暂，要求记者像侦探一样在观察时细致入微，不放过每一个与主题相关的细节。尤其是在与人交流的过程中，对方的神色、动作、精神状态都可能与报道事件相关，眼珠转动的模样或是一个挑眉等细小动作都值得被观察、记录，从而展现出他的个人特征。例如《南方周末》刊登的特稿《盲艺人的乐与路》中的细节描写：“药成江把几张纸币对着太阳贴在眼前仔仔细细地看了个遍，又把它递到张庆林手里，张庆林一张一张地摸过，又传到陈玉文手里再摸了个遍才递回来，药成江解开棉衣扣子，把它们揣进贴肉的口袋里。”一系列的动作：看、递、摸、传、解开、揣进，它的意义就在于体现盲艺人对钱的珍爱，还有盲人的动作特点，非常的传神、到位，由此去揭示出和主题相关的内容。

被采访者接受采访的经验不足或是过于丰富，都会影响到他在采访时所表现的状态。采访经验丰富的人面临采访更加从容，从不喜形于色，或者能够做出一些伪装性的表情或动作。采访经验不足的人则谨言慎行，神态、行为往往更加拘谨，记者需要理性地判断对方的行为、神态是否符合其真实形象。

在深度采访中，观察被放在了第一位，是因为当记者要构建出一个深度报道的框架时，必须让读者对于宏观背景形成充分的认知，让没有去过现场的读者能够轻松地想象出现场的地理位置、气氛环境等等，此后才能为其增加故事情节。所以观察所呈现在深度报道中的内容甚至比提问所占的比例还要多，尤其是在揭露真相的调查性报道中，对场景的完美还原才能给读者一个更加准确的整体印象，从而提高报道的成色。

（二）如何观察

采访中，能够揭示出与主题密切相关的内容的观察才是有质量的，而视觉观察的质量取决于记者对于新闻报道主题思考的深入程度。如前文所说，在采访前，记者需要预先思考报道想要呈现给读者的核心主题与思想，以及文章的总体结构，每一部分需要描写的内容，从而在采访中去观察到恰当的内容，否则就算记者找到极具价值的场景也会无所适从。在深入思考的前提下，观察主要有不干预观察和参与式观察两种方式。

第一，不干预观察。当记者进行不干预观察时，他应该像挂在天花板墙角的蜘蛛一样默默地粘在蛛网上，安静得丝毫不会引起当事人的注意，更不会影响事件的发展进程，用上帝视角来观察这个房间。在《人物》编辑部内部有一个口号，叫作“真正的采访从第 3 次开始”。根据普遍经验，前两次采访是记者和采访对象两个陌生人建立情感的过程，是一个让对方信任你的过程。虽然前两次采访可以观察到很多重要信息，但事实上做到不干预观察往往是从第三次采访才开始。当记者的出现完全不干扰正在被观察的事件时，能够获得更加客观的观察效果。

同时，不干预观察也有一定的局限性，在于其无法通过表层的观察去透彻地了解新闻事件的深层因素，无法深究事件背后的原因、深层含义、所造成的影响等。

第二，参与式观察，要求记者身临其境去获得真实的感受。因为情境能够唤起一个人的记忆、激发一个人的表达，尤其是当谈话主题与采访情境相关时，往往能够达到触景生情的效果。例如采访一位作家，将采访地点选择在其常待的书房内，与约在咖啡馆里聊天所观察到的内容是截然不同的，书房是一个作家的根据地，观察书房的环境就可以看出作家的某些特性。参与式观察的好处在于，记者可以随时和受采访对象交流，从而得到一些扎实、细致的事实以及深层次的信息，有利于深刻地了解新闻事件的深度意义。不过，凡事有利便有弊，记者在亲身参与的过程中，势必会对客观事实形成一定的干扰，采访对象可能因为记者的存在，粉饰、伪装某些客观事物。

曾获普利策新闻奖的著名特稿《恩里克的旅程》就是记者通过参与式观察所作。该报道描写的是一位洪都拉斯少年恩里克偷渡到美国打工的经历，记录了偷渡谋生者的悲惨境遇，为了采写这篇“像一部悬念迭起的精彩小说”

的报道，《洛杉矶时报》42 岁的文字记者索尼娅·纳扎里奥和摄影记者唐·巴特雷蒂可谓历经千辛万苦。他们在洪都拉斯遇见恩里克时，正值他在第 8 次偷渡的途中。此后长达 5 个月的采访过程中，两位记者沿着偷渡者的路线穿越了洪都拉斯、危地马拉的国境和墨西哥的 13 个省份，先后搭乘过长途汽车、卡车、货车、油罐车等交通工具。记者和偷渡者一样，需要躲避沿途的检查站、警察和专门袭击偷渡客的匪帮，甚至搭货车穿越数百公里的凶险区域，这种货车曾经被人们称为“死亡列车”。

两位记者亲历生死线，获取了惊险的现场素材，由于亲身经历，他们所做的报道，必然具备更强的感染力和更逼真的现场感，这就是参与式观察的价值回报和魅力所在。[①] 但记者背包里的食物、指南针、手机、碘片和救护毯，一旦给同行的偷渡者使用就是对客观事实造成干扰。另外，在采访过程中，墨西哥总统助理的介绍信和报社律师的协助帮记者解决了偷渡的部分程序问题，让同行者也获得了协助。

（三）观察的注意事项

不论是采用何种观察方式，记者需要注意以下事项：

首先，记者的存在，有可能影响到相关事件的客观运行状态，需要记者对观察到的内容保持理性的判断，不被误导。如果只花了较短时间与采访对象相处，有可能对方展现出的并不是真实的状态，为人处世可能会更加客气、彬彬有礼，人与人之间相敬如宾，所在房间可能会被打扫得一尘不染。当采访经验不足时，记者很容易被这种现象蒙蔽。所以记者要把影响因素尽可能地抛离在外，花更长的时间或是采用更客观的方式去观察事件自身的运行状态。

其次，在长期的观察、交流中，记者很容易和消息来源建立良好甚至过深的关系，以至于报道时出现感情和责任之间的矛盾，尤其是在深入观察对方的隐私生活之后，记者容易陷入写还是不写的纠结之中。前中国航油（新加坡）股份有限公司执行董事兼总裁陈九霖 2009 年在新加坡出狱后，《财经》杂志成功地采访到他，但此后陈九霖把回国路上“拦截”采访他的记者当成了自己的情感寄托。采访结束之后，陈九霖还不断地给记者打电话，向其倾诉内心想法，频繁交流之后，记者觉得这个人把自己当成值得信任的倾诉对象，引发了道义感，造成了此后写作时的心理困扰。

最后，观察所要体现的是记者视角，而非记者感受，要注意避免太过突出记者自己，使观察产生片面性，从而影响深度报道的质量。

---

① 张志安．深度报道：理论，实践与案例［M］．北京：高等教育出版社，2015.

二、闻，即沉浸其中

闻，所调动的感官更多，包括嗅觉、听觉、触觉等，从而营造一个可以轻松想象出的场景带给读者沉浸于内的浸入感，帮助读者对新闻现场形成触手可及的真实感，对深度题材有更加准确、客观的认知。而这个场景是靠记者通过调动嗅觉、听觉、触觉等感官来获取对客观事物的主观感受，呈现给读者后以唤起读者的通感来营造的。

通过深度采访调动感官形成的沉浸感，能够为稿件提供更有深入想象、体验的空间。例如，一个破旧的老书店最典型的特征是它具备陈旧的书和灰尘混合起来共同产生的一种独特气味——书香味，这种味道在每一家老书店都挥之不去，很多读者都曾经感受过，所以一提起书香味，就能够唤起读者的通感，回忆起曾经闻到的书香味。这种非常常见、极具代表性的场景，比“眼前的旧书架已经漆皮斑驳，密密匝匝摆了几万本书”更能让读者感受到这是一家老书店。

当把通感融入文字，字字斟酌的稿件所营造出来的画面感，比摄影摄像直接呈现的画面更加强烈。因为一个画面人们可以看出不同的况味，但是用文字营造出的画面感，能够带给人更强、更统一的通感。

三、问，即采访提问

毫无疑问，提问是深度采访中最关键的一环。提问是检验记者能力的试金石，提问的水平直接反映一个记者的职业积累、社会经历、思考问题的深度、生活视野的广度。提问前，记者应营造一个良好的交流氛围，一般来说，记者出现在采访对象面前的时候，应该给人留下诚恳、热情、真诚的印象，能够很快获得对方的信任，让他们能够顺利自然地敞开心扉，将了解的内情和盘托出。尊重对方并懂得倾听，不夸夸其谈，不自说自话，是记者职业素养的基本要求。[①] 其次才是尽力做到掌握提问的主动权、控制提问题的节奏、尽可能问到存在的矛盾与冲突、寻求舆论最关心的事实的回应、捕捉问题答案的细节等等。

具体操作层面上，提问包括“问什么”和“怎么问”。但因为每一个采访对象的秉性不同，采访的环境有电话采访和现场采访的不同，采访时的语气、时间都会对提问产生一定的影响，甚至采访对象的情绪稍微有一点异样也会

---

① 高钢，潘曙雅．新闻采访与写作［M］．北京：中国人民大学出版社，2018.

改变问的结果。所以记者在采访中要怎么提问，没有特定的经验和模式，唯一的衡量标准，与实践是检验真理的唯一标准一致，那便是问出最终结果如何，提问的最佳方案就是迅速整理出问完之后的结果，如果没问到有用的消息，尽快弥补。

根据结果的不同，提问可以划分为三个标准：

第一，最低的标准是问出实质性的内容，让事件或报道进程有实质性的突破。

第二，问出正确的实质性的内容，可以用在报道的文本中。

第三，问出正确的有新意的实质性的内容，不会被市场中的同质化内容掩盖。

如何确定采访问题是记者需要着重注意的步骤，掌握好问题的逻辑还原过程可以有效提高询问的质量。在采访里有四个环节：(1) 根据预设的框架、结果去提问；(2) 聆听采访对象提供的信息；(3) 一边聆听，一边思考值得被深挖、需要继续问的内容；(4) 根据思考的结果判断预想结果是正确的还是被颠覆、突破，从而进行追问、补问，或者继续下一个问题。

在提问的过程中，还有一些注意事项：

其一，提问要准确清楚，不能有歧义，问题要长度适中，记者不能变成主要的表述者，而应将更多的时间留给消息来源。

其二，不问同行已经问透的问题，不问大而空的问题，敏感的问题应放到最后再问，格外小心地艺术地问。生硬、不恰当的提问会给采访对象带来不愉快的感觉，要照顾对方的情绪和感受，避免因为对抗和尴尬气氛对采访活动造成困扰，进而影响到采访效果。

其三，不做假设性提问，“假如你当时……会怎么样?”因为新闻报道是一个事实的呈现，假设性的提问在稿件中只能被用来作为一个过渡，作为当事人发表感慨的内容。假设性提问在采访中应该尽量少出现。

其四，提问中不应包含答案、重要事实、重要意见等。直接提出问题的答案，留给采访对象的回答空间就只有“是”和“不是”两种，会让复杂的真实事件被压缩、被简单化。重要的事实和意见一定要让采访对象抛出，而记者可以在其中不断地询问和印证事先预设的结果，不论是突破、颠覆还是完全一致，才能得到真实的情况。

其五，不盲从于采访对象给出的问题答案。在对方表达主观感受时，记者需要换位思考，设身处地地判断其真假，需要通过反问、追问等方式反复求证其中的一些关键情境中的真实心理。客观事实的表达要始终坚持证据至上的原则，在提问过程中想方设法让采访对象提供相关材料证明事实。

四、切，即判断

切在深度采访中的含义是判断、追问和补闻。因为报道题材本身具备着一定的深度和广度，并非一望而知，直接能获取结论，所以采访的过程就像侦探断案一样需要有判断、有追问、有补闻，要求记者做到以下几点：

第一，去掉自我意识。记者是为公众的知晓权而去采集新闻的人，是一种职业公仆，自我意识的表现是一种与职业任务的要求格格不入的行为。但对于深度报道从业者来说，由于事实本身非常复杂，题材多涉及负面问题，采访中遭受的制约比较多，很容易激发从业者悲悯、激愤的心情。但一个成熟的记者应该克制情绪，在采访前对于事件的预想结果不能在判断中造成倾向性，甚至不能在采访验证时带有强烈的自我的意识，应充分接纳采访对象的诉说，同原有的意识进行比对后及时纠偏，否则就会变成报道主题先行。

第二，记者需要接纳采访过程中所遇到的一切新颖的、与众不同的想法，其中也包括不喜欢，甚至产生不适的想法。世界因为存在差异，才丰富多彩。记者只有真实地了解差异才能真实地反映客观世界变动的原貌。记者面对采访对象时，注意力首先应该集中于采访对象说了什么，其次才是他的人格、举止和外表。采访对象的想法是否让你感到喜欢与判断采访对象给你提供的新闻素材是否有价值没有什么直接关系。

第三，在采访中给采访对象思考的时间，同时也增加自己判断的时间。记者要想从采访中得到有价值的资料，不仅提出的问题要机智深刻，而且，要给采访对象思考的时间，不能一个个问题接连抛出来，让采访对象完成答题任务。记者不仅要让采访对象有时间去思考问题，而且要让他们有时间去组织自己的语言表达，能够有更加完整、清晰的逻辑，这样也有利于降低记者的判断难度。

第四，边倾听边思考。记者在采访中的倾听不是被动地收听，认真倾听并不意味着被采访对象牵着鼻子走。恰恰相反，记者要判断采访的进程线路，引领采访走向预想的目的。记者要想在采访中发现有价值的资料，就需要在倾听中思考，不时地问自己，采访对象的言谈中，什么内容是有新闻价值的，什么内容与我掌握的情况不一致，什么内容可能隐藏着更有价值的信息，什么内容需要对方进一步说明或者提供相关的采访线索，等等。采访中，记者要让自己的问题围绕新闻事实的核心和采访中出现的新的想法上。在倾听中保持思维的活跃和清晰，保持思考的敏捷与深刻，就能把采访不断引向深入，使得最终得出的内容更加接近于事实。[①]

第三节 深度采访在稿件中的呈现

将深度采访呈现到稿件中逐渐形成一篇完整的深度报道的过程，是一个滚动式的过程。因为深度报道所需要的采访量巨大，无法一蹴而就，所以深度采访和写作交织在一起，首次采访之后，把已得的信息整理成文，再查漏补缺，继续补采补写，这个滚动的过程往往需要数次，甚至十数次、数十次。正因此，记者需要养成一个不拖沓的良好习惯，每次采访之后，尽快将采访资料整理成文，不仅是为了提高报道效率，也是因为时间久了，采访时的感觉、嗅觉、触觉就会发生变化，甚至淡忘采访对象的一些弥足珍贵的举动、神态等细节。

一、将人物放在环境之中

深度采访在稿件中的第一种呈现方式是把人物放到环境里，通过对人物行为的描述使读者亲身参与到故事中，将人物的语言穿插在整个稿子的结构中，但其中最重要的是整理出来人的行为，而不是语言。

《巴黎评论》在海明威的访谈一文中写道：“他在一张大表格上记录每天的写作进展，‘以免自己要自己’，表格是用硬纸板包装盒的一边做的，挂在一面墙上，在一个挂着的羚羊头的鼻子下面。表格上的数字显示每天的写作量，从 450、575、462、1 250，再回到 512，高一点的数字，是因为海明威在那些天里加大工作量，因此第二天当他去墨西哥湾流钓鱼的时候，他就不会感到自责。”这一段，将海明威与工作环境中的大表格联系在一起，非常生动地展现出一个很自律的，对自己的职业有严格要求的作家形象。这一段就是“望闻问切”的综合体现，有观察，有提问，也有一些对于现场氛围的描述，穿插着海明威的原话“以免自己要自己”，最终才呈现出这一段内容。

二、记述调动五感采访的所得

深度采访在稿件中的第二种呈现方式是记述调动五感去采访所得到的

---

① 高钢．采访中的倾听、观察与记录［J］．新闻与写作，2018（12）．

内容，将通过视觉、听觉、嗅觉、触觉等感官所积累的信息按照一定的逻辑关系，围绕报道主题写进报道中去。

《冰点周刊》的《一户人家的村庄》中有一个片段："那些关于声音的记忆，又在魏光财的耳边苏醒了：邻居一边吆喝牲口，一边大声开着玩笑。小孩子们追打着，吵闹声搅破闷热的黄昏。远处的狗吠声，穿过村庄传得很远。讲到这里，老魏轻声笑了。如果可以选择，他愿意回到那样一个温馨而寻常的傍晚。而眼下，这个55岁的老农，只能在脑袋里一遍一遍温习这一幕。自从两年前送走最后一户邻居，东容村六社，这个位于甘肃省民勤县沙漠边缘的小村庄，就只剩下了他这一户人家。"

在这次采访中，记者会观察到村子里的情况，会跟老魏聊天，"讲到这里，老魏轻声笑了"就是聊天的一种反应。记者把提问、聊天，把五感调动后得到的材料，把对整体的判断，对稿件结构的判断，统统记录下来，展现出一种通感，再继续进行下一步。

《假如给我三天光明》中"我们沿着小路散步到井房，房顶上盛开的金银花芬芳扑鼻。莎莉文老师把我的一只手放在喷水口下，一股清凉的水在我手上流过。她在我的另一只手上拼写'water'——'水'字，起先写得很慢，第二遍就写得快一些。我静静地站着，注意她手指的动作。突然间，我恍然大悟，有股神奇的感觉在我脑中激荡，我一下子理解了语言文字的奥秘了，知道了'水'这个字就是正在我手上流过的这种清凉而奇妙的东西。"家庭教师利用触觉的关联让一个盲人了解清凉而奇妙的东西就是水，就是一个非常好的借用的通感。

三、呈现过程中的注意事项

深度采访在稿件中的呈现并不是单线条地记录采访本身，而是要对报道主题的整体状态有清晰的认知后，加强文章主要脉络的节奏，弱化次要脉络，避免轻重不分、过于平淡，细节太过琐碎、行文啰唆的情况。在最初的采访的过程中，记者无法把握全局，需要判断的场合也相对较少，但从一开始记者就需要始终清醒的客观的判断，具体包含以下方面：

（一）对采访对象立场的核实

对于已经采访到的事实应根据其可信程度进行分类整理并逐一进行核实。标注为"确定的""待核实的""很有可能不准的"，有助于第二轮采访。核实的内容应包括采访对象的身份、立场等。

2018年，湖南株洲发生了一起派出所副所长抓老师事件，据媒体报道，湖南株洲育红小学的何姓女教师，因罚站迟到的学生，并涉嫌打了其中一名女孩耳光，就被这名女孩的父亲，即株洲渌口镇派出所的一位赵姓副所长驱警车带走，关入审讯室长达 7 小时。这一事件最后的爆发来自何老师在教师工作群发的一则微信消息，据这位何老师所言，“一进派出所就被直接关押在审讯室，一待就是七个小时，全程被人监视！限制人身自由！没给过一口水，一粒饭。”这番遭遇让她满脑子都是审讯室里的情景，甚至“噩梦连连”。这件事正好切中了人们对于这种滥用警权的反感、担心，在互联网上掀起了巨大的舆论风暴。

在这一事件中，何姓老师、老师的姑姑、孩子、孩子的母亲、班上的同学，尤其是作为派出所副所长的孩子父亲，每个人都有自己的立场，其中还有人拥有特殊的身份，这就导致他们各自在描述该事件时具有偏向性，可能会因为自己的利益夸大或隐瞒某些信息，以至于对比多份材料会发现许多不一致的内容，甚至出现完全相反的谬误。为了避免向受众传达出带有明显倾向性的事实，记者需要秉承着“采访对象说的内容不能尽信”的态度去核实每一方的信息。

（二）对记者自身立场的核实

记者自始至终需要在采写过程中警惕自己的立场。进行采访整理的最大目的就是通过一个个采访碎片拼凑出整个事件的完整拼图，但在拼图过程中，需要逐步确认信息，如果记者不充分验证自己的立场，可能无法发现缺乏的信息或是使用带有立场偏向的证据将拼图拼凑成自己设想的模样。

红黄蓝幼儿园虐童事件发生后，有媒体找到出事的教室现场观察，发现教室的柜子顶上放着一把锥子，并将这一细节写进稿件。记者观察到一把锥子是既定事实，但在稿件里使用这一细节会隐含一个观点：锥子是用来扎孩子的。经调查，锥子和别针等物品与布料、线头等手工物品一起收纳于铁盒内，是该班保育员老师用于制作浇花瓶子扎孔和教室装饰品时使用，用后收放在墙柜顶部未再使用。为了不让锥子误伤到孩子，还特意将其放到柜顶上。可记者写出的细节却仿佛已经认定老师拿锥子扎孩子。

稿件不应出现解读出潜台词的可能性。所以记者需要时刻注意核实报道所体现的自己的立场，使用材料时避免因为自己的反应出现信息偏差。

（三）对整篇文章文字的核实

记录采访信息时，对于具体事实，要分别记录下哪些片段是确定可用的，哪些片段是存疑的。当积累的片段越来越多，记者需要核实这些片段是否符合事件的本质，确保做到宏观、微观双面真实。

不给内容留下任何猜测或疑惑的余地，是文字核实的基本目标。深度报道尤其调查性报道很容易触犯他人利益，从而引发争议、矛盾或报复，而且由于采访难度大、所受阻挠多，确认事实细节的过程中既要费力气，更要冒风险。但越是由于客观条件的艰难，越需要确保事实的准确，使报道在真实性上无懈可击。

深度采访不仅仅只在现实中进行，特别是对于一些历史性素材的写作来说，在现实中找不到采访对象的，能做的只有从历史档案中进行开掘。尽管有一些和历史相关的题材，在现实中有亲历者、幸存者可以采访，但要还原大的历史背景，也需要进行大量的材料和档案收集研究工作。也就是说，对文字的核实还需要在案头进行，行进在历史中。

美国麻省理工学院历史学教授约翰·W. 道尔（John W. Dower）所著的《拥抱战败》一书，曾获普利策非虚构作品奖。书中的所有材料均来自采访，采访对象可能是当事人、亲历者、研究者，档案馆的档案、文件、书信、遗嘱、地图、宣传画、标语，采访馆里存的当时的报纸、传单，博物馆里的历史实物……细碎散乱的历史细节被一点点小心地捡拾起来，又按照事情原本的逻辑串联起来，每一个观点后面都有大量的事实作为支撑。以下是片段摘取：

> 1945 年 8 月 15 日，正午前的一刻。此后发生的事情将永远不会被遗忘。
>
> 相原悠当时 28 岁，是静冈县郊区一个农民的妻子。
>
> …… ……
>
> 她当时正在户外劳作，一个报信的人从村里飞奔而来，他呼喊着天皇将会在正午时进行“玉音放送”，就跑开了。
>
> 与这个消息相比，即使是敌国美利坚大陆沉到海底的新闻，也不会更令人震惊了。天皇要讲话啦！自从继承天皇之位以来的二十年间，裕仁天皇从未直接向他所有的臣民们发过言。
>
> …… ……
>
> 村民们已经聚拢在地方上唯一的一台收音机前，这台收音机只能收听国家电台那个唯一的频道，接收质量很差。天皇的讲话被噼里啪啦的杂音包围着，讲话的内容也让人难以理解。天皇的声调很高，口气拘谨而不自然。他没有用日常的口语，而是用一种非常正式的语言，时不时夹杂着典雅的古语。相原正在人群中跟其他人交换困惑的眼神的时候，她听到了一个新近因为东京轰炸才迁来此地的男人的自言自语。“这就是说，”那人喃喃道，“日本战败了。”
>
> 相原觉得所有的力气都从她的身体里流失了。当醒过来的时候，

她发现自己匍匐在地。

对于这个场景，书中的注释有告知细节的出处。“自从继承天皇之位以来的二十年间，裕仁天皇从未直接向他所有的臣民们发过言。”作者注释，1928年一次阅兵式上的事故，曾导致天皇的声音在广播中漏出去，但那不是正式的发言。“一种非常正式的语言，时不时夹杂着典雅的古语”的“玉音”，是日本政界上下包括天皇本人经过反复琢磨和推敲的“政治语言”，其暗示了极复杂的心理和足以造成事后关于日本“战败宣言”的含糊不清；“匍匐在地”听“玉音”，指垮掉了的感觉、昏死过去，不是仅有这个叫相原悠的农民之妻这样，而是当时日本民众的普遍反应。

每一个细节都不是凭空而来的，都有据可考。查阅、使用档案是深度采访需要具备的一项技能。①

（四）切勿低估观察事实

一开始进行采访整理时，记者往往更注意采访对象说出的内容，希望从交流回答中寻找报道所需要的信息，但往往最缺乏的是观察的信息，缺少对于现状的描述。因为观察需要结合最后的主题，而在最早采访时主题尚未完全确认，观察很容易被忽略，也最需要在后期补充。

以下是《新京报》刊登的报道《一个“尘肺乡”的呼吸之痛》中“观察”所得的片断：

> 双喜村11组，是导子乡尘肺阴影下最痛的一环。48户人家，至少23人得病，目前死亡16人。去世的男人多，它被称作寡妇村。
>
> 村民徐一龙的家被一人高的荒草包围，藤蔓植物顺着长满青苔的墙壁，爬上了他和邻居徐术忠家的屋顶。他的另外两个邻居是徐瑞宝、徐瑞乃。
>
> 四人均因尘肺病在2004年至2010年间相继去世。
>
> 8月25日晚，从尘肺患者徐新生家环望村庄，只有三户人家亮着灯。以徐新生家为中心点，有至少17名邻居是尘肺病人，12人已死亡。

在采访初期，记者可能急于勘察村子的尘肺病患病现状，表现出病症的惨痛，让读者对尘肺病、对这个村子引起重视。彼时，记者还不清楚已经被荒草包围的房屋是患者徐一龙的家。经过深入采访后，才发现“藤蔓植物顺着长满青苔的墙壁，爬上了他和邻居徐术忠家的屋顶”“只有三户人家亮着灯”，这样的观察内容能够有力地表现出尘肺病患者的无助。

---

① 高钢，潘曙雅．新闻采访与写作［M］．北京：中国人民大学出版社，2018.

第四节　深度采访的取舍

深度采访由于信息量过多，在采访和呈现稿件时都需要进行理性取舍。

取舍的第一方面是对采访对象的取舍。理论上，灭绝式采访最好的效果就是将当事人和从他出生以来所遇见的所有人全都采访一遍，但是这种情况毫无可能性，也完全没必要。因此记者必须在有限的时间内决定采访名单。

取舍的第二方面是对采访时长的取舍。在饱和效果的要求下，记者哪怕已经跟随了采访对象 100 小时，还在期待下一个小时会发现让人眼前一亮的新内容，这样采访就变成了一个无穷无尽的过程。在尽量开阔地搜集信源的要求下，记者要同时采访很多人，也许会出现以下三种情况，需要记者取舍，作出最具价值的选择。

首先，面对一个重大的选题，你预想需要起码对三四个人都进行采访后才能成文，但你只有两天时间，怎么操作？

其次，两个几乎同等分量的采访对象，你先联系谁，后联系谁？

最后，两个采访对象，分量上一个略轻，另一个略重，你先后都约好了时间，但是略重的那个提出更改时间，正好和略轻的那个相冲突，怎么办？

一、寻找最优解

新闻采写具有时效紧迫性，在非团队合作采访的情况下应如何处理以上三个问题？如果不慎选择了错误的路径，也许就会导致整个采写过程以及报道的失败。但在实际操作中，每一个问题都有解决方案，就是把复杂的问题简化成去寻找最优解（图 5－1）。

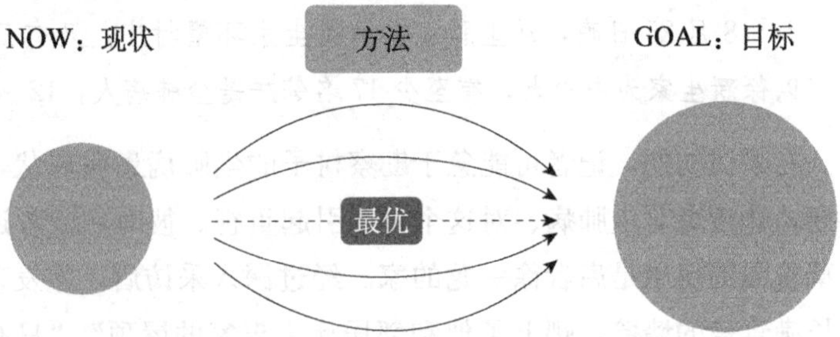

图 5－1　寻找最优解示意图

资料来源：

微信公众号“heychen 思录”。

采访的目的就是去推翻或者加固记者预设的结果，在这个过程中不论多么纷繁复杂的因素，都不用过多理会，记者在做每一个选择时只需要明晰现有状态和目标状态的差距所在及其影响因素，考虑是否对结果有效，就能极大地提高采访效率。

首先，记者需要根据现有条件和影响因素穷举出一切的解决方法，再根据媒体时效、采访对象要求等等限制条件，将最终结果不佳的途径一一划去，最终留下的就是最优解。影响因素易克服或是限制条件较少时可能会不止一个最优解，但不论选择哪一种都不会出现坏结果。例如，当一个人操作重大选题，至少需要采访三四个信息源时，只有两天时间怎么办？在这种情况下，需要预估采访每一个人可能收获的结果，秉承获得更重要或者更多信息的原则将采访对象排序，一旦不得已，就需要舍弃序列中靠后的信息源。时刻认清现状、确定目标，然后寻找一个符合各种限制条件的最优解，就是记者在面临取舍时必须具备的工作技能。

二、什么样是最优解

根据所面临的问题类型需要视情况判断最优解。

第一种类型即简单的是非题，只有是或者否，有或者无。例如，两天的报道时间需要采访四个信息源，就应该逐一地判断“这个信息源必须要吗？”通过“是—可能是—否”的排序可以清晰地找到最优解。

第二种类型是多因素问题。真实的采写过程受到数量多且复杂的因素影响，首先需要将所有的复杂多因素问题拆解为单一的是非题。例如：两个采访对象，分量上一个略轻，另一个略重，你先后都约好了时间，但是略重的那个提出更改时间，正好和略轻的那个相冲突，怎么办？这个过程中，记者需要首先将其拆解成两种可能性，第一个是答应跟分量略重的采访对象更改时间，第二个是不答应分量略重的人提出的时间要求。

如果因为采访对象的重要性答应修改时间，会获得两个结果：第一个结果是分量略重的你采访到了，然后通过与分量略轻的人沟通协商，也采访到了；第二个结果是分量略轻的人再也采访不到。如果仍按照原有打算，同样有两种结果：第一种结果就是分量略轻的人你采到了，但是分量略重的人从此就采不到；第二种是在好言相劝、反复沟通后，再次更换时间，也采访到两人。将事件拆解之后，很容易就能发现最优解是答应修改时间，情况好就能两个人都采访到，就算无法协调，未采分量略轻的人也比未采分量略重的人的损失要轻。总体而言，拆解多因素问题就是逐渐简化的过程，就如同一个思维导图（图 5－2），经过层层拆解最终变成是非问题。

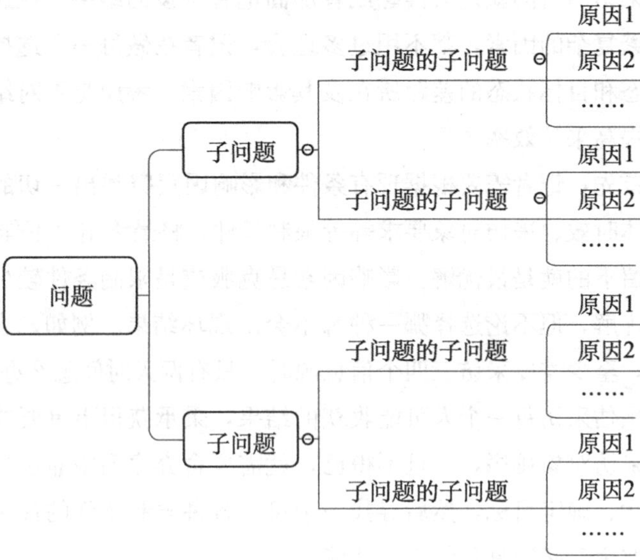

图 5－2　拆解多因素问题思维导图

资料来源：

微信公众号“heychen 思录”。

拆解多因素问题需要坚持三种原则：

首先，时间原则，按照时间顺序来拆解，时间越靠前越重要。

其次，结构原则，判断需要取舍的部分对于整个稿件的结构而言是整体性的还是部分性的，整体性优先。

最后，重要性原则，重要性是最常用也是最准确的原则，根据想要达到的结果去衡量重要性强弱，从而组织顺序，直到一步一步把它拆解出来。①

寻找最优解是新闻采写里非常有效且有意义的方式，迅速反应的行动在实际操作中可能比充分的准备更重要。

阅　读

高钢，潘曙雅．新闻采访与写作［M］．北京：中国人民大学出版社，2018.

张志安．深度报道：理论，实践与案例［M］．北京：高等教育出版社，2015.

张征，新闻采访教程［M］．北京：中国人民大学出版社，2008.

布雷迪．采访技巧［M］．范东生，王志兴，译．王德华，校．北京：新华出版社，1986.

① heychen 思录．怎样求最优解：交互设计中的理性思想［EB/OL］.（2019－04－20）［2020－03－27］. https://mp.weixin.qq.com/s/AXAClGKC29x66yrFmrJ_Ig.

高钢．新闻报道教程：新闻采访写作的方法与技术［M］．北京：高等教育出版社，2010.

莱特尔，哈里斯，约翰逊．全能记者必备：新闻采集、写作和编辑的基本技能［M］．7版．宋铁军，译．北京：中国人民大学出版社，2010.

思 考

1. 灭绝式采访能为深度报道带来何种效果？

2. 观察在深度报道中处于何种地位，深度报道往往需要怎样的观察内容？

3. 采访问题的预设、逻辑还原、现场提问之间有什么关系？如何处理？

4. 如何判断采访取舍时的限制因素并穷尽解决方法？

练 习

1. 选择一篇深度报道，判断其中的望闻问切内容，并做出评价。

2. 寻找一个记者曾经面临的采访困境，使用寻找最优解的方法进行采访的取舍，并与其采访的结果对比误差。

3. 结合本章全文，进一步分析，为了达到灭绝式采访的饱和效果，在采访中除了五感调动是否还有别的操作方式？

第六章

深度采访中的追问与连环提问

学习要点

在前面章节学习了采访原则和方法的基础上，本章聚焦于采访高级阶段的追问与连环提问，深入挖掘新闻事实，前面两节主要讲解重复提问、追问与连环提问的含义、角度和重要性等理论架构层面的知识，后面两节则提出了练习采访的方法和具体的采访技巧。

深度采访需要对核心问题不止一次地提问，这样既可以实现获得信息的反复交叉验证，保证信息的可信度，又可以让采访对象放下自己的公众面具，回忆出更多为报道增添色彩的细节信息。追问与连环提问是追问不清楚的、需要注意的问题，或者设计不同方面、不同角度的问题，循序渐进，从而得到整个问题的答案，其中有许多注意事项。熟悉理论原则之后，本章提供了三种练习采访的方法，分别是迂回地接近采访对象，思考如何将事情放在场景中表达以及从成熟的文字中推演经验。最后一部分介绍了“诱导”、示弱和伪装这三种与采访对象建立联系的采访技巧。

第一节　重复提问及其重要性

重复提问往往在深入了解采访对象时具有重要作用，一次提问得到的答案未必是采访对象内心真实的想法，重复提问既可以验证可信度，又能激起回忆，发现更多细节，这直接关系着深度报道的质量。

一、重复提问的目的

深度报道以揭示新闻真相为宗旨，披露新闻的来龙去脉，探究深层次的复杂逻辑关系，深入挖掘报道主题相关的所有信息。采访时的追问和连环提问是深度报道必不可少的一环。记者只有不断地质疑，不断地求证，才能获得更多深度内容、线索和细节。

追问和连环提问同属于重复提问，针对某个问题穷追不舍，连续不断地提问。重复提问在深度报道的采访中十分重要，是深度报道区别于其他报道形式的难度所在。

重复提问的必要性主要基于三种情况：

其一，核实、验证采访对象所说内容的可信度。

重复提问最直观的重要性在于深度采访往往需要对最想要了解到的核心问题进行远远不止一次的提问，一个回合的问答不足以深入发现问题。要注意的是，远远不止一次的提问，不是指同一个问题提问很多次，而是从不同的角度对同一个人进行提问，或者是针对同一个问题对不同的人进行提问，起到交叉验证、核实新闻事实的作用。

对同一个人提出不同角度的问题，关键作用是记者能够更加确信采访对象的说法，保证都是真实可信的信息，从而挖掘新闻事件的本来面目。真实性是新闻报道的生命力，记者应该做到扎实采访，深入新闻现场，力求做到还原最真实的新闻真相，维护媒体的公信力。重复提问可以充分做到内容核实，避免采访对象前后说法不一致的情况。不管是对同一个人提不同的问题，还是对不同的人提同一个问题，其实想要拿到的往往是一个确信的答案，由此能够验证核心问题是否可信，保证新闻报道的真实性。

其二，不断激起采访对象回忆，激发更多细节。

记者从不同角度重新询问采访对象已经回答过的问题，多次提问不断地激起采访对象对新闻事实的回忆，激发他描述更多细节。重复提问适用于采访对象回答时含混不清，支支吾吾，甚至避重就轻，不正面回答问题的情况，记者捅破这层窗户纸，挖掘深入的细节、深层次的事实。

例如，《焦点时刻》曾做过一个“劣质课本进课堂”的节目，记者展示了课本印刷粗糙、缺页、字迹不清以及书后的答案错漏百出等问题。记者跟踪到印刷厂，印刷厂的厂长面对记者居然哭穷似地说：“原因是我们的印刷设备太落后，没有钱更新改造……”记者的提问就此打住了，没有再往前追一步。

当时的新闻中心主任孙玉胜审查节目的时候说：“为什么不追问？难道答案错误也是设备的问题吗？”[①] 记者在没有得到有效回答的情况下，没有及时追问，导致采访停留在浅层次，没有深入挖掘出新闻事实。这个案例直接体现出了追问的重要性，是深度采访中必不可少的一环。

其三，表明记者挖掘真相，紧追不舍的态度和立场。

① 孙玉胜．十年：从改变电视的语态开始［M］．北京：人民文学出版社，2012：83.

多数情况下，采访是一场心理的攻坚战、拉锯战，记者在揣测采访对象，如何让其说出更多、更具体的细节；采访对象也在揣测记者，说出什么样的内容可以让记者满意，问题到此为止。因此，不断地追问也是心理攻坚战的组成部分，记者主动出击，追问采访对象试图回避但又与深度挖掘主题密切相关的尖锐问题，尤其要具备追问的理智和毅力。

二、真正的采访不会出现在第一次

深度采访往往需要更深地介入采访对象的内心，从而得到一些比较丰满的细节和故事，简单的新闻事实脉络梗概难以满足深度报道的要求。深度报道更高的难度也对记者提出了更高的要求。

在深度采访中，第一次采访很少能够真正地打开采访对象心扉，实现采访的突破，获得有价值的内容。因为第一次的采访，采访对象往往尚未放下自己的公众面具。公众面具这一概念涉及记者和采访对象之间的基本矛盾——“索取”和“给予”。

正如记者是带着动机去做采访，受访者也是怀着他的动机来接受访谈的。没有一个人在跟媒体说话的时候不是带着某种动机的：一个要宣传电影的明星，一个要竞选公职的候选人，或者，一个寻求发泄或者释放的人尽皆如此。[①] 这里的动机可理解为中性词汇，是导向某种实际行为的心理激发状态。

既然双方都是有着动机的，记者希望从采访对象身上获得内容，获得新闻报道素材，采访对象也希望借记者传播出去的内容对他有所裨益，那么记者和采访对象之间的“索取”和“给予”实现采访心理场域的双向平衡，记者才能向采访对象发出采访邀请，与其平等交流、访谈。

任何一个采访对象在跟媒体交谈时都带着某种动机，也许想跟别人说出心里话，也许有一些利益的诉求，满足某种需求才能有动力接受记者的采访。记者所能提供给采访对象帮助的范围很广，更多的是心理层面的人际交往需求，给予采访对象一个吐露心声的机会，满足社会交往的归属感。记者要选择恰当的时机，呈现给采访对象一个朋友的形象，更能说服采访对象敞开心扉，畅所欲言。

因此，真正的采访很难出现在第一次，因为双方往往不够了解，不能明确对方的目的。第一次采访更多是一个互相融入、互相磨合、互相了解，摘掉公共面具直到融洽相处的过程。

---

① 克雷默，考尔．哈佛非虚构写作课：怎样讲好一个故事［M］．王宇光，等，译．北京：中国文史出版社，2015.

三、细节的意义

真正的采访很难出现在第一次的另一个原因是，初次采访难以问出大量的细节。

新闻细节，也就是新闻中细小而深刻的情节刻画描述，直接关系到深度报道的质量。细节既可以增强深度报道的感染力，吸引读者的阅读兴趣，又可以增强深度报道的深度，深化主题，引人深思。

深度报道细节的刻画主要源于记者细致入微的采访，探知事件的细枝末节，观察人物的表情、动作，了解新闻现场的真实情况，等等。细节的素材选择也考验着记者对新闻价值的判断。记者要慎重选择具有代表性、生动传神的细节，才能为整篇报道增添色彩。细节赋予深度报道灵魂，是吸引读者继续阅读的关键因素。有时故事会被忘记，但细节则会长久地在读者头脑中留下印记，延长深度报道的传播时效。

深度报道的最终目的是通过核心的新闻事实深化报道主题。细节主要服务于主题，更加能突出人物的性格、事件的脉络，进而深入体现报道的主题思想。细节可以更好地表达人物的情感，引起读者的情感共鸣，提升报道层次。真实、有力的细节可以深化深度报道的意境，让读者感受到深度报道的思想性。

美国著名作家斯蒂芬·金（Stephen King）始终避免直接说“安妮那天似乎特别开心”或“那天安妮非常消沉抑郁，甚至想自杀”。他说：如果我能呈现给你一个沉默不语、头发脏脏的女人形象，强迫症一般大吃糕饼糖果，然后由你来得出结论，安妮此时是处于狂躁与抑郁交替周期中的抑郁状态，那么我就赢了。

斯蒂芬·金认为，跟着问题走，写作就是讲故事，讲故事就是描写，不是描述也不是评论。这种写作理念也可以移植到深度报道里面，记者基于新闻真实性，用贴近实际生活，打动人心或者是生动有趣的细节扩展新闻事件的厚度。

四、追问细节的采访术

新新闻主义代表人物汤姆·沃尔夫（Tom Wolfe）将文学手法运用于新闻报道，借助小说及短篇故事里的特定技巧，仔细描写人物、刻画场景，使得报道达到动人心弦、引人入胜的效果。

汤姆·沃尔夫在采访中使用的挖掘细节的方式同样值得借鉴。

沃尔夫会这样问："你上街了？为什么想上街？你跟谁一起去的？你看到了什么？一只狗或者一只猫？"

沃尔夫："告诉我今天发生了什么？"

答："没什么啊，我刚从学校回到家，我现在就在这里了。"

沃尔夫："不不不，这样不对，从头再来一次。什么把你吵醒了？"

答："哦，是从学校窗玻璃上射进来的阳光。"

沃尔夫（前倾身体问）："哪种阳光？柔和的阳光还是刺眼的阳光？"

第一个问题，从上街问到同行的人，再到具体的场景，问题的范围逐渐缩小，且围绕着同一主题反复地追问，这是一种追问事实具体细节的方式。

错误的追问细节的方法，就是让采访对象泛泛地谈今天做了什么，最后得到的只能是宽泛的脉络，模糊不清的回答，而不是有意义的细节。

沃尔夫换了一种提问方式，按照时间线索开始询问。在采访对象回答阳光吵醒了自己后，沃尔夫马上接着追问，是哪种阳光，是柔和的阳光还是刺眼的阳光？这就是一个细节性的提问。带着追问细节的目的提问，挖掘到的细节将在写作中发挥巨大的作用，增强稿件的纵深感和立体感。

五、注意提问中的反复

除了追问，提问中的反复同样是深入了解采访对象，获得更多详细内容的有效方式。多次提出同样的问题，便越来越接近采访对象的内心，更容易了解采访对象的真实想法，距离事件的真相更近。

2017 年著名记者盖伊·特立斯接受了腾讯的采访，部分采访内容如下：

> 为什么在 2017 年的美国，没有多少有名的非虚构作家在做我们 1965 年、1970 年做的事？首先我就要怪罪科技。我认为最坏的发明就是录音机。
>
> 我记得录音机进入新闻领域大概是在 1960、1970 年代，后来它变得非常流行，几乎所有人都在用。录音机有很多问题，最坏的一点，就是采访者失去了听人说话的能力——在那个不断旋转的塑料装置上，他们一个字一个字地录下了别人说的话。我问你一个问题，你回答一个，我再问你十个问题，你回答了，我说非常感谢，回去弄出一份文字稿，然后就可以写出一篇文章了。
>
> 但这个故事毫无价值。为什么？因为它完全是照你对我问题的回答来写的。因为一字一句录下了你的回答，我就不需要再去问同样的问题了。两个小时以后，我就可以去整理文字稿了。

许多记者将这些回答当作了答案，但这并不是答案。你必须将同一个问题问十遍，并获得十个答案，因为你必须了解对方的心理。在此之前，你必须先了解对方。所以有的记者两个小时就能有一篇采访，而像我这样的记者却要用五天的时间，因为我会不断地回去和采访对象交谈，更多地了解他们。

一问一答式的采访远远不够完成一篇优质的报道，完全按照问题的回答并不是答案。事实上，记者想获得对采访对象立体的认知，必须把同一个问题问多遍，采访对象一般情况下都会给出不一样的答案。记者不断地深入，不断验证采访对象各种各样的回答，愈加了解对方的心理。

针对某些问题反复和采访对象交流，这样的采访效果远远超过只问一次的粗略采访。追求细节的提问方式是构成重复提问的前提条件。记者访谈中带着询问细节的采访目标，注意倾听采访对象的反馈，多次反复追问后的采访效果会出乎意料。

第二节　追问与连环提问

追问与连环提问时，要注意追问的深度，尝试去追问，适当打断，及时判断“我没听懂”的含义，警惕采访对象的思路。本节通过《财经》杂志采访黄峥、张一鸣的案例，具体解读实际采访中如何实现有效追问和连环提问。

一、注意提问中的追问

追问是对于对方回答中语焉不详的部分进行继续追击。追问针对于采访对象所说内容含糊不清或者刻意回避的情况，记者围绕这个问题迂回提问。

连环提问是不一下子抛出整个问题，而是分解成不同方面，从而获得可信度高、富含更多细节和故事的采访素材。记者不能将问题大而化之直接抛给采访对象，要从不同的角度细致地提问。

追问主要有以下几个注意事项：

其一，注意追问的深度。

首先要注意追问的深度，记者一定要在采访前事先思考并且牢记采访最想突破的要点。设计采访提纲之时，记者心中要有一个较为远大的设想，包括采访的突破目标和问题探究的深度，为采访时的追问奠定基础。在正式采访时，记者时刻保持在关键问题上的警醒，就可以及时抓住追问的最佳时机，实现采访目标。

其二，抓住一个问题之后，尝试去追问，受访者打开自己后就会聊出很多不一样的东西。

追问的目的是希望受访者主动放下心理防备，减少对记者设置复杂的心理障碍。有时采访对象不是不想告诉记者更多内容，可能是没有想到或者是表达能力不足，记者要充分运用采访技巧，引导对方的思路，寻找能够得到更多细节的谈话契机。记者扣住一个问题之后，要尝试着追问以达到最佳的效果，引导受访者逐渐地打开心扉，能够聊出更多不一样的内容。

其三，如果你发现采访对象在重复他之前说的，或者思路和逻辑错乱，要适当打断。

在采访过程中，记者轻易不要打断采访对象，那样容易引起采访对象的不悦，破坏采访氛围，但是如果出现了上述情况，采访难以有效进行，记者可以采用适当的方式打断采访对象的话，重新整理一下问题，对采访对象的思路做引导。

其四，判断“我没听懂”这句话的真实含义。

记者从新的角度追问时，可能经常会得到采访对象类似“我没听懂”的回答。其概率远远高于“无可奉告”。记者要积极主动观察采访对象的变化，倾听采访对象的字面意思和隐含内容，便于及时反馈，提高采访效率。如果遇到“我没听懂”的回复，记者要立刻调动思维，弄清楚采访对象的真实意图。第一种情况是采访对象清楚记者想了解的内容，不想回答这个问题，故意装作没有听懂。第二种情况是采访对象确实没有听懂记者的问题，这可能是记者的问题措辞不当，或者采访对象的解读有误。

采访对象不愿意回答问题，主要有两个原因：第一，涉及采访对象的隐私，他不想公开。问题如果和主题关系并不紧密，记者可以舍弃该问题，尊重采访对象的意愿。第二，问题涉及采访的核心问题，采访对象故意避而不答。记者要记住采访对象故意避开的问题，争取在后续采访中用迂回的方式再次提问，尽量追问出答案。

针对第二种情况的处理方式是重新通俗地解释一遍。如果是采访对象没有理解问题的含义，不知道如何回答，记者就将复杂的问题，分解为小问题或者从新的角度切入重新提问。

其五，采访时不要被带着走。成熟的采访对象都富有自信和感染力，不要做被他带着走的角色。

记者抛出问题，采访对象回答结束后，记者再提出新的问题，这样的追问过程是记者占据话语的主导权，不会被对方言行所影响。但是追问时，记者极其容易被采访对象影响，要时刻警惕是不是跟随采访对象的思路，顺着采访对象的话表达，这是追问中要特别注意避免的。

二、追问与连环提问

以下通过采访案例分析，详细讲解追问和连环提问的具体操作方法。

案　例

《财经》杂志采访拼多多董事长黄铮
（采访内容节选）

《财经》：有人认为，拼多多已经替代京东成为腾讯对抗阿里的首要战略扶持对象。

黄峥：腾讯扶持我们？体现在哪里呢？

《财经》：拼多多的很多玩法都是微信三令五申禁止的，比如诱导点击，比如直接提及用户的微信名字，但如今依然安然无恙存活在微信生态里，这是否是腾讯默许？

黄峥：我并不认为腾讯扶持了拼多多，我们也被封过很多次。

《财经》：据说拼多多被微信封过1 000次，你们做了什么被封了1 000次？

黄峥：1 000次是夸张的说法。滴滴、阿里、京东也被封过很多次，我不能说我们是做得最好的，但我们肯定也不是最不好的。事实上，从平台治理的角度，拼多多作为腾讯生态中交易量最大的组织，微信对我们的管控是更严厉的。

微信的政策一直在更改，首先很多时候你不试是不知道的；其次我们认为有些做法对消费者并没有带来太大伤害，比如在送货到达通知等场景下，你不提用户名字是会出错的。核心要看对用户来说是否是越界。

《财经》：所以你否认腾讯给予了拼多多更多的支持和宽容。

黄峥：在微信上拼多多有任何特权吗？比方蘑菇街、京东在微信入口里做的微选，我们是完全没办法做的。年前腾讯让我们签署了一份互不挖猎协议，我们要挖腾讯的人，只有腾讯同意才可以。同样的事情，腾讯能要求头条吗？

最近有一件事让我感到很委屈，突然涌出大量谣言说拼多多诈骗，谣言通过微信群被广泛传播。我找微信寻求帮助，被拒绝了，微信说如果是阿里找来他能处理。我可以理解，因为如果微信站出来帮我处理谣言，群众会说这是因为腾讯是我们的股东。如果微信帮阿里辟谣这就叫格局高。

《财经》：假设2016年你们不接受腾讯的入股，拼多多依然还是今天的拼多多吗？

黄峥：逻辑应该是——因为我们是今天的拼多多，所以腾讯想来入股。腾讯更像一个普通的财务投资人，他对我们既不会特殊的好，也不会特殊不好。我也不认为我们是腾讯系。

《财经》： 但你的办公室里摆满了QQ公仔。

黄峥： 都是别人送的，腾讯寄来的没有很多。

追问和连环提问这样的采访技巧，并不适用于所有的采访。追问和连环提问会带给采访对象一种咄咄逼人的感觉，容易引起不愉快的情绪。从旁观者的角度看过这一连串的追问之后，可以清楚地知道追问和连环提问的难度较高。所以只有关键的人物和关键的事件才值得冒着破坏采访氛围的风险，使用追问和连环提问。

从这一系列的对话中，记者提问时反复提及"扶持""支持"这样的词语，并且通过腾讯旗下微信的运行规则和QQ公仔的实例询问黄铮，这可以看出记者最想要了解的核心问题就是拼多多之所以有蒸蒸日上的发展前景，是否因为腾讯的大力支持。

最后一个问题是最犀利的一个问题，黄铮的办公室里摆满了QQ公仔，是一个客观存在的事实，而QQ公仔是腾讯的吉祥物，黄铮只能承认这样的事实，无法摆脱拼多多和腾讯的密切关系。虽然前面的回答，黄铮一直在极力否认腾讯扶持拼多多，但是最后已经是辩无可辩。这样的访谈呈现在公众面前，公众自然清楚了腾讯和拼多多的关系，连环提问的采访方式达到了记者想要的采访效果。

案 例

《财经》杂志采访今日头条创始人张一鸣

（采访内容节选）

《财经》： 今日头条有没有价值观？

张一鸣： 企业都要有社会责任感，我们要做对社会有益而不是有害的事。

企业和媒体的区别在于：媒体是要有价值观的，它要教育人、输出主张，这个我们不提倡。因为我们不是媒体，我们更关注信息的吞吐量和信息的多元。我们会承担企业的社会责任，但我们不想教育用户。世界是多样化的，我不能准确判断这个好还是坏，是高雅还是庸俗。我也许有我的判断，但我不想强加我的判断给头条。如果我在现实生活中也没有说服别人，为什么我要通过我的平台说服别人？

《财经》： 媒体是有价值观的，而你们是最大的媒体聚合平台。

张一鸣： 如果你是个邮局，你不同意《××时报》的价值观，但邮局能不发行《××时报》吗？多数人认为他的价值观就是主流价值观，他们总是习惯围绕价值观，而不是围绕事实。这是我反对的。同时，我们确实不应该介入到（价值观）纷争中去，我也没这个能力。

如果你非要问我头条的价值观是什么，我认为是——提高分发效率、满足用户的信息需求，这是最重要的。

《财经》：你对社会、商业、政治、文化是否有自己的观点？

张一鸣：我有自己的观点，但我不会强加自己的观点给头条。

《财经》：你的观点、想法跟头条的算法、规则完全没有关系吗？

张一鸣：我是我，产品是产品。

CEO的职责为什么是把自己的喜好加到产品上？CEO的责任是为公司创造效益，为员工提供薪水，为社会提供产品服务——这是企业的目标，而我做的事要最有利于这个目标。公司的价值观可能不是我的价值观，公司的价值观也不受我的价值观影响，公司的价值观是我理性的根据公司的愿景来定的。

《财经》：头条之前有个很赚钱的和医疗相关的业务，但你毅然叫停了。这是不是也是价值观在干涉产品？

张一鸣：不做医疗广告是因为目前民营医院很多服务差或者经营违法违规，而我们很难区分把关。这和我个人的善恶观无关，更多是与企业发展长短期和“延迟满足感”有关。

我们认为流量是重要的，流量的信任度同样重要。如果你的流量信用度低，你的商业转化率就会低。这个问题是长期、缓慢的。所以推一个有问题、低质量的广告实际是杀鸡取卵。同时我们和百度不一样，我们不按关键词切分流量，而是按广告位加用户时长，我们不把这个位置卖给医疗广告主还可以卖给其他人。所以我们不做医疗广告压力不会这么大。

我们打击低俗也是这个目的，因为低俗会直接导致我们的广告没人信。只不过这恰好跟大家的善恶观是吻合的。

《财经》：头条是这个时代最强势的媒体平台之一，每天有7 000多万人花76分钟在今日头条上。如果你们可以通过内容来给用户以正确的引导，为什么不呢？

张一鸣：我在克制，同时我觉得平台的责任也是克制。因为你不知道你自己什么时候是对的，多数情况下你不克制带来的伤害更大。同时，我们要努力提高自己的能力，因为基本上可以不做恶的人都是有能力的人。

我们的内容首先是满足多样性，满足对公共事件、议题的传播，满足一部分人群比如高知分子的需求，同时我们要求内容不要对低端用户有负面影响，所以我们坚决抵制虚假、诈骗、血腥、暴力、刻意标题党。

在满足了这些前提后，用户看八卦、娱乐、笑话等内容又有什么问题呢？历史上精英们一直在试图让大众拥有很高的精神追求，但社会整体从来没有达到过这个目标。以前的媒体精英意识不到这一点，他们认为自己特别希望导向的才是特别重要的。但多数人的强烈主张，从历史上看，多数都没有产生多大价值。

少数精英追求效率，实现自我认知，他们活在现实中。但大部分人是需要围绕一个东西转的。不管这些东西是宗教、小说、爱情还是今日头条，用户是需要一些沉迷的，我不认为打德州、喝红酒和看八卦、视频有多大区别。

《财经》：今日头条需要总编辑吗？

张一鸣：之前一位同事手动推送了一条三星新产品发布的新闻，我问他为什么要推这条新闻？他的回答是：这么重要的新闻我们怎么能没有？他认为这条新闻很重要，可是它真的对广大大众重要吗？多数人会认为他觉得对的就是对的，正是因为我知道这个倾向，所以我们要努力克制这个倾向。

如果头条有主编，他不可避免会按照自己的喜好去选择内容，而我们做的就是不选择。

《财经》：你曾提到今日头条的内容是由算法决定的，是“人工不干预”的，但算法事实上就是以人的行为来影响机器。

张一鸣：我们并不否认我们在干预内容。违背法律法规就必须干预，但我们不干预用户喜好，不干预在社会和法律容忍下的多样性内容。

《财经》：你认为头条的算法应该是引导人性还是迎合人性？

张一鸣：我不觉得算法要和人性挂钩。这就像以前哈雷彗星飞过，大家说这到底有什么意义？是要出现地震还是出现鼠疫？其实和这个都没关系。我们做技术的时候也一样——我们没有说要模拟人性，也没有说要引导人性。你们文化人给了我们太多深刻的命题。

这个采访案例同样来自《财经》杂志记者宋玮，访谈时间为2016年，这时今日头条的创始人张一鸣还秉持着今日头条不存在价值观的信条。

在访谈过程中，记者问题的构成逻辑值得仔细分析揣摩。

本章列出的部分对话原文并不是紧密相连的，而且在宋玮和张一鸣一问一答的模式下，宋玮沿着“是否有价值观”这个问题的核心脉络，反复迂回从不同的角度提问。

记者前后一共使用9种不同的方式提出了关于“今日头条是否有价值观”的问题。无论采用哪种方式，从哪些角度提问，张一鸣都经受住了考验，9次的回答都采用了完全统一的观念，认为今日头条真的没有价值观。整篇专访之后可以得出结论，无论读者是否接受张一鸣的观念，文中呈现出张一鸣的观点就是他发自内心地认为今日头条没有价值观。

第一个问题，张一鸣直接否认，媒体有价值观，而他们没有。记者根据他的话继续追问，今日头条是媒体聚合平台，怎么没有价值观呢？接下来的两个问题有逻辑的承接关系，问他对社会、商业等是否有自己的观点？可以预想到的回答是一般人都会说有。记者由张一鸣自己的观点询问与今日头条算法的关系。

在这个问题之后，记者没有再纠结于价值观的问题，而是话锋转向其他的问题。之后又转回来问起叫停医疗业务，是不是用价值观干涉产品。接下来宋玮说，今日头条具备强大的舆论引导能力，可以通过内容来给用户正确的引导。而张一鸣再次否认引导用户的理念。然后记者又接着问，今日头条需要总编辑吗？编辑是用自己的价值判断完成把关人的角色，这相当于变相问是否有价值观。

最后一个问题也是最刁钻、最犀利的。算法应该引导人性还是迎合人性？这个问题的诱导性很强，不管张一鸣回答引导人性，还是迎合人性都侧面说明今日头条存在价值观。但是张一鸣在刁钻的问题上仍然通过了考验，没有选择其中一个，而是否定了两者。

最后经过 9 个问题的连环追问，得到了确切的答案，张一鸣真的相信今日头条没有价值观。

深度报道需要更加细致的采访，这些采访里必然会有若干的技巧，追问和连环提问则是具有代表性的采访技巧。

第三节　练习提问的方法

采访是获取新闻素材的重要途径，提问更是拿到有价值内容的关键所在，记者要重视专业素养和职业能力，掌握提问的技巧和艺术。

本节提供了几种练习提问的方法。

一、迂回地接近采访对象

每个人都戴着公共面具，想要有效地找到采访对象，获得有价值的信息，有时可以迂回地接近采访对象，可以增大采访对象接受采访的概率。记者在采访的过程中，要充分发挥主观能动性，了解采访对象，运用恰当的采访技巧和策略，尽量保证顺利获取采访素材。

案　例

盖伊·特立斯采访刘英

刘英是中国女子足球队前队员，在球员时代曾以主力的身份代表中国女足参加了1996年亚特兰大奥运会和1999年女足世界杯，均获得亚军。

1999年，女足世界杯冠亚军决赛在美国洛杉矶举行。中美女足世界杯决赛30分钟的加时赛后仍未能决出胜负，在最后的点球决战中，教练点名让作为全队力量担当、核心人物的刘英来踢，然而关键性的临门一脚，13号队员刘英的一脚点球射失，使美国队获得世界杯冠军。

特立斯从电视中观看了这场比赛，比赛快结束的时候，一名中国运动员错过一脚好球，中国队输了这场比赛。他觉得这很有意思，刘英成了错过好球，让中国输了比赛的中场队员，但她继续活着，她是个英雄，这是个精彩的故事。

特立斯来到中国之后，想要见见刘英，结果备受冷遇，遭到了刘英的拒绝。事后，刘英说，知道这个洋老头儿想要采访我的消息后，我从内心极度反感。这个打击让我久久不能释怀，因此当时的我根本不想让任何东西勾起伤心的回忆。

后来特立斯尝试着打通耐克或阿迪达斯办事处的电话，因为这些公司为这支球队提供装备，或许能找到刘英。特立斯最终打通了耐克经理帕特里克·黄（Patrick Wong）的电话，请他共进午餐。和耐克的黄先生吃过几顿饭之后，他获准去参观中国姑娘们为参加悉尼奥运会而训练的场地。特立斯在训练场见到了刘英，做了自我介绍，但是刘英态度非常冷淡。然后，体育部的一位官员说："谢谢你，特立斯先生。你想了解的都了解了，现在请回吧。"他说："什么？我什么都没了解到！我还想再见见她。"这位官员回复说她太忙了。

第二天，特立斯告诉供应商，他才发现故事的主角不是刘英，而是她的母亲。中国足球运动员的母亲没有车，也没有享受郊区生活的任何特权。她们的出身非常贫苦，与美国的"足球妈妈"十分不同。

特立斯调整了采访的主题，将主人公从足球运动员改为她的母亲。他的策略是避开姑娘们训练的地方，而从她们的母亲那里了解信息。他希望以"足球妈妈"为重点来释放压力，从而获得真正想要了解的信息。

最终，特立斯和刘英的母亲坐在他旅馆的休息室里，他告诉刘英的母亲，想要了解她的生活怎样影响了女儿，她怎样成为出身贫苦、经历过"文化大革命"，却又能够允许女儿们拥有踢足球的自由的当今中国母亲的典型。经过两次愉快的交谈之后，刘英的母亲同意带特立斯到家里坐坐。特立斯看到了刘英睡觉的地方，床的上方有一张迈克尔·乔丹的照片，她小小的足球鞋靠着墙排成一行。接近采访对象的生活环境，这对记者来说无疑是采访的重大突破。

通过刘英的母亲，特立斯又遇见了刘英的外婆，这位外婆缠着小脚，出生于民国时期。特立斯想讲述一个关于外婆、母亲和刘英三代人的故事。接下来，他不断地回访她们。

其实，在刘英母亲和外婆的帮助下，他最后只采访了刘英一次，这就抵消了此前一次一次被拒绝，反复迂回的采访过程。特立斯不断迂回地说服人们给他接触采访对象的机会，虽然经历了很多波折，但是最终成功说服刘英与他交谈。只要刘英接受采访，对于特立斯这样经验丰富的记者来说，一次机会就足够完成核心素材的获取了。

二、把细节放在场景里

深度报道的深度和广度集中体现在细节的捕捉和场景的刻画，鲜活的细节更是新闻场景化的灵魂，将读者带入其中，增加文章的表现力。场景化的描述能够带给读者临场感，将新闻事实生动地呈现在读者面前，这样的报道方式能够再现场景中的环境空间、人物表情、摆放陈设等，有利于渲染场景，营造气氛，达到展现新闻报道的主题的效果。

在深度报道的采访中，实现细节与场景的融合，主要有两种方式，一是到故事发生的地方，二是尽量回到这个人所应有的状态。

让采访对象在最自然的状态下、最熟悉的环境中接受采访，我们往往能得到最真实生动的细节。采访一名作家，在作家的书房中采访可能让我们真正看到他工作时的状态；采访一名出租车司机，在出租车上交流可能近距离了解到他日常工作时的言行举止。故事发生的地方可能带给我们更多意料之外的收获。

2009 年 12 月 12 日凌晨 4 时，湖南安化县高明乡阴山排村发生一起重大杀人纵火案，导致 13 人死亡，纵火烧毁 6 栋村民房屋。了解到这一重大新闻事件，多家媒体纷纷派出记者赶往事发现场。经过一天的奔波，当天晚上记者们到达了安化县，从县城到阴山排村要经过山路，十分危险，许多记者打算在县城里住一晚上，第二天再赶到村子里。但是《新京报》的记者孔璞做出了一个特别的决定，她要在晚上继续赶路，尽快到达事发地点。夜色笼罩和山路崎岖都没能阻挡孔璞的脚步，她不顾同行记者的劝阻，坚持晚上出发。

深夜，孔璞终于赶到了案发的村子里，走在漆黑的路上，她隐隐约约听到"咔哒咔哒"的声音。家家户户都在剪纽扣，摸黑走在村道上，都是纽扣掉在地上的声音。后来才知道这是村里的一种丧葬习俗，人去世之后，烧衣服，要把衣服上的扣子剪掉，因为扣子带有"子"字，会将儿子、孙子等"扣住"，所以必须剪扣子，保佑家人兴旺发达。

孔璞第一时间赶到了村里，融入新闻场景中，遇到了其他记者没有机会看到的细节，这个生动的细节是报道中的点睛之笔，将新闻事件还原到了原始状态，也是区别于其他报道的独家之处。

三、从成熟文字中推演问题

还有一种有效的练习方法就是借鉴前人的经验。

记者每报道一个不同的主题都会遇到不同的采访情况。如果只通过不断总结积累亲身实践经验，时间占用多，获取成本高，而从成熟的文字推演经验更加便捷高效。记者可以多阅读优质的深度报道，从而拓宽采访写作思维，为自己撰写稿件提供经验。俗话说“外行看热闹，内行看门道”，我们要看出的门道便是透过成熟的文字获知其经验。反复实践观察经典报道的脉络要领，才能掌握新闻传播规律，真正采写时得心应手，运用自如。

当记者已经掌握从成熟文字推演经验之后，自然而然地会知道每句话得来的途径，采访了哪些人，记者是如何提问的。练习时，面对的稿子无须太多，重点在于精读，逐字逐句地分析，这种倒推的方式足以让记者掌握很多的采访技巧。

下面这段文字来自《巴黎评论》对海明威的采访。

> 他对他所从事艺术的执着，最明显莫过于当他身处他那铺着黄色地砖的卧室时——早上，海明威起身站在他的写字板前，精神高度集中，仅仅在将身体重心从其中一只脚移到另一只脚时，才稍有动作，当写作顺利时，他汗流浃背，当艺术灵感稍纵即逝时，他像孩子一样不安、焦躁、痛苦。他会被自己制定的原则所困扰，直到中午才有好转，他拿起那根有节的拐杖，离开房子，来到游泳池，在那儿他每天都会游上半英里。

“他身处他那铺着黄色地砖的卧室时”是作者亲眼看见的，他一定去了海明威的卧室，并且调动感官注意到卧室铺着黄色的地砖。

接下来，精神高度集中、身体重心移动、写作顺利时汗流浃背，这些都是海明威的心理活动和内在表现，并且时间跨度较大，并不是作者采访时调动感官观察到的，而是由提问得到的答案。

问题可能如下：

你早上是站在哪里写作呢？写作状态是怎么样的？

你是如何做到精神高度集中的呢？是全身一动不动吗？

写作顺利和不顺利时，分别是什么状态呢？

后面拿着拐杖去游泳，这个有可能是看到的，也有可能是提问得到的。

逐句分析成熟的文字，能够推演出文字的来源，提升自我采访突破能力和提问的方法技巧。通过描述来增加亲身的参与感，人物和事件能更好地融入环境之中。我们可以用推演的方式尝试分析一些比较优质的作品，从而了解到如何获得成熟的文字，如何在采访中提问，以及如何调动视觉、听觉、味觉、嗅觉、触觉。

第四节　深度报道中的采访技巧

深度采访的首要任务是记者与采访对象建立联系，找到核心采访对象，并且说服对方接受采访。“诱导”、示弱和伪装等沟通技巧有助于记者迈出成功采访的第一步。

一、寻找契机、与采访对象建立联系

深度报道对采访提出了更高层次的要求，尽量拓展内容的深度和广度。记者在采访中要挖掘事件的真相，观察采访对象的神态动作，适当地追问，甚至连环提问，那么有必要掌握一些采访技巧，根据实际情况，灵活运用，提升采访的质量。

《冰点周刊》的前主编李大同曾在中国青年报社业务培训时针对记者的采访说过：“对一个人或一件事的采写，最终形成了对记者理论修养、学识水平、业务能力等全面素质的严峻考验，逼得记者不得不使出全副‘看家本领’来应战，乃至使自己事后都感到惊讶的潜在创造力得到最大限度的激发。完成后的作品，显示出这个记者各方面能力的最高水平，引起广泛的社会反响。这样的作品可视为代表作。”

找到合适的采访对象，并且说服采访对象愿意接受采访是可能生产出代表性新闻作品的第一步。顺利完成这个过程有若干个技巧，事实上这些技巧都来源于对于采访对象因地制宜的理解和体察。

一般来说，一篇优秀的新闻报道需要“七分采访三分写作”，但是对于深度报道而言，一次成功的采访，90％要取决于迅速地找到采访对象，并且说服他接受采访。

现在记者的采写和此前越来越不一样，说服采访对象，接受采访的过程发生了很大的变化。导致变化的原因主要有两个方面。首先是公民个人信息保护意识的觉醒，20世纪80年代之前，我国公民对隐私权的认知和保护较为落后，随着我国法治进程加快推进，公民自主维护隐私的意识增强，尤其是互联网时代，信息获取更加便捷，也给公民带来了隐私危机，一旦隐私泄露，将对其工作和生活产生巨大的影响。人们尽量规避隐私泄露，就会对采

访有更多的警惕，甚至直接拒绝记者的采访。

其次，除了采访对象本能的态度，记者的采访方式和媒体的公信力都是采访对象考量的重要因素。传统媒体的生存和发展空间被自媒体和社交媒体挤压，在流量和利益的驱使下，为了吸引公众的注意力，出现了发布采访对象的隐私，不加处理地传播图像，利用部分事实煽动公众情绪等行为，这都违背了新闻伦理，缺少人文关怀，给采访对象带来二次伤害。媒体的传播内容失范，严重影响媒体公信力，会让采访对象对其持有偏见，难以信任。

在这个时候，如果能够找到最核心的采访对象，并且最终说服他接受采访，是决定一篇报道成功的重要因素。

案 例

刘万永如何与“退休高官”较量

《中国青年报》的调查记者刘万永2005年报道了辽宁省阜新市原市委书记王亚忱在退休后利用儿女手中的警察特权，企图将高文华的阜新商贸城据为己有一事。这篇报道发表的时候，相关部门并没有对王亚忱启动任何调查程序。王亚忱的势力让报社和记者面临着很大的压力，一旦报道出现偏差，将处于不利的局面。

但采访的难点在于：刘万永手中的材料是“结果”，但他对曾经发生过什么事，以及真正原因并不了解。记者必须与王亚忱当面质证，否则就很难应对极有可能出现的法律诉讼。

但是，如果王亚忱拒不见他怎么办？

2005年4月26日下午，在阜新市委宣传部的帮助之下，在阜新商贸城5楼办公区，刘万永见到了王亚忱。看得出，他是个头脑很清醒的人，多年政界生涯可能让他相信：他可以应付任何记者。

为减缓他的抵触情绪，刘万永故意做出疲惫的样子：“领导非叫我来采访，我材料都没看完!”

王亚忱开始和刘万永大谈特谈其退休前的“政绩”，说他如何搞改革，是名震全国的改革家，美国记者也曾来采访他……同时，不停地数落着高文华不会做人，不识抬举。

作为记者，刘万永需要用不同方式来引入正题：他是如何成为阜新商贸城顾问的，他儿子王晓军在商贸城的股份是如何从37.5%到50%，最终成为商贸城董事长的。

刘万永一开始故意向王亚忱表明自己的被动和准备不足，并不是带着探知真相的采访目的，以此降低对方对他的防备心理，后面的采访足以说明这样的开场白产生了良好的效果。

二、“诱导”

梅尔文·门彻在《新闻报道与写作》一书中提出，当消息源得出结论：危险超过可能的收获，他们于是决定提供很少的信息，或者不提供信息，或者提供误导的信息，这时，记者有几种替代方案。在一种极端的情况下，记者可以试着用甜言蜜语——或者表现得很惊奇——“哄骗”消息来源把情况和盘托出。

如果记者要探知的新闻事实与采访对象存在利益关系，报道出来将会给采访对象带来负面影响，那么采访对象很大可能会选择拒绝采访。还有些受访者担心报道会干扰自己正常的生活，带来不必要的麻烦。采访对象受访动机不纯或者对采访持有偏见，即使接受采访，也不会积极配合采访，甚至说出误导记者的内容。

遇到这种情况，记者可以采取“诱导”策略，用积极的方式鼓励采访对象敞开心扉，首先闲聊几句，奉承、夸赞对方，满足他的虚荣心，让其放下戒备心理或者舒缓其紧张的情绪，从而不再抵触采访。

案　例

卢义杰、高四维采写《魏铁匠的升官路线图》

2014年6月6日，中央纪委常委、中央国家机关工委副书记俞贵麟在接受中央纪委监察部网站在线访谈时披露，国务院扶贫办有一名“假党员、假干部、假学历”的“三假”处级职工被查处，但是没有明确说出这名职工的名字。记者在调查的过程中得知，有一名同样涉嫌“三假”的厅级干部，叫魏崇金。记者当时只知道他的名字和职务，必须想方设法证实这个人是不是真的落马了，还原具体的升迁任职经历。

记者伪装成魏崇金捐助过的学生来到扶贫办，从保安那里找到了和魏崇金关系密切的一位工作人员，证实魏崇金确实出事了。但是记者遇到了扶贫办的领导，领导当场打电话确认他们的身份，接电话的人说，没有帮助过学生，记者仗着胆子说了捐助的细节，糊弄过去了。

记者在网上搜索，发现有名网友认识魏崇金，就给他发私信：

“我是中国青年报的，听说魏崇金出事了，你知道吗？”

他答：“不知道，什么事情啊？”

记者：“这个可能不方便透露。”（其实记者不知详情，但为了挑起对方的兴趣）

他：“告诉我吧，我保证不告诉别人。”（开始上钩）

记者：“真的吗？”（其实记者想从他那里获得信息，现在变成他想从记者这里

知道信息）

他："嗯！"

记者："我的电话是×××。"

通话之后，记者简单介绍了一下知道的情况，比如出事原因、时间等等，之后打住。他开始说了："魏崇金原来是铁匠，在××村长大……"

在沟通过程中，记者将被动变为主动，欲擒故纵，让对方主动说出记者想要了解的信息，成功地完成了采访任务。紧接着，记者根据掌握的材料来到了魏崇金的老家，以买房人的身份采访了他的邻居、村干部，还有一些村民，摸清了魏崇金早年在村里的经历。记者在调查魏崇金案情真相的过程中，一步一步挖掘真相，迂回地提问，最后实现了报道的突破，呈现出丰满的事实。

三、示弱

示弱是博得采访对象同情心的有效技巧。美联社记者郎博格说，他的采访技巧之一就是说话尽可能结结巴巴，让采访对象对他起同情心，向他说出想要知道的一切。

采访时记者向采访对象示弱，是运用心理学上的示弱定律，记者呈现出强势的形象并不一定能赢得采访对象的尊重和接受，而暴露自己的弱小、短处，反让对方减轻危险感，放松警惕，进而取得采访对象的理解和信任。

示弱在实际运用的过程中要注意两个方面。

一是不要在采访时一下子就提尖锐的问题，不管多么痛恨采访对象，一定要表现得克制。如果在与采访对象接触之初，用对立、压迫性的问题挑起了与采访对象之间的矛盾，这样的行为带来的损失往往大于收益，记者要把握采访的"度"，在获取采访对象的信任后，适时提出尖锐的问题，避免引起采访对象的反感和拒绝。

二是不要在采访时表现得对事件全貌了如指掌，要学会藏拙，有时候要表现得一无所知，甚至表现得很幼稚。尤其是在对方会对你心怀警惕的时候，更要隐藏自我。

记者在采访之前要做足功课，充分了解事件的前因后果，熟悉采访对象的性情事迹等，但是在采访中，记者要扮演一个引导者、倾听者，让采访对象主动敞开心扉。在采访对象面前装作懵懂无知的样子，才会让他有答疑解惑的成就感，这样有利于探讨更深层次的话题，拿到更有价值的新闻素材。反之，记者表现出掌控全局的姿态容易让对方心生防范，甚至给采访造成致命的影响。

案　例

卢义杰采写《河南洛阳副市长郭宜品等3人遭警方排查》

郭宜品曾经任洛阳市副市长，伊川原县委书记，在2014年7月底向市长请假，称带母亲去北京看病，有人打电话询问病情，发现联系不上郭宜品。自8月5日起，郭宜品彻底失联，和他同时失联的还有当地房产商俞国强及俞的司机张振强。

但是当时记者并不了解事情的真相，线索有9月14日开始流传的照片，显示三人受到警方排查，还有3幅疑似乡镇的街道照片，每张照片均有四五辆警车。网络传言，郭宜品系洛阳市副市长、伊川原县委书记，俞国强为当地房地产公司老总。

这些信息都未得到官方部门的证实，也没有媒体报道，真假难以断定。当时卢义杰接到编辑的任务是准确核实信息，迅速发布网络稿件。

如果真的是一桩警方正在排查的案件，记者的采访很可能会被推诿或者拒绝，直接向公安机关表明身份，因尚未调查出真相，也难以得到证实信息真实性的回答。卢义杰采用了侧面验证的方式，以举报人的身份致电事发地的派出所。

卢义杰说："请问，知道郭宜品的线索，有奖励吗？"对方一听，非常重视，说"你等一下，我让领导跟你说话。"

领导来了，说："有奖励，说吧。"

卢义杰："我知道他是洛阳市副市长。"

领导："这个我们早就知道了，还有别的吗？"

卢义杰："我还知道跟他一起走的是××公司的老总。"

领导："你以为我们连基本信息都搞不懂吗？"

卢义杰："呃，我以为你们不知道……"

领导："我们当然知道这些，我们需要的是他的下落的信息！"

卢义杰提出的第一个信息是早前并未证实的网络传言，对方回答："早就知道了"，说明郭宜品的身份确实是洛阳市副市长。紧接着，卢义杰继续问了网络照片。领导有些不耐烦地说："你以为我们连基本信息都搞不懂吗"，这再次证实了网络上基本信息的传闻是真的。之后记者装作懵懂无知的样子，引出了对方想要知道的线索是郭宜品的下落，证实了警方确实在寻找他，但是尚未找到。

卢义杰巧妙运用公民身份伪装成举报人，摸清了洛阳副市长郭宜品等3人遭排查的真实情况，这也让《中国青年报》发布了早期唯一得到官方证实的报道。这里卢义杰使用公民身份，是在法律的框架内完成的暗访。记者在隐藏身份时尤其要注意不能扮演国家机关工作人员，根据《中华人民共和国刑法》第二百七十九条，冒充国家机关工作人员招摇撞骗的，处三年以下有期徒刑、拘役、管制或者剥夺政治权利；情节严重的，处三年以上十年以下有期徒刑。冒充人民警察招摇撞骗的，依照前款的规定从重处罚。记者要在暗访时谨守法律“红线”，用合理合法的方式获取新闻事实。

四、伪装

陈力丹认为隐性采访是“采访者不将真实身份告诉采访对象，或者虽告之真实身份但不告之采访意图的采访”。记者用伪装的方式获取新闻信息，是一种特殊的新闻采访活动。

隐性采访往往针对具有公共意义、影响力的事件，在调查性报道中较为常见。在显性采访难以获得新闻真相的情况下，记者才会采取隐性采访。隐藏真实的记者身份，有利于挖掘真实的新闻信息，获得有价值的独家资料，深入了解事物的本来面目，实现舆论监督。采访往往需要找到一个准确的突破点，就是整个事件最薄弱的环节。

隐性采访又被称为暗访、偷拍等，这些带有贬义的词汇说明了这种采访方式存在的缺陷和不足。隐性采访面临着道德上的争议和法律上的约束，容易被公众所诟病，另外，隐性采访并不是法律赋予记者的权利，反而侵犯了公民的隐私权。因此，记者在采用隐性采访时要把握好度，遵守职业道德，在法律允许的框架内操作。

案例

记者求证“院士李宁疑涉嫌转移巨额科研经费”

李宁曾是中国工程院院士、中国农业大学农业生物技术国家重点实验室主任，更是中国农业大学生物学院的明星教授。他获得过很多荣誉，包括“国家杰出青年基金”获得者、“长江学者奖励计划”特聘教授、自然科学基金委“创新研究群体”学术带头人和科技部“973”项目首席科学家等。在这些头衔之下，李宁主持了国家科学技术部“973”计划重大研究项目、“863”计划生物领域重大研究项目专题、国家自然科学基金项目、农业部重点攻关项目、中法科技合作项目以及全球最大的猪育种公司 PIC 合同研究项目等 18 项课题。众多的科研项目让李宁获得了巨额的课题专项经费。

2020 年 1 月 3 日，吉林省松原市中级人民法院公开宣判李宁贪污一案，以贪污罪判处李宁有期徒刑十二年，并处罚金人民币三百万元。

2014 年 7 月初，有传闻说李宁因涉嫌转移转基因项目经费到自己名下公司被吉林省人民检察院带走调查，但是没有官方消息证实事件的真伪，事情真相如何尚无定论。

记者直接致电中国工程院副院长，以记者的身份询问事情的细节，在提问时采用了一些技巧，成功得到了想知道的内容。

记者："请问，中国农大李宁的事情是怎么处理的?"

副院长说："什么事情?"

记者："他贪污科研经费的事情啊。"

副院长："你怎么知道的?"

记者："我们已经采访了很多人，这么大的事情，工程院没有说法吗?"

副院长："我们也在等司法机关的调查（结果），在有定论之前，工程院不宜表态。"

记者假装十分了解李宁贪污科研经费这件事，直接问对方处理方案。副院长没有直接回答，反问记者了解事情的途径，由此断定李宁的确涉嫌贪污科研经费。

之后记者又接着摆空城计，副院长的回复，说明了事情调查的进展，尚未得出明确的结果，在此之前工程院不表态，但是李宁确实有贪污经费的嫌疑。

阅　读

1. 法拉奇．风云人物采访记［M］．嵇书佩，等，译．南京：译林出版社，2012.

2. 里奇．新闻写作与报道训练教程［M］．6版．钟新，主译．北京：中国人民大学出版社，2012.

3. 高钢．新闻报道教程：新闻采访写作的方法与技术［M］．北京：高等教育出版社，2010.

4. 张志安．转型与坚守：新媒体环境下深度报道从业者访谈录［M］．广州：南方日报出版社，2015.

5. 李幺傻．暗访十年，无数次死里逃生［M］．昆明：云南人民出版社，2010.

思　考

1. 重复提问的含义是什么？重复提问可以帮助记者实现怎样的采访目标?

2. 在一篇报道中，细节具有哪些意义，起到了什么作用?

3. 在追问和连环提问的过程中，有哪些需要注意的问题?

4. 回忆本章讲到的练习提问的三种方法。

练 习

1. 针对身边发生的符合新闻价值要求的选题做一次采访，注意运用追问和连环提问。

2. 练习将人物和事件放进环境中，推演出以下段落的文字来源。

“他在一张大表格上记录每天的写作进展，‘以免自己要自己’，表格是用硬纸板包装盒的一边做的，挂在一面墙上，在一个挂着的羚羊头的鼻子下面。表格上的数字显示每天的写作量，从 450、575、462、1 250，再回到 512，高一点的数字，是因为海明威在那些天里加大工作量，因此第二天当他去墨西哥湾流钓鱼的时候，他就不会感到自责。”

3. 选择一起灾难性事故，根据最初的情况，设计一个采访方案，包括采访目标、采访方式、采访对象以及问题。

第七章
深度报道采写中的团队合作*

学习要点

深度报道是媒体融合时代传统媒体的核心竞争力，体现着其专业的新闻生产能力和水准。但是随着新闻传播速度的提升，对深度报道的时效性要求越来越高，尤其突发事件的报道更是如此。媒体只有提升深度报道的时效性，才能在白热化的新闻竞争中吸引公众。在这种情况下，采用团队化的合作采写方式才能在真正意义上压缩生产时间，提高新闻生产效率。

第一节通过理论和新闻案例结合的方式，介绍深度报道中团队化采写的背景、必要性、重要性和优势。后面详细说明了新媒体时代深度报道团队的人员构成，包括主笔人、前方记者、值班主编、监控编辑、协调编辑和连线记者，以团队成员的具体职责为核心展开叙述。团队成员各有工作任务，同时又积极沟通，相互配合，协调运转，发挥团队报道的合力优势。

第一节　深度报道中的合作

本章的内容以深度报道中采访与写作的合作为主要内容，在整本书中起到承上启下的作用，既综述深度采访的部分，又接续稿件写作板块。随着新闻传播方式的变迁，新闻同业竞争不断加剧，公众快速切换关注焦点，这都敦促着深度报道提升报道速度，从而演化出团队化采写模式。

* 本章内容感谢《北京青年报》“北青深一度”团队及负责人宋建华老师。

一、团队化采写的背景

基于印刷媒介、电子媒介，再到互联网技术的出现，新闻传播载体由报纸、广播、电视到互联网不断变化，以新的媒介形式丰富着人类的视听体验。随着媒介技术的变迁和网络新媒体的发展，传统的新闻价值观的变迁日益明显，对新闻价值观中的时效性提出了更高的要求，不仅要在尽可能短的时间内报道新闻，而且要减缓报道和传播的间隔，甚至精确到以秒为单位，使用户可以随时地获取新闻信息。

深度报道虽然较一般的新闻报道周期长，但仍然不能脱离新闻的时效性，既要保证报道的深度，又要兼顾时效。在新媒体时代，不具备时效性的新闻，也意味着丧失了新闻本身大半的生命力和价值。深度报道的采访和写作是提升新闻时效和质量的重要因素，挖掘出有深度的新闻素材，在最短的时间内写出优质的稿件，两者的高效配合才能保证新闻的深度和速度。

采用团队化采写的模式可以大大提升深度报道的时效性。反之则会减弱新闻的时效性。

例如，《冰点周刊》的《大武汉启封》一文，由“封城”时身处武汉的《中国青年报》两位记者完成，从 1 月 18 日到 4 月 8 日的几十天时间里，记者王嘉兴每天在武汉采访，并注意收集报道素材，围绕长线选题，开始点点滴滴地积累。在《大武汉启封》一文中共有 83 个碎片的生活片段，负责清扫繁华的江汉路步行街的环卫工人，享受 2 个月步行街飞车后忘记走绕行路的外卖员，捐献 2 000 斤萝卜的王记牛杂馆，这些都是疫情发生以来王嘉兴的所见所得，从生活中的小事入手，讲述了疫情时期的人间百态，点滴小事，充满了朴实的烟火气。通过这些碎片，得出“武汉是一点点开的，不是 4 月 8 日零时‘轰然’打开”这一结论。

《大武汉启封》这篇报道没有采用宏大的叙事风格，而是从外卖员、地铁站职工、个体商户等普通人的生活切入，这源自王嘉兴两个多月以来的采访积累，用一个个真实动人的故事构成了武汉解封的全景式展现。而这样的生产周期，在新闻报道实践中实属“奢侈品”。一篇深度报道，常常由 10 个、20 个甚至更多的采访点组成，从而形成对问题多维度多视角的透视。现在的深度报道更多的不是一个记者、一个编辑能力的最终体现，更多地要取决于背后整个团队的水平高下，一人不能定天下。

二、团队化采写的必要性

当下的深度报道，在面对重大突发事件时，如果不用团队化采写来提升报道速度，就是死路一条。新闻的时效性是新闻报道产生传播效果和社会效果的决定性因素，是决定新闻价值的重要条件。公众对社会热点关注的快速切换，逼迫记者们必须要团队化采写。新闻是易碎品，某条新闻并不是一个追求完美的产物，新闻必须时刻在奔跑的过程中追赶时效性。在追赶时效的过程中，新闻工作者要永远追求寻找新闻报道的质量和速度之间相对达到平衡的节点。

案　例

《财新周刊》37位记者共同完成《新冠病毒何以至此?》

2020年2月3日，《财新周刊》的封面报道《新冠病毒何以至此?》分为《现场篇：武汉围城》《病人篇：疑似者之殇》《解读篇：溯源新冠病毒》《国际篇：全球共济》四个部分，聚焦于新冠肺炎病毒，全面梳理了当时疫情发展的脉络，包括疫情的起源，医院和政府等治疗控制措施，以及取得的治疗成效。这篇四万字的封面报道由《财新周刊》的37位记者共同完成，在疫情暴发初期他们便前往武汉、广州、香港、华盛顿、东京、新加坡等地采访。从采访到发稿，记者们用一周左右的时间完成了四万字的全景调查，而初稿的容量远不止于此。

当人们需要迅速、专业、权威的新闻报道时，在激烈的媒体竞争之下，能否在最短的时间内拿出报道，是各家媒体展现其专业水准、提升媒体公信力的关键。媒体面对的不仅是瞬息万变、迫在眉睫的新闻报道任务，而且要在同行之间的角逐中输出高质量的新闻内容，在动态的媒体竞争中脱颖而出。因此，分工合作的操作方式才是激烈的媒体竞争之下经常采用的报道方法，尤其是对于突发事件的报道，团队化采写具有明显的优势，既能够实现新闻的时效性，及时迅速地发出报道，又能由团队的不同成员各自专攻某个角度，提升新闻质量，做到高质量和高效率兼具。

三、团队化采写的重要性

在实际的新闻生产过程中，新闻是一个动态的不断变化的过程，因而必须分秒必争，尤其是面对重大的突发事件，时效性是必须考虑的因素，甚至为了新闻的时效性可以适当折损新闻采访素材的不足。

在信息技术高速发展之下，新闻媒体只能顺应社会生产需要，提升新闻生产效率。“抢新闻”是这场速度竞赛中能够确保时效性的关键，也是新闻媒体在新闻竞争中占据报道主动权，掌握传播话语权的重要途径。公众对社会热点关注的快速切换，迫使媒体需要满足公众的需求，不断更新的信息实现公众期待的同时也培养了公众快速阅读的习惯，反作用于新闻生产者继续压缩内容生产周期。微博热搜以每分钟更新一次的频率，源源不断地为公众提供实时热点信息。

越来越白热化的新闻同业竞争，逼迫记者们必须要团队化采写。那么短时间内，将新闻保证质量地传达给公众，这是对记者职业素养和能力的考验，更反映出记者背后整个新闻报道团队的水平高下。

在吸引公众眼球的热点事件出现后，深度报道是追踪事件来龙去脉的方式，但是如果仅靠记者一人，很难在短时间内写出优质的深度报道，只有团队协作才能在白热化的新闻竞争中适应公众对社会热点的快速切换。

现在有一些媒体已经组建深度报道团队，例如《北京青年报》的深度报道官方公众号“北青深一度”，《新京报》深度报道部的“剥洋葱 people”，《中国青年报》的深度报道品牌《冰点周刊》，等等。团队化采写合作是以时效性抢占公众市场的内容生产上的必要调整和改善措施，这将全面改写深度报道的格局——在短时间内抓住新闻焦点，增强新闻时效性的同时仍然坚持对新闻内容的深入挖掘。

案例

团队合作报道 2014 年 APEC 会议领导人着装

2014 年，以“共建面向未来的亚太伙伴关系”为主题的 APEC 会议在北京召开，距离上一次上海举办 APEC 会议已经过去 13 年。APEC 会议有利于树立我国良好的国际形象，加强与亚太地区的经济贸易联系，也是近年来我国规模最大、规格最高的重大主场外交活动，所以此次会议的盛况受到极大的关注，也是媒体争相报道的内容。

除了 APEC 会议的会议动态，一些花絮也成为中外新闻媒体共同关注的重点，闭幕式上各国领导人的服装更是重中之重，按照惯例 21 个经济体的领导人或其代表都会统一穿着东道主准备的具有民族特色的服饰合影留念。这是自从 1994 年延续至今的惯例，成为媒体争相报道的对象。为了保证服装的神秘性，从设计方案、样衣深化再到成衣制作均遵守保密制度，不得外泄。2014 年 APEC 会议领导人服装是北京服装学院具体组织实施的，组建了专家评审团队。最终采用一系列展示中国人新形象的中式服装，采用“海水江崖纹”的设计，以宋锦为服装的主要面料。

个别的四五家媒体提前介入，签下了保密协议，提前完成了服装相关部分的采访，但在领导人们公开亮相之前不得发布。

于是，APEC闭幕当晚就出现了这样一个团队合作的情景：

——提前进行采访的记者将一个个新闻素材整理完毕后放在后台；

——负责后期的记者随时紧盯直播画面，比对领导人们的服装是否与此前一致，有没有人临时穿了备用服装；

——现场的记者注意领导人们出场时的每个花絮并迅速写成多篇几百字的短篇文章；

——现场的摄影和摄像记者第一时间发回图像报道；

——责任编辑将素材统合在一起，起好标题后尽快发出。

四、团队化采写的优势

以团队代替个人，以全时空的采访代替记者过去的线性采访是新型新闻传播格局下的核心方案。全媒体化采编团队成员之间分工合作，功能融合，相互协调运转，充分发挥每一个采编人员的优势，进而增强整个采编团队的力量。

团队化采写尤其可以有效解决突发事件的深度报道的时效性问题。采编团队通常由前线记者和后方编辑组成，共同完成深度报道任务。多名记者密集性地采访，随时将动态的新闻报道传给编辑，编辑随时核对修改，这样可以准确把握报道时机，快速成稿，甚至事件发生当天就已经发布深度报道。

深度报道越来越体现一个团队的能力，而非个人的能力，换句话说，现在已经不是产生某个名记者的时代，而是产生一个名团队的时代。

团队弱化了记者个人的存在感，分摊了新闻从业者个人的工作压力。过去很多深度报道题材全靠一名记者长时间的工作，例如揭露北京出租车业垄断黑幕的王克勤，对“夫妻看黄碟事件”长达半年进行跟踪报道的江雪，这样适合记者自我追踪的题材只能是相对静态的长线新闻题材，而依靠某位记者的单枪匹马无法真正在同题竞争的媒体新闻大战中胜出。现在，让人觉得著名记者似乎在减少的一个原因，就是因为一篇优秀的深度报道背后往往由多名记者共同支撑，公众往往只能记得新闻的报道团队。

系列报道是深度报道的报道形式之一，从多层次、多角度、多形式全面报道新闻，按照一定的顺序将相对独立的新闻组成为系统，具有统一性和完整性，充分详尽地挖掘新闻事实，体现新闻内容的深度。系列报道能够以最快的速度发布鲜活的新闻信息，同时在公众心中形成体系，增强传播效果和社会影响力。例如 2009 年《南方都市报》用 21 篇新闻稿件系列报道了邓玉娇案，实现了报道的接续连贯性。

当下，媒体竞争愈发激烈，几乎达到了白热化的阶段，抢时效成为脱颖而出的重要竞争优势。热点事件一出，几乎所有的新闻媒体一拥而上，第一时间赶到新闻现场，第一时间发布相关的新闻报道，往往在事发几个小时后，图文结合的几千字的深度报道已经刊发。这样一篇深度报道，无法全部由一个人彻头彻尾地完成。团队化采写可以有效解决突发事件的深度报道的时效性问题。

例如遇到大型的灾难事件，通常最重要的步骤一是去现场，二是去医院，三是去遇难者遗体停放地。过去，一个记者要分别去这三个地方。按照当时媒体的工作期限，记者有一周左右时间采写，在这一周的时间里，大概需要不停地采访四五天，确认所有的采访都已经做得非常充分，不需要额外补充采访后，在最后一两天内，完成新闻稿件的写作部分。

新媒体时代，新闻生产周期大大缩短，记者要迅速获得采访素材，高效处理后，及时发布在微信公众号等新媒体平台，当天发生的新闻事件，最晚不过第二天就需向公众提供较为全面、真实、有价值的新闻，才能在激烈的新闻竞争中占据一席之地，获得新闻传播的话语权。现在变成了团队的采访，可以派出三个记者分别去三个地方，从而极大地缩短采访的时间。

团队化采写的报道模式考验的是团队是否能够真正达到相互磨合的协调能力，在团队化采写背后是相当艰巨的团队建设工作。

多名采编人员分工合作大幅提高了新闻生产效率，关键在于及时沟通交流，密切配合，才能真正缩短采写流程。团队成员都应对报道主题、报道角度、稿件篇幅、结构方式等新闻采编工作的规划了然于胸。

新闻报道的文风直观地展现了新闻团队的衔接和配合程度，最后撰稿人员加工新闻的语言风格和行文逻辑要尽量一致，否则编辑需要重新修改稿件，难以高效率地完成新闻生产过程。

近些年，深度报道团队化采写模式逐渐成熟。一方面新媒体技术大大提升了新闻传播速度，另一方面团队成员的默契需要长时间磨合协调。培养团队意识，增强团队的采编能力，这是团队化采写模式取得成功的关键。

随着信息传播速度大幅度提升，大量新闻信息被生产制造出来，却出现新闻同质化严重、新闻内容质量下降、虚假新闻层出不穷等问题。公众正处于一个信息爆炸的时代，面对的新闻信息良莠不齐，反而引起人们对高质量、深层次的独家新闻的阅读需求。

一个优秀的新闻采编团队，其核心的竞争优势就是内容生产能力，兼具效率和质量地对新闻素材加工、整合。全能的采编团队每生产出一篇高品质的新闻报道，不仅为自己的团队赢得了良好的口碑，而且提升了所在媒体的公信力和市场吸引力，并且最终转化为社会影响和经济影响。因此，在媒体行业中，只要存在采用团队化采写模式的新闻媒体，在优势力量的带动下，越来越多的媒体将以这种运转方式生产制作深度报道。

五、团队化采写的注意事项

（一）不能有短板

团队化采写需要团队里的每一个成员都有很强的采写能力，同时具备强烈的团队意识，带有责任心和使命感融入采编团队，为了共同的报道目标和任务积极努力，才能制作出优秀的新闻作品。

短板会直接决定整个团队的成败。即使不是团队中的关键角色，但任何一名成员都应具备良好的新闻职业素养，拥有专业的信息判断和文字操作等业务能力，从而更好地融入采编团队的合作中。

（二）必须相互配合

团队化的采写需要团队里每一个成员都有很强的采写能力，并且能够有相互配合、相互支撑、相互支援的素质。

团队成员采写的素质和技能应该是相似的，这样才能保证新闻素材的质量，如果明显地缺失关键的新闻要素，将会影响整个团队的采写进度。同时，团队中的成员应该不计较个人得失，一切行动以能够迅速优质地完成报道任务为前提，自己找到的采访线索、优质的细节、最好的场景……都要第一时间与团队成员互相分享，这样才能交换出更多更好的信息，使报道的效果更好。

团队中的每名记者都拥有独特的个性，带着鲜明的个人特点，在团队协作的过程中，不得不向团队妥协，培养互相配合、协同作战的团队精神。每名成员都要具备单兵作战的突破能力，这是团队有效运转、相互配合、相互支撑、相互支援的基础，这样才能充分发挥团队的合力。

（三）需要相互了解，价值观、做事方式一致

团队成员之间存在着差异，在团队中扮演着不同的角色，但是不能各自为政，不顾全大局。如果按照各自想法单打独斗，便失去了团队存在的意义和价值。每名记者都应站在同一立场，为共同的报道主题服务，收集思想协调一致的新闻素材。

团队成员内部需要互相了解，熟知每个人的性格特点和工作方式，形成共同的价值观，即团队精神，从而建立起默契的合作关系。团队精神激励着每一位成员向共同的方向努力，调节和控制自己为了共同的作品通力合作，提升采编工作效率，打造优质新闻报道。

深度报道被认为是传统媒体的核心竞争力，但是随着时代发展，仍然不可避免地站在了与新媒体比拼速度的行列。团队化采写是深度报道适应新媒体时代变化而进行的自我革新和调整，是保持深度报道特色和理念的有效途径。事实上，团队化采写已经融入媒体架构的血液中，除了采编团队之间跨越式的合作，也早已融入了技术人员、美工人员的加持。团队化采写模式在新闻竞争中应运而生，在新闻竞争中蒸蒸日上，力求建设一支全能型采编团队成为不少媒体致力的目标。

第二节　深度报道采编团队的构成

起初的深度报道模式，最小的团队由两人组成，记者和编辑单线组合，沟通成本大大降低，明确分工，高效产出。随着时效性要求提高，以及新闻选题的变化，留给新闻生产环节的时间越来越少，团队成员数量逐渐增多，演化出了愈加明确、细致、合理的分工（图 7-1）。复杂的选题，突发性重大事件需要多名采编人员共同参与新闻生产。但是采编团队越庞大，意味着团队内部的协调运转难度越大，因此，适量的团队成员才能最大化地发挥团队的合力。

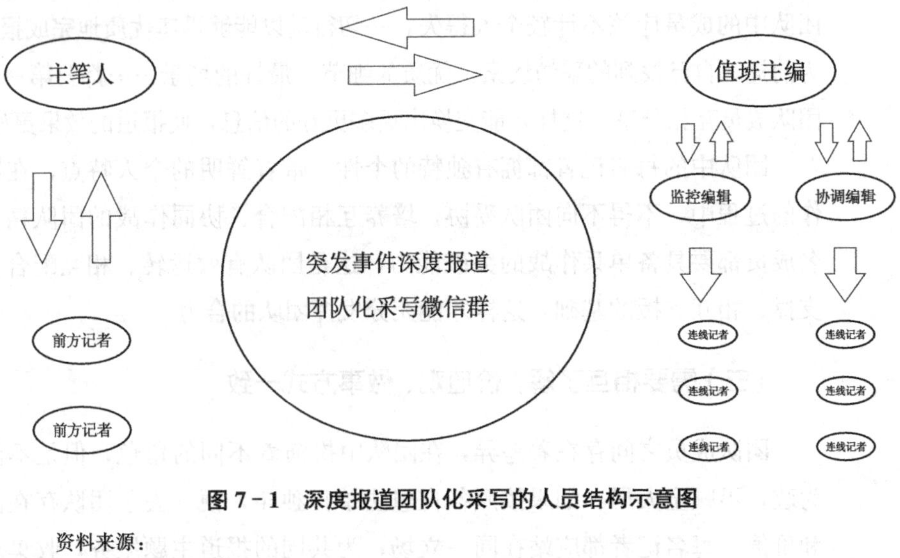

图 7-1　深度报道团队化采写的人员结构示意图

资料来源：

宋建华．北青报的新尝试：突发事件深度报道的团队化采写［J］．中国记者，2018（2）．

如图 7-1 所示，现在一个成熟的深度报道团队主要由主笔人、前方记者、值班主编、监控编辑、协调编辑和连线记者六个角色构成。

一、主笔人

主笔人是团队中的核心和灵魂，一般由资深的编辑担任。谙熟深度报道的各种形式，可以用最短时间确定深度报道的方向，与前方记者有较强的沟通能力，有强大的深度报道文本结构能力、细节捕捉能力和文字表现能力。

主笔人是新闻报道的主要撰稿人，通常文笔较好，拥有丰富的新闻采写经验，准确判断新闻素材的每个细节，熟悉新闻报道的过程。前方记者发回新闻素材后，主笔人按照个人的写作风格和思维逻辑迅速定位出报道的框架结构，对素材进行二次深加工，撰写出生动传神、具有故事性、引人深入阅读的报道。

主笔人除了汇总新闻素材，写作文稿之外，还负责整个团队的统筹协调。交流的过程不是所有人完全地交流，而是不同角色之间的双向互动。主笔人宏观把握报道全程，与前方记者不断交流，处理采访过程中出现的突发状况，根据所得素材，判断需要补充采访的要点，指挥前方记者搜集特定的报道内容。

主笔人是整个采编团队的灵魂人物，源自西方新闻业的撰稿人（rewrite-man），也就是“主笔制”的报道模式，例如《匹兹堡邮报》和《纽约时报》等在重大的突发事件报道中都运用过以主笔为核心的协作模式。

二、前方记者

前方记者是团队采访的尖刀，一般由能力最强的深度报道记者一名或多名担纲。他们同样具有很强的深度方向的发现能力，同时突破能力强，临机决断能力强，写稿速度快，往往给深度报道团队带来最大的惊喜。

前方记者是深度报道团队中的先行者，是至关重要的一分子，影响着团队的新闻报道速度。前方记者的职业素养和综合能力都要达到应有的专业水准，在有限的时间内，前方记者必须突破采访难点，文思敏捷，以实现最佳新闻传播效果。

新闻现场常常会出现新的变化，前方记者理清线索，随机应变，用独特的报道手段挖掘新闻真相，会让深度报道迎来新的突破口。

前方记者主动出击，以最快的速度准确获得最有价值的采访素材，占据一手资料，并且有落笔成章的行文写作能力。前方记者岗位也是吐故纳新的重要培养基地，当新闻业务能力突出的前方记者游刃有余地完成多种多次突发事件的报道。慢慢地，采写经验丰富的记者就逐渐退出一线，作为团队的核心人物指导新闻生产。

三、值班主编

值班主编是后方连线采访的总指挥，具有开阔的视野，能够提前预估突发事件可能涉及的方方面面以及判断事件背后可能触及的深层机理，并迅速布置采访任务和资料搜索、分析的任务。

主笔人指导前方记者，值班主编连线指挥后方所有的成员。值班主编不是简单地作为沟通桥梁的信息传递者，而是信息流通的干预者，以开阔的视野和敏锐的判断力对新闻生产环节提出有效的建议和指导。

值班编辑对新闻采写状况准确地分析预判后，有效调配后方的连线记者、监控编辑以及协调编辑，迅速地布置采访和资料搜索任务。值班主编运用独特的新闻信息敏感性，判断事件背后可能存在的深层机理，在此基础上，完成对主笔人文章行文思路和逻辑架构的反馈。

四、监控编辑

监控编辑持续跟踪最新报道、最新资讯，做到知己知彼，同时，尤其是要注意收集视频资料，辨别真伪。

现阶段，随着互联网、手机等移动通信设备的普及，信息传播速度大大提升，信息数量随之迅速增长，也为后方编辑工作提供了便利条件。因此，监控编辑通过网络可以获得大量与报道主题相关的信息，能够从宏观角度认知和判断事件的发展态势。前方记者在新闻现场寻找采访素材，是站在稿件的角度上，判断信息的新闻价值，核心竞争优势是提供最鲜活的一手报道素材。记者从具体的新闻点考虑问题，而编辑着眼于事件全局，两者存在点和面之间的认知差异。

了解事件的最新动态和搜集辅助素材、背景资料都属于监控编辑的工作范围。监控编辑在后方收集新闻背景资料、历史的资料，抓取相关数据进行对比分析。监控编辑了解到网络上已经出现了一些前方记者需要采访获得的信息，并且信息来源于专业媒体，经过多方核验为真实准确的信息，那么便可以通知前方记者不必再花费时间采访已知新闻事实，节约采访报道时间。监控编辑在后方可以辨别视频资料的真伪，使用专业技术手段判断视频是否是后期合成作假，其视频内容是否真实有效，可以在深度报道中采纳。

在这个过程中，新媒体技术虽然提供了快捷的信息渠道，但是一定程度上存在着一些问题。网络上真假信息混杂，虚假新闻层出不穷，监控编辑既要判断信息的新闻价值，又要注意核查新闻来源，多方交叉验证，确保采用真实可靠的新闻信息。

五、协调编辑

协调编辑的主要任务是协调多位后方连线记者，让他们的采访、查阅、分析资料的工作有序展开，及时解决前方记者移交过来的查找、联系甚至采访的任务，组织完成主笔人指定的内容。协调编辑随时与连线记者单向沟通，反映需要核查的细节性信息。

后方的连线记者往往不止一个，协调编辑承担值班主编的部分组织工作。协调编辑负责与连线记者对接，有序安排落实每位连线记者的工作任务，避免工作内容重复或者遗漏。协调编辑具有快速的应变能力，及时解决前方记者的突发状况或者临时任务，组织连线记者积极配合。

六、连线记者

连线记者，又称机动记者，工作范围主要集中在报道后方，配合前方记者进行支线辅助采访。连线记者常查阅数据资料，进行电话采访或者线上采访，完成深度报道中不可缺少、不需要到达第一现场的采访，随时响应报道需要，扮演机动性的角色。另外，将自己工作中的新发现，及时反馈给编辑。连线记者的工作较为琐碎，完成任务的过程中尤为需要执着、不言放弃的品质。

连线记者在团队中发挥的作用不如前方记者引人注目，工作内容细小繁杂，面临的变化和挑战较小。例如前方记者想要了解新闻现场所在村庄详细的行政区域划分，传达给连线记者，他再查阅中华人民共和国行政区划。连线记者更多在完成报道中的零碎任务，如果前方记者已经采访了事件的主人公，从中得知了另外一个关键人物的联系方式，但是关键人物不在前方记者现场能采访到的范围内，这时连线记者则配合前方记者，完成关键人物的沟通采访。连线记者需要随时接触前方记者碎片化的转移任务，不负责主要采访任务，而是起到支线辅助作用。

连线记者是报道团队最敏捷、最灵活的存在，虽然不是关键角色，但是仍然很重要。这个角色本身对连线记者的心态就是一种考验，需要耐心地完成前方不断交付的任务，不抱怨，不出错，切实做到守土有责。

团队化采写呈现越来越普及的趋势，而每个团队成员都是同等重要的。

团队的每一位成员，都同等重要。一篇深度报道最出彩的部分，来自于连线记者的例子并不鲜见。

事实上，一篇优质的深度报道的生成也有连线记者的功劳，经常有很多突破性的新闻要素都来自连线记者的贡献。

深度报道最核心的技术要点在于突破。一般来说，第一现场的突破概率远远大于后方，可是在后方也并非完全不可能实现重大突破。所以即使是连线的记者，在团队中也是重要的成员。不同的角色，能力和意识要求各有不同，但是总体来说，团队成员的新闻操作水准应该大致保持在一个水平线。

例如，矿难作为突发事件，并且涉及多方利益纠葛，采访对象数量较多，是对采编团队报道水平和协调合作能力形成考验的典型场景。前方记者第一时间赶到矿难事故发生地，凭借自己的采写经验，迅速地圈定1～2个最重点的矿难家属，采用面对面的方式采访了解他们的情况，观察他们的动作、神情，深入现场挖掘事故出现后最真实的反应。但是为了防止漏掉重要新闻信息，其他的采访对象也要有所了解，仅靠前方记者无法有效完成采访任务，所以连线记者在后方运用电话采访等线上采访方式收集新闻素材。而监控编辑和协调编辑作为中间协调角色是连线记者的直接对接者。这些工作都很有可能取得实质性的突破。

在团队合作中，既定的报道主题可以根据实际的新闻采写进程适当调整，监控编辑和协调编辑不断地和值班主编双向交流，交换找到的新的报道落点，协商是否具备足够的新闻价值，再反馈给前方记者调整采访重点。

团队中的每个成员都有相应的职责和工作任务，防止内部运转混乱，影响团队的工作效率。监控编辑和协调编辑并不直接与前方记者联系，而是不定期将工作的进度汇报给值班主编，值班主编再转达给主笔人。

主笔人是整个新闻报道的策划者、组织者，实时掌控整个报道进程，随机应变兼顾前方记者和后方编辑人员的协同作业。

后方编辑尽可能搜集更多有价值的资料，做到材料充分而有特色，为整篇报道增添亮点。在后方编辑所能掌握的内容有限时，值班主编及时和主笔人沟通说明情况，需要前方记者在新闻现场采访哪些信息，作为补充内容。如果前方记者提供的新闻素材存在疑问之处，主笔人会通知值班主编，再由值班主编组织后方进行细节核查工作。

值班主编和主笔人这两个角色双向互动交流，沟通的结果分别反馈给监控编辑和前方记者。两条线路按照单向模式分工，有机结合，保证了内部高效沟通交流，有序运转。

团队里的每个成员都可以兼任或者缩减。在传统媒体生产模式里，往往一个人担任主笔人和值班主编，有利于前后方信息融合，及时完成信息交换和任务分配。团队成员的数量影响着团队的生产效率，因此成员的多少取决于时效性的要求。

在新闻生产和传播的各个环节中，团队成员间是协作互惠的关系，深度报道是集体创造的结晶，由记者和编辑这两个群体共同完成，每个人都是不可缺少的。

第三节　深度报道团队的职责构成

新闻生产模式主要有记者中心制和编辑中心制两种模式。新中国成立初期，我国以计划经济体制为主，新闻业多采用记者中心制，便能满足新闻生产需求。随着实际情况的变化，记者中心制的弊端愈加凸显，逐渐被编辑中心制所取代。在国外，记者中心制早已消失不见，而我国从改革开放之后开始慢慢打破这种新闻生产模式。

深度报道团队在形成发展初期主要由前方记者和后方编辑构成。媒体技术革新引发了激烈的新闻竞争，在传统的编辑制度上发展出了以此为中枢系统的“大编辑制度”。由原有的编排设计版面，新闻内容修改调整，增加为对整个新闻生产流程的统筹和调配，每个岗位都有自己既定的职责（图 7－2）。

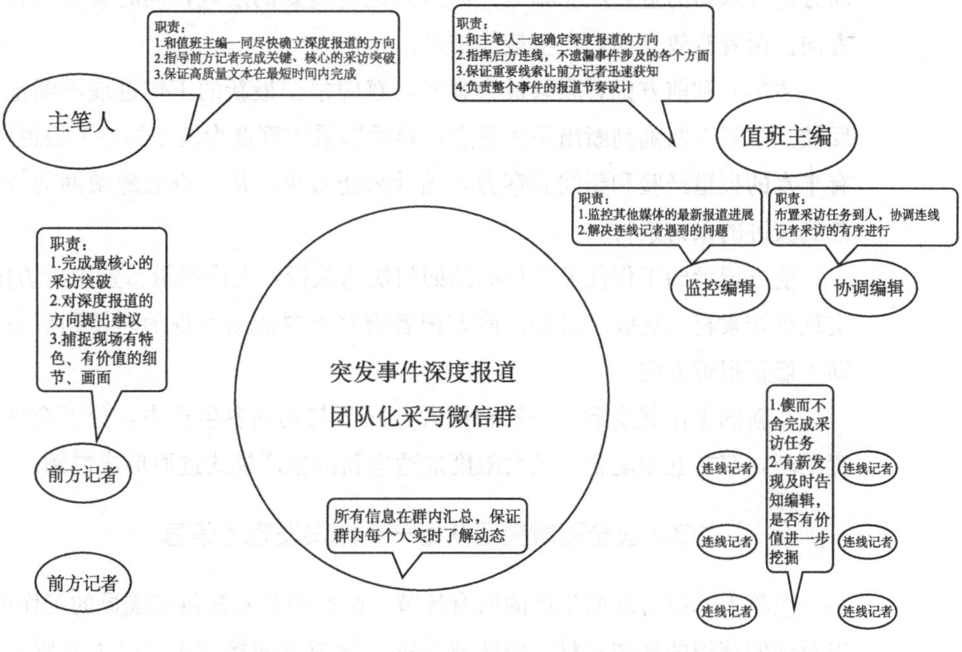

图 7－2　深度报道团队化采写的成员职责示意图

资料来源：

宋建华．北青报的新尝试：突发事件深度报道的团队化采写［J］．中国记者，2018（2）．

一、主笔人的职责

团队化采写的最终目标是要实现时效性的最大化和新闻报道质量的平衡，而主笔人要在新闻生产过程中，时刻思考团队如何运转更好地实现两者的平衡。

在采访开始后，前期的核心是尽快确定深度报道的方向。深度报道方向的设定决定着媒体报道的框架和具体运转操作方式，决定着记者和编辑生产新闻时对新闻事实的倾向和选择，甚至决定着新闻报道的成败。

明确报道方向是统筹规划整个生产流程的核心步骤，在此基础上，主笔人才能有大致思路指挥前方记者收集哪些采访素材，确定采访对象和采访要点。同时，指导后方记者和编辑的工作安排，对前方记者的工作和稿件的形成给予充分支持。

尽快确定适合的报道方向不仅有利于采访写作环节的顺利进行，而且也使报道团队在新闻竞争中处于相对优势。独特的报道角度，在媒体争相投人报道力量的重大突发事件中显得尤为重要，与重复的报道主题相比更能吸引公众的阅读兴趣。

主笔人负责指挥前方记者。在报道方向形成的过程中，主笔人最知道把前方记者采访的重点放在哪里。而前方记者重要的发现，同时修正着报道的方向。两者有效互动，产生最佳结果。

主笔人和前方记者联系最为紧密，双向根据最新的工作进展不断地动态反馈。主笔人明确判断出采访重点，熟悉以采访重点为核心的整个报道网络，有丰富的报道经验和新闻洞察力，预计采访效果，从而有效地帮助前方记者拿到关键的采访素材。

前方记者的工作任务和目标是如何快速执行，完成编辑布置的采访任务，实现采访素材的突破。另外，前方记者需将重要的新发现随时传回后方，有助于修正报道方向。

在新的工作制度下，编辑和记者共同参与到内容生产中，分工合理，权责明晰，双方互相配合，最大限度地适应新的生产模式进而形成惯例。

（一）主笔人应全面掌握团队每一个成员发现的信息

主笔人掌控着新闻生产的所有环节，必须做到熟知每名成员的工作内容，以及他们获得的新闻素材。团队成员都直接或者间接地由主笔人布置、分派工作任务，了解团队成员的各自进展有利于主笔人及时调整采编工作的分配情况，避免新闻素材搜集重复和记者编辑等存在人力资源浪费的情况。

（二）主笔人扮演“把关人”的角色

主笔人是整个深度报道的总策划，而记者的局部意识和主笔人的思维观念立足点不同，所以主笔人的编辑思想和大局观念要在操作过程中得到贯彻落实，每一条新的信息流入深度报道，都要经过主笔人的允准。这不仅是简单的信息挑选，而是主笔人用独特的眼光和见解筛选、过滤每个新闻点，在信息爆炸的时代更加凸显了“把关人”的作用。

（三）主笔人承担撰稿职责

主笔人承担着最终的撰稿职责，行云流水的文章组织编排能力固然重要，对新闻素材的全面了解也不能缺少，否则同样会影响稿件质量。

主笔人构架深度报道，填充丰富细节，写出优秀文本。在这个过程中需要看尽可能多的视频资料，以获得生成深度报道的现场感觉。主笔人在团队成员中驾驭文字的能力是最深厚的，拥有独到的文采，真正做到笔酣墨饱，行云流水。

（四）主笔人需负核查责任

主笔人对新闻现场的动态感知部分源自前方记者传回的视频资料。拍摄新闻现场情况是前方记者的职责之一，传给后方主笔人，增强新闻预判的准确性。

在融媒体时代，公民记者参与到新闻生产中，将亲身经历传给新闻媒体，也就是共享新闻。公民在新闻现场抓拍的照片、视频资料往往可以作为突发事件或者热点事件的报道素材。除了协调编辑和连线记者，主笔人也会尽可能地在互联网上寻找视频资料。总之，所有团队成员发现的信息，即使是连线记者确定不是剪辑加工，是现场真实拍摄可信的视频，主笔人仍须再次核查。

二、前方记者的职责

（一）最大限度地负责采访突破

前方记者要第一时间出发，在路上了解新闻资料，初步规划自己的采访路线。

前方记者应在短时间内迅速深入新闻现场，准确了解新闻脉络，拿到鲜活的报道资料。充足的准备工作是前方记者在新闻现场沉着冷静，随机应变的前提。了解新闻背景，选择采访对象，罗列采访问题都是记者在采访之前准备好的内容。留给前方记者的准备时间不多，这更是对记者采访经验和职业素养的考验，因此，记者要在采写工作中训练自我，保持随时投入采访的状态。

到现场后，前方记者应尽快确定自己的采访重点并完成突破。好好把握自己发现的独家新闻，避免引起群采。对需要的资源支持，及时告知后方。

一般情况下，报道主题涉及多方利益、多个采访对象，那么站在中立的视角实现采访内容的平衡尤为重要。采访机会来之不易，记者应有效地把握采访机会，迅速获取重点信息。

独家新闻是媒体在新闻竞争中获得话语权的利器，前方记者深入调查采访获得独家新闻的概率更高，在信息传播和获取如此便利的互联网时代，独家信息愈加难得，前方记者要注意保护独家信息的隐秘性，防止信息泄露。另外，前方记者要留意其他媒体的新闻采写动向，做到知己知彼。

（二）及时传递信息

完成新闻采访后，无论已经多么疲累，前方记者都要把所得的新闻素材及时传递给后方，以便双方配合协作，提升新闻生产效率和质量。

即使前方记者采访突破成绩再大，如果不能将信息第一时间传给后方，就等于白费力气，在这时就要求前方记者秉承敬业精神，抓紧整理自己的每个采访，传给后方。这就要求前方记者有极其迅捷的写作能力。每完成一个点的采访，就将采访迅速形成报道素材，及时传回稿件，而不是完成一天所有采访后，再汇总写稿。

新闻生产所用时间尽量短，与新闻事件发生时间无限趋近，这在新闻生产流程中已经逐渐趋于常态化。实际上，一线新闻操作已经达到了新闻发布结束时稿件同步完成的速度。

前方的记者不需要写出完整的稿件，只需将采访素材大致整理编写，每获得一段素材就及时传回后方。要注意的是，前方记者不能在一天的收集后统一传输，这样将导致主笔人处于被动等待状态，无法随时调整安排下一步采写，极大地影响工作效率。

（三）敏锐采访，发挥主观性

前方记者并不是要完全依从责任编辑的调遣，机械完成采访任务，而是可以提出自己的报道方向，充分发挥主观能动性，带有独立的业务能力融入一线。前方记者要具备敏锐的新闻触觉，认真、细心地观察现场局势，站在公众的角度，思考公众的认知需求。新闻现场的事件发展形势瞬息万变，前方记者有责任根据实际情况调整甚至独立地向主笔人提出自己的报道方向，经过双方良性的互动，重新确定报道方向。

尤其是在和后方沟通不畅的情况下，前方记者需要自行决断采访内容和方式。

采访中不可避免地出现一些突发状况，如事发现场地处偏远地区，网络技术和通信设施不发达，或者记者在暗中调查，所处境况不便使用手机联系外界等。记者难以与后方取得联系时，要当机立断，选择合适的报道方式，不能坐以待毙，一味依赖后方人员。

（四）随时沟通下一步工作

前方记者每天的最后一项工作，是与编辑部沟通确定第二天的采访方案。在做完上一件事的时候，要及时沟通下一步工作。

前方记者的工作状态极为紧张，一个常见的状况是：现在的采访正在进行中，就已经开始思虑下一个采访。前方记者一直在路上，拿到采访素材传达完毕，再开始新的采访。主笔人提前与前方记者确定后面的采访计划和报道方向，便于前方记者第二天有效展开采访工作。前方记者只要在现场，工作量都是饱和的状态，这样的过程是对记者责任心的考量，要意识到工作内容的重要性，全身心地投入采访。

三、值班主编的职责

（一）值班主编和主笔人共同商讨，最终确定报道方向

在整个团队运转之初，值班主编和主笔人的任务由一个人兼任。前方记者不定时传回采访内容，而连线记者搜集的资料、采访得到的素材都交给主笔人，主笔人再重新编辑写作，处理所有碎片化的信息。前文讲到，主笔人是整个团队运转的核心人物，掌控新闻报道全局，任务繁重。为了缩短新闻生产时间，团队成员职责进一步细分，主笔人的工作内容由两个角色分担，值班主编也承担确定报道方向的职责，与主笔人讨论核心主题。

（二）安排后方连线采访，不遗漏涉及采访的每一方面，并且在资料研究上指明方向

报道方向决定了新闻生产的大致脉络，在此基础上，值班主编才能周全地安排后方连线记者的工作内容。值班主编和主笔人的思维逻辑能力要求一致，具备编辑思想，统观全局，思考深刻，不仅从新闻的角度入手，还要站

在政治、经济、市场、社会等相关的视角，拥有强大的分析能力和逻辑能力组织新闻生产。值班主编要思虑周全，谨慎细致，保证不缺少每个必要的新闻点。值班主编要对连线记者的工作有所了解，协助其明确工作途径和目标。

（三）保证后方发现的所有重要线索都能让前方记者第一时间知晓

编辑和记者构成团队，共同在一个新闻生产周期里作业，完成新闻报道任务。两者是互通互动、互相依靠的团队协作关系，虽然划分为不同的岗位，但是实时沟通交流必不可少。后方发现了有价值的新的信息，要迅速反馈给主笔人，讨论出新的采写建议，再传达给前方记者调整采访内容。

（四）审定即时新闻，判断哪条独家消息需要暂时隐去哪些具体线索，保证独家性在当天的持续

这是类似“中央厨房”的管理模式，一次新闻采集，生成多个适合不同传播平台的版本，一对多的生产方式降低时间成本，提升传播效果。重大的新闻事件能够产生多篇稿件，多种不同形式的报道。值班主编在处理信息时统筹规划多次报道，实现信息的多级运用，有效安排新闻生产和发布的次序。前方记者和连线记者主要负责信息采集，信息汇总至主笔人和值班主编。他们审定编辑新闻素材，根据新闻内容划分为不同的层次和传播渠道，判断哪条独家的消息需要暂时隐去，哪些具体的线索是为了保持媒体的热度而不断刊发。在事件发酵初期，简单的消息、通讯可能会迅速发布，但是能够形成独家新闻的素材会被保留，最后呈现出轰动的深度报道。值班主编要负责多次生成的效果的判断，推出的即时新闻不能透露已掌握的独家信息，防止其他媒体嗅到新闻苗头，抢占独家新闻。

一次团队化采访，动用了大量的人力资源，如果仅仅是出产一篇深度报道，会使编辑、记者的大量劳动得不到充分的产品转化。除了深度报道，还可以同步采写即时新闻、公众号甚至图片故事、微博话题、短视频等等。这些新闻产品生产流程和日程规划均由值班主编负责。

（五）设计整个突发事件在几天内的报道日程

即时新闻的内容、呈现方式、传播渠道、发布时间等具体细节都由值班主编来规划，这可以保证新闻生产和发布环节有效衔接，有序运行。国内较为成熟的《新京报》旗下视频新闻项目“我们视频”良好地践行了这样的采编理念。视频报道形成一个系列，多种视频形式交叉发布，既能实现新闻的连续性，吸引公众观看兴趣，又能策划出大型的深度内容报道，这背后是策划人对新闻生产流程的合理安排。

四、监控编辑的职责

（一）持续追踪其他媒体的动态

监控编辑对其他媒体的最新动态报道持续跟踪，监控编辑要熟悉与报道主题相关的所有信息，信息范围包括专业的新闻媒体和社交平台，即使是不明来源的信息，只要对推进报道有实质作用的内容，都要了解查证，不能有一丝一毫的懈怠和疏忽。尤其是真正有价值的信息很大可能来自公民记者在社交媒体发布的信息，来源分散，需要随时注意。

（二）及时反馈

监控编辑需要起到提示整个团队的作用。一旦出现关键信息，要立即反馈，以便于团队成员调整工作重点，把时间花在最应该进行采访突破的地方。

（三）核实信息，在团队内部做好沟通

用户生产视频和媒体生产视频都可能存在虚假信息，后期专业技术合成，刻意制造摆拍新闻，内容理解出现偏差，这都会造成网上新闻素材的失实，监控编辑要严格防止这样的失实报道素材误导团队，否则将误导公众理解新闻事实，严重影响媒体公信力。监控编辑还要负责协助协调编辑，使团队成员之间积极沟通、互相配合，这样报道过程会更加流畅顺利。

（四）向主笔人提供视频信息

主笔人除了掌握全面的信息、稿件外，要尽可能多地浏览能够找到的视频资料。监控编辑提供视频资料的这项工作非常有益，能帮助主笔人在形成文本的过程中找到身临其境的现场感，更甚者，还有可能发现一些有价值的细节。

五、协调编辑的职责

协调编辑的主要工作内容是布置连线记者的采访，保证报道工作的有序协同进行。对主笔人、前线记者提出的需要，迅速布置连线记者完成。

协调编辑，顾名思义，主要负责协调联络团队成员。协调编辑运用各种恰当的沟通方式，与团队成员达到良好的合作交流的目的。协调沟通能力是团队运转的重要推动力，协调编辑要把握社会交往的基本原则，在此基础上

灵活运用，准确传递信息。协调编辑常与团队成员打交道，熟悉团队成员的工作特点和工作状态是协调运转、高效产出的前提。他兼顾着多方需求和进展，一方面对接连线记者，另一方面接受主笔人和前线记者提出的需要布置工作内容，任务完成所得新闻素材再迅速地反馈给值班主编，由他再反馈给主笔和前线记者，使得整个前后线人员有效地顺畅沟通。

六、连线记者的职责

连线记者的工作是整个团队里最零碎的，没有前方记者那样整块的任务，是协助团队中其他成员工作，帮助前线记者完成支线采访，查询新闻报道中涉及的细节性信息。

连线记者必须完成自己的采访任务，不能轻言放弃。在琐碎事务的裹挟下，连线记者比较容易陷入疲惫，更要注意坚守自己的工作岗位，担负相应的职责，尽量努力拿到高质量的信息。连线记者与协调编辑直接对接，遇到任何问题，都可以求助协调编辑。一般情况下，后方也能发现独特的资料，实现新闻突破。例如国家市场监督管理总局的注册资料，都可能存在隐含的新闻信息。对自己新的发现，及时反馈给编辑，它也许就是非常重要的东西。

第四节　深度报道团队的演变趋势：采写后方化

深度报道团队化采写的特点是，与第一时间投入采访同等重要的，第一时间搜索、分析和研究相关资料，通过对有关资料的整理和归纳找出有价值的信息，比如视频资料有益于主笔人丰富文本内容以及提供不同类型的新闻产品。深度报道团队化采写的操作模式在实际的新闻生产中发展形成，也在不断调整和完善，出现了采写后方化的演变趋势。

一、深度报道团队化采写的特点

新型传播媒介改变了人们阅读和分享信息的模式，传播载体的转移严重冲击了传统媒体的生存空间。传统媒体在不断探索行之有效的发展模式，致力于完成数字化转型，实现融合媒介生产。媒体转型大体集中在渠道和内容两个层面。传统媒体借助新媒体平台发布新闻，运用开通微博、微信等官方账号，加入今日头条等自媒体平台，建立新闻客户端等方式，改变单一的传播载体，为用户提供多渠道的信息获取途径。内容是传统媒体的生存之本，传统媒体在内容生产上的质量保证和专业把控具有绝对优势，因此打造高品质内容是重中之重。团队化采写深度报道是媒体生产流程发展的新策略，从记者中心制到编辑中心制，传统媒体在努力调整新闻生产模式，提高生产效率，适应传播方式的变革。

重大突发事件深度报道的团队化采写，与第一时间投入采访同等重要的，是在第一时间展开对相关资料的搜索、分析和研究。这一点甚至往往会影响到深度报道最终的方向。

新科技为媒体报道提供了更多的信息素材，数据技术能够抓取海量数据分析处理，得出具有价值的结论，深度报道也可以借助数据技术获得优质的资料。采编团队在第一时间展开对相关资料的整理和归纳对后续的报道展开十分重要。

例如，瑞幸造假案最初由浑水调研公司（Muddy Waters Research）的报告揭露出来，浑水公司以做空中概股而闻名，浑水公司报告发布后，瑞幸股价大受影响，当天盘中大跌超过25%，甚至关联了港股上市公司神州租车的股价。浑水公司报告的内容类似调查记者的工作。虽然浑水公司事后表示这份报告并非该公司亲自执笔，而是来源于匿名机构，但其中的调查方式仍对我们有借鉴意义。

这份报告长达89页，其中列举了瑞幸的5项数据造假证据、6个危险信号和5个商业模式缺陷。调查方式主要是实地跟踪调查。报告数据由92名全职和1 418名兼职人员实地检测获得，记录了瑞幸（Luckin）咖啡位于全国981个工作日的门店流量，覆盖了620家门店100%的营业时间。报告统计了每个门店的人流量并记录了从门店开业到关闭的平均每天11.5小时的录像视频。统计人员坐在瑞幸咖啡店里能看到收款台的位置，并在录制视频的同时统计购买Luckin产品的客户数量，计算配送人员手中Luckin纸袋的数量。门店购买和外卖的订单数量相加，计算得出单个门店每天实际销售商品数，以及每日平均订单数。通过门店所在城市和分布位置，监控视频时长对比营业时间，缩小统计误差，尽量确保统计结果的准确。统计瑞幸每天实际销售的商品数量与其财务和运营数据对比，发现瑞幸平均每家店的销售数据在2019年第四季度虚增了88%，从而判定瑞幸夸大每天的商品销量。

类似的调查事件也发生在安然公司，它曾经是美国一家大型能源公司，是世界上最大的能源、商品和服务公司之一，其发展前景被众多的商业杂志看好。自从安然公司成立以来，一直由安达信公司负责审计咨询。安达信公司经过将近90年的经营，成为当时享誉全球的五大会计师事务所之一。由于双方的利益关系，安达信纵容了安然在财务上的虚假违规操作，虚构利润5.86亿美元，并隐藏了数亿美元的债务。

安然事件的内幕由《财富》杂志的记者贝萨尼·迈克林通过《安然股票价格过高?》一文率先揭露，接下来，《华尔街日报》、《纽约时报》、NBC、CNN等美国多家媒体才对安然提出质疑，全方位报道了安然事件。迈克林直接向安然提出疑问时，并没有得到答案，反而引起了对方的警惕。她详细地分析了安然公司的财务数据，通过数据分析、判断得知安然财务存在虚假瞒报的问题。

因此，相关资料的搜索分析和研究，对深度报道意义重大，先进的数据统计工具为此提供了更多便利，有利于深度报道做深入探讨和呈现，最终会影响到深度报道的报道方向。

二、团队化采写后方化

团队化采写的一个重要的演变趋向，就是深度报道的采写后方化。所谓后方化，是在没有前方现场记者或前方现场记者不足的情况下对事件做出深度的采访，现在在报道技术上完全可以达到。

通信技术的发展，使得越来越多的采访通过音视频远程对接来完成，现在这样的比例已经达到了30%甚至更高。2011年，微信作为一种即时通信工具出现在大众视野中，支持语音、视频通话，现在微信的用户数量已经超过12亿。除此之外，多款社交软件都具备文字和音视频通话功能。社交平台的发展帮助记者快速寻找采访对象，也为线上采访提供了新的形式。

移动通讯技术也在不断革新，1G语音时代采用的是模拟蜂窝网电话系统，2G文本时代的数字信号取代了模拟信号，3G图片时代智能手机的出现推动了移动技术发展，4G视频时代大大提高了通信的速度，视频体验流畅，而未来全面覆盖的5G时代，网络速度是4G的100倍，将带来通信技术新的跨越。科学技术进步提供了大量有益的工具，通信技术和通信设备的快速更新在客观条件上满足了新闻采访的需求。

线上采访的使用比例在深度报道的过程中越来越高了，主要有以下几个原因：

首先，先进的软件和稳定的硬件设备为数字化的采访工具的使用奠定了基础。后方记者在办公室内能够融合使用各种网络媒介，通过智能手机、电脑、录音笔等工具实现有效接合。这是前方记者在变幻无常的新闻现场不具备的网络条件。

其次，采访前期，可以利用互联网做好充分的采访准备工作。互联网是网络和网络相连，将网络空间里的每个人串联以来，满足人们社会交往和信息沟通的需求。互联网拓展了记者的采访空间，延伸了记者人际交往的触角，可以通过网络找到另一端距离遥远的采访对象。线上采访时，双方处于不同的两个空间，保持着应有的距离，这与面对面式的采访十分不同，或许更容易让采访对象放下内心的抗拒和戒备，坦诚相待，愿意接受采访。对特定的采访对象来说，文字采访可能是自我表达更流畅的形式。

再次，线上采访相比线下采访最大的优势就是高效快捷。网络信息的传输速度更快，而且便于记录保存，快速整理编辑。后方记者能够在事件发生后的第一时间联系采访对象，展开采访，可能在前方记者去新闻现场的路上就已经拿到新闻素材。记者到新闻现场采访，需要花费大量的人力成本和时间成本，如果与采访对象达成一致，通过远程视频采访，则大大节省了采访成本，又提高了采访效率。

线上采访仍然存在一些不足。线上采访缺乏现场性，记者和采访对象距离较远，不如面对面采访容易拉近关系，形成融洽的采访氛围。文字采访不能保证采访对象即时对记者的问题给予反馈，采访存在一定程度的延时性，双方难以保持连续的沟通状态，影响采访质量，拖延采访时间。对深度报道来说，线上采访可能使得采访对象有所保留，获得的采访素材不够深入。

线上采访对记者的采访能力提出了更高的要求，需要记者培养远程的“五感”采访的能力。线上采访和现场采访的工作场景完全不同，采访前期，记者要充分做好资料准备工作，设计合适的采访问题。采访期间，注意尊重采访对象，实现良性互动，保持愉快的采访气氛，充分调动“五感”，获取有价值的采访素材。记者要确保线上和线下采访这两种不同采访方式获得的采访内容基本相似。远程“五感”采访能力的加强是新闻采写后方化的必要支撑。

三、采写后方化的原因

深度报道团队采写后方化的主要原因是新媒体技术的盛行为后方记者完成前方记者的采访任务提供了便利条件。

前方记者拿到的是支离破碎的采访片段，在部分情况下甚至后方记者能够比前方有更明显的发现，因为他能够借助一些工具，例如大数据抓取海量数据，观看各种现场的视频，他收集资料所获取的信息远远多于前方记者实地采访所得，所以会出现后方记者有更明显发现的情况。

前方记者致力于在报道中找到关键的突破性的独家信息，通过若干的现场感，寻找新的信息增量。如果后方成员擅长采写，拥有良好的综合素质，线上采访同样能拿到分量等同的采访内容，那么后方记者的采写工作便可以替代前方记者。

另外，实践多次证明，很多报道中重要的发现反而率先来自后方的连线记者，而通常对于一些原因的求证和探索也首先是由后方发起和完成的。如果求证原因需要借助于资料的收集、整理和分析，而不是更加借助于前方记者对于新闻现场当事人直接的采访突破，那么后方人员完全可以完成这个任务。

这是因为前方记者只身一人前往陌生的地方，从了解情况开始到能够全面掌握资讯，在当下通信条件下，不如后方记者高速的网络和稳定的设备保障来得更加便利。

越来越多的深度报道团队实际上已经开始了一些采写后方化的转变，而采写后方化的主要原因是新闻的内容竞争越来越激烈，快速获取报道内容才能在媒体竞争中抢占先机。例如，采写后方化在新型冠状病毒肺炎疫情报道中体现得淋漓尽致，新冠病毒存在极大的传染性，记者面对病人、医生、志愿者等传染概率较大的采访对象，不得不采用线上采访的方式，避免直接接触。此次疫情限制了交通的运行，导致记者不能到达新闻现场，后方化采写就是完成采访行之有效的替代方式。

采访的目的在于让采访对象敞开心扉，畅所欲言，记者要透过采访拿到与报道主题相关的内容。评价采访优劣的标准是最终达到怎样的采访效果。采访后方化改变了传统的新闻采访形式，但是仍然要使新闻素材保持在较高的水准，采访模式的变动和改善都是为了使稿件取得最佳的传播效果，如果记者不能身临其境地融入采访之中，达成相似的报道内容，那节省成本也是无效的，前方记者必须到新闻现场完成采访过程。

采写后方化对团队成员的职业素质有更高的要求。拥有非常成熟的报道经验的团队，能够更加熟练地借助于此前新闻报道的逻辑思维能力和运转操作能力，更能胜任采写后方化的报道方式。

《阅 读》

1. 休斯顿，等．调查记者手册：文件、数据及技巧指南［M］．4版．张威，许海滨，译．广州：南方日报出版社，2005.

2. 伯恩斯坦，伍德沃德．总统班底［M］．杨恒达，译．广州：广东经济出版社，2005.

3. 南香红．巨灾时代的媒体操作［M］．广州：南方日报出版社，2009.

4. 张鸥．直播幕后［M］．北京：北京师范大学出版社，2013.

5. 黄河．传媒数字化管理［M］．北京：中国传媒大学出版社，2011.

6. 华莱士，诺伯尔．光与热：新一代媒体人不可不知的新闻法则［M］．华超超，许坤，译．北京：中国人民大学出版社，2017.

思　考

1. 深度报道团队化报道模式出现的原因和背景是什么？较以往的报道方式有哪些优势？

2. 深度报道团队由哪些成员组成？

3. 深度报道团队成员的具体职责是什么？在团队化采写的过程中，有哪些注意事项？

4. 团队化采写呈现怎样的发展趋势？这种趋势对记者提出了哪些新的要求？

练　习

1. 以《财新周刊》的《新冠病毒何以至此?》一文为素材，按照团队化采写成员以及相应职责还原这篇报道的生产流程，分析团队成员在生产过程中的具体任务。

2. 选取近期一个新闻事件，查询相关的所有资料，梳理事件的背景资料、发展脉络和结果。

3. 以疫情期间为时间范围，抓取这一时期交通运输受到影响的数据，对比分析不同交通方式的异同点，运用数据可视化的方式呈现。

第八章

从采访到写作

学习要点

充分了解深度报道的采访方法之后，本章开始学习如何通过梳理采访、搭建结构、寻找主副线与情节逻辑将采访跨越到写作。其中，深度报道的开头应精心设计，尽量简短而又抓人；中间应向读者展示出报道清晰的结构、逻辑以及所承载的主旨；结尾则将文章暗线的思想进行强化，让读者对事实留下更加清晰的认知印象。为了带给读者更加生动的报道，记者还应该在文本表达方面更加注意，多使用动词及修辞手法，营造出更具体的画面场景，生动还原事实。本章从采写结合的实际出发，回到采访联系写作，讲述了从采访到写作的具体操作流程以及报道主体的写作步骤、具体内容安排。

第一节　从采访过渡到写作

记者不仅要在采访时根据写作的目的进行一系列互动，为写作打下良好基础，还应在写作前，首先将采访所得的内容进行细致梳理，根据已有材料搭建初步结构，并从中找到全文的主线、副线，根据不同的节点划分找到情节逻辑，在梳理过程中随时为文章的开头、结尾寻找精彩的素材。

一、梳理采访

梳理采访与炒菜类似，主厨对于所拥有的主料、辅料要有一个清晰、全面的认识，才能做出合适的菜肴。在动笔之前，记者应该先确定新闻主题和立意方向，要对材料进行分类和整理，并仔细判断每部分的材料是否已经足够。具体的梳理采访主要有以下四部分内容：

第一部分，把目前已经采访到的内容全部整理出来，进行合理的排列和定位，按照事件发展脉络，逐一罗列出来。包括：主角的行动和认知，配角的行动和认知，人物的家庭、职业和社会关系等背景材料。记者动笔之前要好好消化自己得到的采访材料。①

第二部分，罗列已经采访到的人、机构，由此确认已经采访到的内容，并分析还缺少哪些内容。在已有的内容中，谁的回答最全面，谁拥有的细节、故事、内容最丰富，可以在写作时被确立为文章的主体人物。深度报道的采访过程中，可能会遇到很多的人或相关机构，如果没有厘清人际关系，用一个中心人物串联大多数人，就会呈现给读者过于混乱的人物逻辑关系，因此在梳理采访时，必须找到占据更主要位置的人或者机构。

第三部分，找出精彩的语句，包括原话、表情、陈述的心理活动、画面场景等。此前讲述采访时，要求记者调动“五感”去采访，在写作的时候，同样要求记者将在采访时调动“五感”所获得的内容再次通过调动“五感”写出来。

第四部分，寻找关于环境、气氛的内容。这一部分要具体、可感、精选，不仅来自于采访，还包括对新闻背景的收集，新闻素材的积累。它们的使用能够使报道更具纵深感和贴近感，烘托出全文的故事氛围，为整篇文章的基调奠定基础。

经过以上梳理，将前四部分罗列出来之后，记者会有一个比较直观、粗浅的认识，形成一个并不完全清晰的文章脉络，它足够让记者感受到文章还缺少哪些部分的信息，以及思考能够从哪些方面补充获取信息。例如，也许一则新闻有了当事人、旁观者的陈述，还需要专家的分析建议，需要从更高、更远的角度跳出已有框架去看待；从事件发展进程来看，也许已获得的内容缺失了事件发展中的一小段，或是有一段需要进一步细化。在经历了梳理后，记者能够确认是否需要补充采访，还是已经可以着手写作。

二、采访与写作的互动

记者应该有意识地进行采访和写作之间的互动，新闻采写的黄金分割比例是七分采访、三分写作，讲好故事的前提是有故事意识的采访。如果记者的经验并不是很丰富，还不能够非常清晰地了解所有的采访目的，应向饱和式采访靠近，通过多拿多找，让各种内容尽量多一点。

有故事意识的采访往往取决于记者在采访前的假设和印证。如果记者已

① 张志安．深度报道：理论、实践与案例［M］．北京：高等教育出版社，2015.

经具备了一定经验，可以在采访之前确定部分隐形的写作框架，甚至通过已经确定的主题预设细节，在采访过程中有意识地印证假设，有目的地观察采访，更加主观地为文章收集内容。

1999 年，浙江大学聘任金庸当人文学院院长，但是金庸在任职期间频繁离岗，饱受质疑，被媒体怀疑实际上金庸没有对学科建设作出贡献。2004 年 12 月，金庸主动请辞。2005 年 1 月《外滩画报》发表《金庸浙大辞职调查：博导资格曾遭历史系抵制》，其中有一个细节：

> 2004 年 12 月 30 日，杭州依旧风雪萧然。记者来到浙大玉泉校区，浙大专门为金庸设立的办公室在工商管理楼的二楼。这个办公室已经设立了许多年，却几乎没有被使用过，走廊尽头，一块与众不同的镀金牌子镌着“金庸办公室”五个字。房门紧锁，已经泛出锈迹的门把手上，积了厚厚的一层灰尘。

这一细节其实是记者有意识地观察所得。因为记者此前已经知道所要报道的内容是金庸在浙大的工作情况以及请辞的影响，既然此前已经有不少言论都批评过金庸频繁离岗，那么采访前就会联想到一些画面：房门紧锁，灰尘满地，门把手锈迹斑斑……到达现场的时候，就要有意识地去验证这些猜测，用一些方法来观察金庸的工作状态。如果金庸经常不到办公室上班，能从哪些场景和细节体现出来？如果他经常来，又能从哪些场景和细节体验出来？这些采写互动能对写作起到实质性作用。

但要特别注意的是，所谓的有预设、有目的、有意识，并不是预设报道结论，被之前的框架所限定，而是记者先设定一个大致的方向，根据事实的实际情况来调整。例如《外滩画报》这一案例，就是记者提前想好要观察金庸是不是经常出现在浙大，他的办公室是常用的还是不常用的。到了现场后，记者观察到办公室把手生锈积灰，自然意识到金庸不常来，否则在现场也许会忽视这一细节，或是不能第一时间就想到这一细节代表的含义。想要在采访前就设置有目的、有意识的主动观察，需要大量的经验积累。

如果说初次采访与写作的互动仍需要记者的经验和能力，那么在补充采访时，不论记者是否有经验都一定要有预设主题。因为记者已经对初次采访进行梳理，认识到当下缺少哪些采访，这种思考对于进一步的补采有非常强的指导作用，采访和写作之间的互动的关系也会进一步加强。

同时，补采是有限度的。理论上讲，对一件事、一个话题、一个人物的采访可以无休无止，但这不符合新闻的基本定义。只要所得材料中主要的事实、逻辑已经足够清晰，文章里比较吸引人的、有趣的细节和故事也已经足够丰富，就可以视为已经采访充分了。

三、搭建初步结构

深度报道在篇幅上不同于一般客观报道，大多比较长。如何吸引读者，使他们保持阅读兴趣，并在阅读中进行思考，记者就需要对报道的谋篇布局也就是结构多花费心思。要记住，报道的初步结构与最终呈现文章的结构大多不一致，因为作者在写作时往往会有新的思路。因此，初步结构的搭建并非要呈现给读者看，而是为了让作者心里有一个清晰的逻辑，知道报道想要表达什么信息，报道主题要向哪个方向发展。

搭建初步结构共分为五步：

第一步，按照最自然的顺序进行逻辑梳理。报道内容是一件事就完全按照事实“起始、发展、结束”的顺序梳理，如果是人物报道就完全按照人物所经历的时间顺序梳理。例如，报道一个工厂的建设，就可以按照工厂从投产到完工的过程发展顺序进行初步结构的搭建，从主事人为何有投办工厂的初衷，中间在建设过程中遇见了哪些波折，之后都有哪些经历，最后是现状如何，存在哪些问题等。通过自然顺序梳理后，记者的逻辑就会清晰很多，获得一个基本的文章脉络。

第二步，根据现有的自然逻辑脉络，给文章找到一条能够贯穿的主线，或者找出主线所能操作的几种可能。因为最后的文章脉络需要用一个更加吸引人的、更加能够完整叙事的方式进行，而不是机械地按照发展顺序从头至尾。这一步实际上就是从自然顺序向文章结构顺序的转化，因为多数情况下，完整地按照自然顺序叙述是枯燥的、没必要的，报道也需要跳过枯燥的部分，转换成逻辑顺序。

第三步，转换至文章结构顺序之后，确认还需要进一步加强采访的部分。因为自然顺序脉络与文章结构顺序所要求的信息重点是不一致的。例如一件依据时间顺序发展的事情，写成整篇报道时，时间段并不均匀分布，而应该依据主题而有所突出、有所精简。因此在梳理出文章结构顺序后，就能够找到当下材料中缺少的部分。

第四步，挑出精彩的段落。在文章结构逻辑脉络中，至少会有一个逻辑高潮点，这个地方应该是整篇文章最精彩的段落，记者需要格外用力，需要更加强调，进行浓墨重彩的展现。我们将深度报道的写作逻辑称为“心电图式写作”，秉承“文似看山不喜平”的原则，需要在文章中不断地激发读者的兴趣，不要把所有波峰的内容放到一个部分，形成一个高地，导致其他部分都不吸引读者；也不能把波谷的内容都集中起来形成一个盆地，让读者丧失继续读下去的欲望。

因此，在每一个逻辑单元都应该要有比较吸引人的部分，有可能是一个非常有趣的细节，有可能是一个相对比较完整的小故事，有可能是一段画面感非常强的场景，挑出这些段落，就是第四步要做的。

第五步，找出文章逻辑线里不可或缺，但内容比较干瘪乏味的内容，或者是一些虽然重要、有趣但又零散到无法缀连成串，嵌入逻辑环里的内容。总之，是记者经过采访后很喜欢、很想在文章中保留，但按照眼下的文章逻辑又无法放进去的内容。这一步是为了在写作中随机应变，为找到更好的结构方式而做准备。

将以上五步骤完成之后，文章的初步结构就已经搭建出来。

四、找到主线、副线

搭建出报道的初步结构之后，记者要从中找到文章的逻辑主线。然而，只有一条主线并不足够充实一篇深度报道，还需要一条副线。

主线，也称明线，是文章在表面一字一句写出来的故事本身，一个个当事人的讲述，一个个采访的故事等。副线，也叫暗线，就是文章要承载的思想。通常来说，超过 2 000 字的稿子一定要有主线和副线，否则整篇稿子就会形神俱散，没有灵魂。

深度报道中“深度”最核心的体现就在于稿子同时拥有主线和副线，前文所提到的梳理采访、采访和写作之间的互动、搭建初步结构都是为主线的故事本身服务。而副线是稿子承载的思想。例如，《新京报》于 2016 年发表的《“聂树斌案”背后：律师、学者接力 12 年》，它的主线就是在聂树斌案平反的这 12 年中，为这件事不停奔走的律师们和学者们的故事，它的副线是折射这 12 年中国法制进程的发展史。整篇稿子除了清晰完整的叙事，还承载了相应的社会意义及历史影响，这与深度报道的选题标准——应该能够折射时代，折射人心，折射出深层面的问题，或者是能够引人思考，发人深省，推动社会进步——是吻合的。

五、寻找情节的逻辑

叙事是在时间流程中记录事件过程，法国学者热拉尔·热奈特（Gérard Genette）说：“叙事事实上是叙述者和时间进行的游戏。”[①] 拥有了众多情节、故事之后，记者应该思考清楚每一个被认为有价值的细节、故事，它们能说

① 热奈特．叙事话语 新叙事话语［M］．王文融，译．北京：中国社会科学出版社，1990：106.

明的内容是什么，它们跟主题有何种呼应关系，争取用最精炼的话总结出自己想要表达的故事，从而寻找到故事情节的逻辑。

当记者将所有必要的细节和故事整理出来之后，要用最简单的一句话去总结出这篇文章想要表达什么事情，想要承载什么主题。也就是说，主线和副线都能够用一句话来概括提炼。主线的一句话是文章要讲的故事本身，副线的一句话就是文章承载的主题，这两句话决定文章的情节逻辑。

随后，根据主线的设定，按照情节逻辑将报道分出数个层次，每一个层次就是文章结构中的一个小节，根据不同的标志或节点来划分并写出每一部分的梗概，就能够得出结构文章的整体情节逻辑，它可能是：

事件的发展。一个事件存在清晰的发展脉络，具有开始、中间、高潮、结束等阶段。

心态的递进。主人公在整个事件发展过程中的心态递进可以明显地反映出事件发展态势，不同的心态变化都可以作为节点划分层次。

情绪的转换。报道讲述的可能是一件事，一段遭遇，一个时期，无论是什么，其中的人在这个过程中会有情绪的转换。

遭遇的改变。一个人、一件事，有顺有逆，有不同的阶段，如果遭遇变化相对明显，也可以由此划分层次。

找到这些节点以后，文章的层次就呼之欲出了。每一个层次就是文章的一个小节，为了检验段落的划分是否合理，记者需要用一个短语或一个关键词将其概括出来，作为各个小节的小标题。如果这个小节的内容足够清晰，就肯定能够概括出小标题。如果有一节文字无法概括出标题，说明这一节的设定很分散或逻辑不明确。

也就是说，一篇完整的深度报道被拆分成各个章节时，一定能够符合两个要求：各个小节的小标题能够提炼出来；将各个小标题放在一起，能够形成有逻辑关系的一句话，并构成文章的主线。

第二节 文章的开头

众所周知，文章的开头是建立起读者与作者之间信赖的核心。好的开头不仅能够带动大家阅读深度报道，而且能够为整个报道确立报道主旨、奠定报道基调或营造整体氛围。毫不夸张地说，一篇报道能够吸引读者，开头几乎要起到50%的作用。记者必须在写作中精心安排，用一个最具有张力的情景开场，给开头最大的重视。著名记者南香红曾指出：

> 如果前三段还不能将读者抓住的话，那这个文章就死定了。我写稿子的时候总是试图一开头就抓住读者。如果自己感觉没有做到这点，就会重新安排整个结构。[①]

写好文章的开头对写稿而言是事半功倍的，它要求有气势，有突兀感，能够吸引人。记者采用何种方式叙述往往取决于报道对象和报道事件的基调，好的开头可以奠定这种基调。

深度报道常用的开头方式是提出问题，设置悬念，尤其是在解释性报道中使用最多，有的直接提出问题，有的摆出相互矛盾的事实作为铺垫，引起读者的注意，进而明确地提出问题，然后加以解释。

以橱窗式导语开头，也是深度报道常用的写法之一，橱窗式导语是指由典型事例构成的导语，如橱窗展示的样品，其特点在于依靠故事吸引读者，通过典型事例，给读者具体印象，进而受到感染，进入主体。

无论采用哪种开头，它的基本作用不变：一是吸引读者，让读者产生阅读长篇深度报道的兴趣；二是点明主题，在开头和主题之间架设桥梁，快节奏地切入到主题中；三是制造气氛或确立风格，从开头开始，整篇报道的报道基调和叙述风格就基本明朗了。[②]

一、一句话式开头

新闻开头最核心的一点就是要能抓住人的眼球，先吸引读者的注意力。记者不能把新闻背景或缘起等比较枯燥的内容放在开头，而是要把一个很重要的情节、有意义的故事放在开头。正如美国记者保罗·欧尼尔所说，文章在一开始就要扼住读者的喉咙，然后掐紧用力撞向墙壁。

对初学者来说，有一个略微刻板的方式，就是第一段可以考虑只写一句非常抓人的话。给读者读完这一句话的时间，再给读者能够在这一句话上停留、思考、好奇的时间，是一种相对比较容易实现的状态。

哪怕是经验丰富的新闻工作者，寻找文章的开头或寻找到开头的第一句话，也是最费力的，最需要去认真思考的。第一句话必须要能够打动记者自己。

2018年普利策特稿奖《一个美式恐怖分子的诞生》的开头：

> 坐在教堂外面，喝了几口伏特加，他想，他必须走进去，向他们

---

① 高钢，潘曙雅．新闻采访与写作．北京：中国人民大学出版社，2018：171.

② 张志安．深度报道：理论、实践与案例［M］. 北京：高等教育出版社，2015.

开枪。

这是一间小小的教会——一个正在冉冉升起的牧师，一个年长的执事，八个成年女人，一个年轻男人，还有一个小女孩。但对他而言，他们全都是眼中钉。他认为，美国的黑人正在强暴“我们的妇女，控制我们的国家”。所以，他拿出他的格洛克手枪，在他们正在伊曼纽尔教堂的地下室里闭眼祈祷的时候，冷静地，开枪。房间内的人几乎全部死亡。

文章的第一句话，符合前文说到的所有的特点，用开枪这件事吸引读者眼球，突兀、震撼，让读者好奇故事的前因后果。

二、越过“第一下门槛”产生的文本信赖

读者的信任感是一个很奇怪的存在，而越过第一下吸引人的门槛之后，读者们又会变得极为宽容。如果第一句话能够打中读者的某个心理点，让他们产生将这篇文章看下去的想法，哪怕接下来的几段相对平淡一些，他们也会有较高的宽容度。所以开头要一出现就把文章定在比较高的层次，就像舞龙时，龙头永远是最高的、最引人注目的。

《南方周末》特稿《系统》并不像前一个简短而留有适当的悬念的开头，而是用前面两段的并列形成一种比较强烈的反差来把人吸引住：

白天，27 岁的吕洋是成都一家医院的 B 超检查师。

晚上，她是一个国王，“楚国”的国王——玩家们更乐意按游戏里的名字尊称她为“女王”。在这个虚拟王国中，“女王”管理着数千臣民，他们都是她忠诚的战士。

在一款名叫《征途》的网络游戏中冲杀了半年多之后，吕洋自信看清了这样一个道理：尽管这款游戏自我标榜以古代侠客传统为背景，实际上钱才是在这个虚拟世界中行走江湖最关键的因素。

从这两段文字中能够看到作者的节奏是有变化的，没有把浓墨重彩的部分放在白天，是因为要保持“第一句话应该简短”的规律，当第一句话简短可能会让人感觉平淡之后，记者将大量的铺陈放在了第二段，形成一个对比。既符合“第一段不要太长”的规律，也符合文章想要写的主题。用一个简单的第一段和一个铺陈的第二段形成反差共同地吸引人。然后在第三段迅速地介入给出文章的主题，打开整篇文章的形体架构。

《人物》杂志特稿《北京零点后》的开头：

很少有人能清醒地意识到，眼前这片被辉煌灯火照亮的夜幕，既收获着生命，也迎接着死亡；它有着与生俱来的混乱，也有着与之抗衡的

秩序；它成批量地生产繁华与梦想，也制造同等规模的欲望与颓丧；它冷眼旁观失败者的挣扎，也不吝于分享实现梦想者的喜悦。

这是一个相对具有文学化色彩的开头，跟《双城记》的开头“这是一个最好的时代，这是一个最坏的时代；这是一个智慧的年代，这是一个愚蠢的年代；这是一个光明的季节，这是一个黑暗的季节；这是希望之春，这是失望之冬；人们面前应有尽有，人们面前一无所有；人们正踏上天堂之路，人们正走向地狱之门”类似，利用排比、白描、借代等多种写作手法反复冲击读者，引起读者兴趣，勾勒出文章的大致轮廓，让他们去仔细品味。

2005年《南方都市报》的《一个女工的最后72小时》开头：

> 张大渊很慌，他选择一条小路来骑行单车，从而避开城市边缘依然喧嚣的车流和不断变换的红绿灯，并以40分钟的时间穿越了10公里路途。
>
> 然而，还是晚了。他所能见到的是体温趋于冰冷的妻子。

原文的问题是把大量的内容铺陈放在了第一段，先去讲主人公是如何艰难地赶路，甚至40分钟穿越10公里路途这样的描述，需要读者换算一下才能够想明白作者想要表达的是主人公骑车很快。而且第一段放了那么长的句子之后，读者还不知道主人公要干什么，第二段才明白他是要赶着去见妻子。

如果将其变化为：

> 张大渊终于见到了体温趋于冰冷的妻子。
>
> 他选择一条小路来骑行单车，从而避开城市边缘依然喧嚣的车流和不断变换的红绿灯，并以40分钟的时间穿越了10公里路途。
>
> 然而，还是晚了。

修改后，整体节奏感或吸引人的程度会比原文更好一点，是因为它第一段相对简短，简洁地叙述清楚主人公的目的。

总体而言，文章的开头可以沿用这样一个规律：第一段尽量要短而抓人，从第二段、第三段开始展开叙事。

第三节　文章的中间

尽管深度报道的开头是最需要花时间，最需要花精力，最需要认真去设计的，但对于一篇深度报道来说，中间才是体量最大的部分。深度报道为了从始至终吸引读者，就要在中间部分有波澜、有高潮、有冲突、有悬念，要运用各种手法，通过组织材料、变化结构、使用语言让报道波澜起伏，峰回路转。中间部分形成起伏跌宕之势的核心环节是，将最能吸引读者的报道素材精心挑选出来，将最能够引起读者关注的故事、细节、引语、资料安放在报道展开的各个关键环节上，让报道虚实结合、详略得当、高潮迭起、兴味无穷。①

按照“心电图式写作”的要求，文章的中间会比开头的压力小很多，因为中间被允许有波谷，也就是说会被允许有一些对于整篇文章的主线来讲必不可少，但是又相对比较枯燥无味的部分，这是中间这一部分的难度较小的地方。而它难度较大的地方在于要依靠清晰的叙事搭建足够清晰的结构和层次，让读者最终看到的内容、想象出的内容和作者想要表达的内容吻合，并在阅读结束后随着主线的铺陈，而被引导着接受副线想要说明的逻辑。

一、中间的展开形式

许多好的深度报道都有一个潜在的结构：一个值得关注的人遇到一个难题，这个难题可能世界上每一个人都会遇到，即使遇不到也可能会感同身受。在激烈的挣扎与斗争中，主人公克服了难题，或者被难题击败，或者在某些方面被难题改变或者改变了难题。②

为了展现和搭建这一潜在的结构，深度报道稿件的中间展开可以有多种形式。它可以按照逐层剖析新闻事件原因的逻辑顺序组织报道的内容，在着重报道新闻事件的原因及背景时，使报道呈现出一种由因果关系组合而成的逐级递进的结构态势。如《中国青年报》对 1987 年大兴安岭特大火灾的“三色报道”：《红色的警告》《黑色的咏叹》《绿色的悲哀》，就是按照探究人与社会、人与人的相互关系以及人与自然生态环境相互制约的关系的逻辑顺序，层层推进。这种结构被视为“因果关系递进结构”，在这种结构中报道往往对新闻事件的因果关系进行剖析与展示，对新闻事件的进程与意义进行说明与解释，是深度报道常用的结构方式。

在报道交织着错综复杂关系的新闻事件时，也可以将新闻事件的要素分门别类，通过不同的侧面组合、角度组合，展示事件的全貌，揭示事件的意义。这种结构被视为“分类板块组合结构”，其中，报道把同类报道内容组成独立板块，使每个内容板块从一个侧面、一个角度说明和解释报道的主题，

① 高钢．新闻报道教程：新闻采访写作的方法与技术［M］．北京：高等教育出版社，2010.

② 高钢，潘曙雅．新闻采访与写作［M］．北京：中国人民大学出版社，2018.

再用这些有着内在联系的各个相对独立的板块组合成一篇完整的深度报道。[①] 著名调查记者王克勤在 2003 年就采取了这一结构方式揭露北京市出租车行业垄断状况：

北京出租车业垄断黑幕之一：司机们怨声载道
北京出租车业垄断黑幕之二：北京出租车到底能赚多少钱
北京出租车业垄断黑幕之三：出租车公司是怎样发家的
北京出租车业垄断黑幕之四：出租车公司是如何“黑”钱的
北京出租车业垄断黑幕之五：的哥缘何要挤这条独木桥
北京出租车业垄断黑幕之六：出租车业：不能不算的三笔账
北京出租车业垄断黑幕之七：北京出租车业五大焦点问题

通过这样的分类板块组合，记者从各个角度对北京市出租车行业垄断状况进行了清晰的描述，使报道在社会上引起强烈反响。

二、中间的结构要求

第一个要求，每一小节不能过长。

整篇文章的章节划分要处在比较均匀的状态，前后相邻的两个小节不能一节上千字，下一节三四百字，忽长忽短的文字配比只能说明此前的文章结构就不够合理。一小节的字数应该控制在 1 000 至 1 500 字之间，而且每节和每节之间的字数差距不要太大，控制在 20%左右的区间之内，整体看起来就会比较均匀。

第二个要求，连续五至六段的节奏不要完全一致。

在文章的中间，为了能够达到跌宕起伏的效果，连续五六段的节奏不能完全一致。如果连着五六段字数都差不多长，整个文章就会显得很呆板。这可以通过调整叙事方式来实现，比如说不要连着五六段全是新闻背景、时间陈述、个人讲话。此外，还可以使用倒叙、蒙太奇等手法，以达到起伏的效果。

如果没有足够的能力去驾驭节奏，使用直接引语是非常省事的一种方式。直接引语特别容易将读者带入到现场中，让人仿佛直接听到人物在特定情景中的对话。使用原生态的直接引语，可以使对话产生的现场感跃然纸上。通常在相隔三四段之后，可以出现哪怕短到一句话、一个字的直接引语作为跳跃，使得文章整体节奏有一点变化，而不是一直很平淡、枯燥地持续下去。

---

① 刘勇．深度报道采访与写作［M］．合肥：合肥工业大学出版社，2006.

第三个要求，根据暗线选择材料，根据明线组织材料。

暗线是文章要承载的主题，根据文章主题来选择材料，要求所组合出的各个单元材料具有相应的含义和寄托。而这部分内容能够承载多少意义，能够承载到多大程度，决定了记者要在文章中把它写多长，占多大的比重。根据暗线选择出的每一部分材料都必须对明线的组织具有作用。至于它们应该出现在报道的哪一具体位置，则由明线决定。这种文章中间有结构、有层次的操作原则，就叫做根据暗线选择材料，同时根据明线组织材料。

三、中间的文本表达要求

第一，客观。

所谓“客观”，是指坚决戒绝记者任何的主观臆测、主观评价，一切让新闻事实本身说话。它是在写作时很容易忽略的原则，尤其是深度报道。写一个很短小的消息，很难有不客观的空间，将时间地点人物写清楚就足够了。但文章越深入，越容易出现这样的冲动，就是当记者花了大量的时间和精力在采访上，往往会产生一种冲动，不由自主地或者不经意地加入一些主观的分析、评价。记者应该时刻铭记报道中所展现的一切都要让新闻事实本身去说话。在采访中达到客观，就是要尽可能全面地接触到当事各方，尤其让处于对立面的双方有说话的机会，而在写作中要将采访中得到的内容，不添枝加叶、涂脂抹粉地进行还原。

第二，准确。

写作中要达到的准确，就是每一个字、每一句话都应该有相关的出处、证据，不能给人以臆断感。拿不出证据的文字，哪怕看起来再生动也不能写进报道中。另外，无论有意还是无意，绝对不能去靠记者的暗示或者脑补来弥补证据上的不严谨和逻辑链上的缺失。同时也要注意报道中是否会出现不准确的文本表达而导致的语义失准。例如，在很多新闻中都能见到当事人“跳楼自杀”的说法，这就是错误表述，因为“跳楼自杀”这个性质没有证据去断定出处，正确的表述应该是“坠楼身亡，警方认定是自杀”。

第三，理性。

理性在写作上体现为不炒作、不媚俗、不唯上、重思辨。客观、准确，以及理性都是具体的文本表达的要求，记者需要坚守公平公正，注意文字背后其实是有情绪的。例如，20 世纪 80 年代的法制报道都会直接将当事人称作“罪犯”，而现在大家都知道在法庭宣判之前，当事人只能被称为“犯罪嫌疑人”，从罪犯到嫌疑人的变化就带有情绪的转换。再比如说“你”和“您”看似一字之差，但“你”就比较随意，而“您”就带有敬意。又或者是“抓获”和“控制”，这两个词带有明显的情感分别。类似的感情色彩在新闻稿中要尽量避免出现。记者写完报道稿件后应再一次斟酌用词，核实是否无意识地带出了自己的情感。

从更深层次看，深度报道的理性还体现为深入的思辨。早在深度报道崛起之初，理性思辨就是人们关注的焦点问题之一，通过理性讨论和业界实践，人们逐渐意识到深度报道中的理性思辨是新闻写作中一个引人注目的新的增长点，在许多深度报道作品中理性思辨成分对于烘托和深化新闻主题，进一步强化新闻的社会意义，往往能起到画龙点睛的作用。① 深度报道最根本的深刻在于事实，深度报道写作中，既要客观叙述新闻事实，又要进行深入的理性思考。

第四，文风。

深度报道要求记者秉承客观、平实而内敛的语言风格，简单纯粹，不渲染、不夸张、不做作。新闻的最高境界是一篇作品“干干净净”，辞藻不华丽，朴素干净，这也正是深度报道所倡导的文风。记者需要时刻提醒自己不要用落入俗套的惯用语，如“十几年如一日”“天空晴朗、万里无云”等，不要用故弄玄虚的语言，不要用华而不实的语言，不要用矫揉造作的语言。要相信，平实直白的语言未必不能写出有新意的报道。

深度报道的遣词造句也需要生动活泼。在写作中，记者需要不时地问自己：报道的事情是否能够吸引读者？故事是否有震撼力？报道的开头部分是否引人入胜？主体部分是否能让读者兴致勃勃地把报道从头到尾阅读完毕？人物形象是否鲜明？读者在什么地方可能会感到没有兴趣，甚至感到疲惫？必要时，记者可以先将报道交给朋友阅读一下，听听客观评价。②

根据前文所讲的准确、简单和清晰，可以对以下短句做出相应的分析修改：

例一：“他做这工作很称职”——作者需要思考“称职”这一评价是谁给出来的结论？这个词语出现在稿件里就很难让读者信服，修改为“他毕业于某名牌大学的相应专业，有 10 年的相关工作经验，在业内闯下很高的声望”，更能说明他非常适合担任这个工作职位。

例二：“证人撒了谎”与“他跳楼自杀了”——这两个案例的问题均是出处不详，可以修改为“原告的律师说证人撒了谎”与“他坠楼身亡，警方认为是自杀”。

例三：“张三先生和夫人的爱子，6 岁的小锋今天去世”与“6 岁的张锋

---

① 刘勇．深度报道采访与写作［M］．合肥：合肥工业大学出版社，2006.

② 高钢．新闻报道教程：新闻采访写作的方法与技术［M］．北京：高等教育出版社，2010.

今天去世，他是张三先生的儿子”——前者更有明显的情感色彩，具有明显倾向，后者更为内敛，深度报道应选择理性、内敛的后者。

例四：“法官告诉我（记者）此案不予受理”应改为“法官说此案不予受理”——这两者的区别是记者作为一个信息传播中介，尽量不要出现在文章里。

第四节 动词及修辞的运用

英国作家乔治·奥威尔（George Orwell）曾总结出写作六要素：不要使用那些常在报纸上看到的隐喻、明喻或其他比喻；字用得越少越好，能用一个字表达，不用两个字；能删除的字一定要删除；能使用主动语态，绝对不使用被动语态；如果能使用日常用语，绝不使用外来语、科学名词或专业行话；宁可打破上述规矩，也不要写任何粗野语言。

新闻报道不是文学作品，但从文本可读性角度看，深度报道也需要注重文本表达。例如，尽量不要使用形容词，多用动词，连续使用一连串动词能带给人强大的力量，甚至会让读者相信这是记者亲眼看到的场景，对于细节、情景有更好的掌握。又或是使用好的修辞，调动读者的各种感官，将朦胧的场景转化为可触摸到的最坚硬的真实。

一、文本表达的注意事项

一般来说，刚从事深度报道写作的新手普遍存在这样一些问题：喜欢使用大量副词、形容词，承接、转折一定要用关联词，喜欢用长句子、被动语态等。[①] 但副词、形容词等都是新闻写作的大敌，应全面避免，因此，在写作中，记者需要注意以下事项：

第一，在报道行文中，尽量地不要出现形容词，多用动词。因为形容词所代表的含义往往是不准确的，一千个人心中有一千个哈姆雷特，形容词不能传递给读者准确的认知。就像“她很美丽”，美丽是一个主观的感受，但客观上她的美丽程度无法用“美丽”这一形容词传递出来。如果用“她走在街上，人们纷纷说她长得像个影星”更能让人明白。

第二，文中尽量不要出现太熟稔的词语。太熟的词语无法给读者带去场景感，“万里无云”“瓢泼大雨”“数十年如一日”等耳熟能详的词语，无法带

① 张志安．深度报道：理论、实践与案例［M］．北京：高等教育出版社，2015.

给人们准确的心理认知。“万里无云”如果替换为“天空中只有浅蓝色，一眼望出去没有一片云彩点缀”，表达的意思完全相同，带来的画面感却完全不同。新闻一贯的标准是尽量避免很熟悉的套路化词汇，多用简单句和短句。

第三，培养即时感。即时感能够在文章中创造出行为运动的感觉，类似于英文的时态变化，带给人们这种变换的阅读节奏。例如，“他摔伤了”，不如变化为“他踏空了，一头栽到楼下”。两句话带给人感受上的差异是前者仅仅告诉读者既定的事实，后者则告诉读者主人公在运动中的一个状态，这两句话给读者的感受完全不一样，一个静态，一个动态。

第四，学会删减。如果想写一篇 2 000 字的稿件，至少要准备三倍的素材，才能让作者有腾挪的余地。同时，三倍的素材里不能出现多个类似的案例，根据文章暗线选择材料时要注意，同一个道理用一两个故事或细节来展现就好。如果多个故事或细节对暗线起到的都是相同的作用，使用太多反而累赘。如果对行文造成拖累，就要舍得删改，做好去粗取精。相同的例子，只挑选其中最具有代表性、最能说明问题的一两个。

二、动词的使用

多使用动词是构造一个更加合理的深度报道主体的直接而有效的方式。它要求作者尽可能地展示主人公的动作，尽可能用有力量的动词去讲述出来，使得动词能够进行连用。

如《新京报》2013 年刊发的《隐秘“大师”王林的金钱王国》中：

> 对于司马南的叫板，王林最开始不屑一顾。说着说着，突然激动起来。
>
> 他站起身，双拳紧握，屈臂横在眼前。大喝一声，打了一套拳。最终的定格是金鸡独立，食指和中指死死地指向一个点。
>
> “你司马南吃几碗饭，敢和我叫板？我用气功隔几十米都能戳死你。”王林说。

短短 50 多个字中有 7 处动词，如果读者看完了，能够很直观地自己做一套动作将文中的场景复现出来，就证明作者所描绘的场景是成功的，相反，没有实际见到的场景哪怕采访了多位在场的当事人后再进行描述往往都会带有虚拟感，此时，连续使用一连串动词能带给人强大的力量，甚至会让读者相信这是记者亲眼看到的场景。

又如《京剧教师传授丑角之美》中的片段：

> 他身体前倾，慢拍子走着弓字步，两拳一线，拉着那根“虚拟”的

船绳，仿佛身后真有一条笨重的游船。“船”碰礁石，“拉绳”的艄翁一个趔趄，徐立群仰面倒地，像翻了壳的龟，前后摇晃。

一连串的动作干净利索，让人很难相信，这是一个65岁的老人在表演。“你来一遍，得表现出那个费力感来。”气喘吁吁的徐立群指示学生模仿，额头上挂着细汗。

从中也能看出，通过一连串的动作描述，读者可以自己在脑海中浮现这个场景，甚至可以模仿出这些连贯的、完整的动作。类似于这种动词的完整连用，就足以使得人们对于细节、情景有更好的掌握。

再如《香山上的环卫工》中的片段：

香山环卫工“巡山”途中不带扫帚和簸箕，随身只配一根由三尺长竹竿和两股铁叉绑定的垃圾钩。老侯使起垃圾钩，像一名武林高手，招式繁多，作用大增。

看到饮料瓶，老侯用钩子探到底部，一搓一抬，饮料瓶翻身入袋。

地上飘来飘去的塑料袋，被老侯看准移动方向，稍用力一刺，穿透袋子，收入囊中。

残破的食品包装袋、小团的卫生纸，老侯先用钩子拨到脚边，脚弓一推，垃圾入钩，随即被擒拿入袋。

挂树枝上的垃圾要用巧劲，老侯伸展手臂，握住钩子竹竿一段，轻轻探入树杈，反复挑动，垃圾落下，没带走一片树叶。

其中用到的所有的动词里少有重复，这种连贯动词的运用，能够给人展现出更好的场景感和情绪感。

三、修辞手法的使用

好的修辞能直达人心，将人的各种感官调动起来，在烟雾一样的弥漫中，触摸到最坚硬的真实。

2011年，《中国青年报》刊发的《永不抵达的列车》里，对于车厢破坏程度的描写用了一连串的修辞，“两辆洁白的‘和谐号’就像是被发脾气的孩子拧坏的玩具：D301次列车的第1到4位车厢脱线，第1、2节车厢从高架上坠落后叠在一起，第4节车厢直直插入地面，列车表面的铁皮像是被撕烂的纸片”，用生动的比喻来告诉读者现场火车相撞脱轨后的惨烈场景。

2010年，《南方周末》刊发《重庆文革武斗罹难者墓群：墓碑后的凄惨往事》，文中写道：“连石头也会老。40年前的沙页岩墓碑，寒暑一刀一刀割下去的，打眼看去，已经近乎一座座无字碑了。1992年出狱后，周家瑜每年清明都要来墓地的荒草和杂树中坐一会儿。这里埋着他的战友。这些年，他亲眼看到石制墓碑上的、扑克牌大小的姓名慢慢风化殆尽。而他自己，这个‘文革’时期的重庆武斗组织‘8·15’派‘政委‘，也已经老了。”用比喻将人和墓碑共鸣地联系在一起，发人深省。

2016 年，《人物》杂志刊发《犹在虎口》，“镜中的那张脸让她非常意外。右脸像三块拼合起来的拼图板，接合处密密麻麻全是针脚，整个脑袋像一个鼓胀的红气球，肿得发亮。头发全剃没了。她没戴眼镜，把脸拼命地贴近镜子，盯着看了几秒钟，终于确认那就是自己”，这段文字用了一连串的修辞手法，让读者更加清晰地感受到主人公被老虎伤害后的头部现状。

以上三个案例所包含的内容，除了使用修辞，没有更好的解决方案能够实现原文所表现出的表达效果。记者在文风方面要做到客观、平实、准确、清晰，并非是用最简单、普通、平白的大白话将报道人物、事件说完就行。文风的平实和运用修辞之间并不冲突，例如，一连串的动词运用，能够给人很连贯的画面感，修辞手法的使用能够给人提供更加准确清晰的感受。

曾任《南方周末》特稿记者的范承刚曾谈到过：

> 好的文本应该是琥珀。你应该要让读者意识不到技巧的存在。满页都是形容词、比喻或点缀太多的词语，往往表明了震撼读者的欲望。而这种欲望则来自于采访量的不足，没有扎实的信息支撑，笔触中便会有渲染。克制是美德。要让读者透过语词的外壳，直接观看到琥珀的内核：优质而充足的信息。却也并非是要摈弃技巧。敏锐的观察力和感受力、出色的判断和分析，恰当地搭建框架并选用语词，能够如同化石树脂一般，将信息紧紧包裹，抵御时间。词语的外壳是透明的，也需要是坚硬而精巧的，它能让新闻作品最终像艺术品一般精美。①

《新京报》深度报道《四川修表匠寻子 31 年：一个家就像一块表》的多次使用比喻、借代等修辞，将主人公韩峰与钟表联系起来，体现出他寻子 31 年的不易，但一味地突出时间这一意象，展现倏忽而过的痕迹，却有些过犹不及，过于浮夸：

> 拧紧发条，齿齿相扣的轮子轻轻旋转，摆轮有节奏地来回摇摆，秒针跃动，追赶着分针和时针，时间触手可及。
>
> “子女是齿轮，我是摆轮，一个家就像一块表，谁也不能离开谁，没有了孩子，家就不完整。”65 岁的韩峰说。
>
> 自打儿子丢失，修表匠韩峰的表停了 31 年。

① 范承刚．特稿写作：尴尬的炼金术［M］//南方传媒研究：42 辑．广州：南方日报出版社，2013：87.

时间也像个调皮的孩子，倏忽而过。

这个修理时间的人，身上也刻满了时间的痕迹。

像钟表一样，顺其自然地走下去。

在深度报道中还有一种“密集恐惧症”式的写法，通过大量数据运用、场景使用、白描使得整篇文章变得丰富、有层次。《北京零点后》就是一个较为典型的例子：

在北京这座城市里，平均每晚有155人出生，99人死亡，这些生命大多开始或结束于全市医院的共94 735个床位上，但也有一些例外。

比如位于城市北郊回龙观的自杀干预热线中心，4条线路平均每天深夜会接到45个电话，其中1.3个会是高危来电。“我就想在这个世上留下最后的声音。”——这是一个患重度抑郁症的女孩站在楼顶上打来的，她只想问一个“技术性问题”：她站的楼层跳下去是不是肯定会死。她只允许接线员最多说三句话。才工作两个月的接线员王景娜，把三句话说到了30分钟，最后让女孩放弃了自杀的念头。但令人遗憾的是，这些努力并不是任何时候都能成功。

北京的深夜默许着诞生与死亡的交替出现、秩序与混乱的共同存在，全城超过40万个的摄像头是相当可靠的见证者。除此之外，分布在这座城市9 164万平方米面积和6 258公里道路上的夜班巡警、公路交警和小区片警，也在默默守护着这座城市。

“动静皆是戏”，个人的情绪通过人和环境在一动一静之间展开。《北京零点后》从新生命的诞生写起，缓缓地叙述生命的陨落、欲望、现实，缓慢而又有着自己内在的节奏，不光白描在北京挣扎着生存的人群，也在用嗅觉、触觉、声音的分贝刻画着时代的缩影，准确地描写了生存在北京的年轻人的现状。

第五节 文章的结尾

在硬新闻写作中，结尾是最不重要的。最基本的新闻消息只有两种情况可以算作结尾，一种是必须要出现但又不太重要的新闻背景，会被放在消息的最后一段，使得整个消息能够解释得更加清楚或是衬托得更加清晰，另一种是将倒金字塔体里的最小最轻的事实放在结尾处，自然而然形成结尾，不需要议论、升华。但在特稿、通讯中要有一个精雕细琢的结尾，适度地使用文学表达，深度报道就更是如此，它虽然要坚定地拒绝在结尾处加一大段的议论、拔高的话，但也需要有一个精心打造的结尾。

就像《哈佛非虚构写作课：怎样讲好一个故事》里所写：

> 编剧知道，如果一部电影没有精彩的结尾，人们走出电影院的时候会觉得好像浪费了自己的钱；小说家知道，你不可能写出一部没有精彩结尾的好书；演讲稿撰写人总是努力以一个高音结尾；每个人都知道，当你写一封情书，写一封信以求加薪，或者向电话公司写投诉信，最后一句的语气和内容都至关重要。①

深度报道不是单纯提供信息的新闻，而是一篇通过报道让读者对于事实有所认识的新闻。这种认识需要在结尾有一定程度的强化，才可能在读者心里留下印象，让读者更加清晰地了解文章的暗线。

一篇完整的深度报道除了要在开头非常精准地找到能够吸引人的部分，用一句话就抓住读者，还要去寻找比较恰当的结尾呼应开头，深化主题。尽管结尾的重要性比不上开头，但它在很大程度上决定了读者对一篇报道能留下多深的印象以及人们阅读之后的反思与文章暗线的契合程度。

常用的结尾方法包括：

悬空。没有答案，引发思考。

循环。首尾呼应，照应开头。

隐喻。将故事引向更深远的意义。

反转。开头给出预设，在结尾处给出的结果完全出乎意料，和开头相反。②

总之，好的深度报道的结尾重在隽永，余韵袅袅不绝，使人意犹未尽，将其称为“留白”。为了达到这样的目的，要注意以下两点：

第一，结尾应当起到画龙点睛的效果，借助精彩的引语来回顾、点题或是通过记者的理性思辨来启发读者。但即使结尾很重要，记者也要铭记它是新闻，在结尾中应该要杜绝一切空洞的议论，永远要把自己想点评的欲望扼杀在萌芽阶段。

第二，选择合理的新闻事实去揭示暗线，在选择文章开头时被刷下来的第二选择有可能就是适合做结尾的细节。

2003年，《南方都市报》发表报道《被收容者孙志刚之死》，它的结尾如下：

> 孙志刚的同班同学李小玲说，搞艺术的人都有自己的个性，孙志刚很有自己的想法，不过遇事爱争，曾经与她因为一点小事辩论过很久。

---

① 克雷默，考尔．哈佛非虚构写作课：怎样讲好一个故事［M］．王宇光，等，译．北京：中国文史出版社，2015：159.

② 高钢，潘曙雅．新闻采访与写作［M］．北京：中国人民大学出版社，2018.

> 孙志刚死亡后，他的父亲和弟弟从湖北黄冈穷困的家乡赶来，翻出了孙生前遗物让记者看，里面有很多获奖证书。“他是我们家乡出的第一个大学生。”不过，现在孙的家人有点后悔供孙志刚读大学了，“如果没有读过书，不认死理，也许他也就不会死……”

读到这个结尾，令人心情复杂，五味杂陈。一个读了书的大学生爱讲道理难道错了吗？讲道理当然没有错，那为什么孙志刚的家人会有这种有点“愚昧”的想法？的确，孙志刚如果不读书，或许还能留条命。这样一个具有反讽性的结尾，能够让人更加深刻地体会到收容制度之恶。[①]

再看《北京零点后》的结尾：

> 当太阳升起，地铁开动，人们出门上班，深夜的一切仿佛从来不曾出现过。但如果你用心，也许会发现，饭店门外摆着一箱箱等待清洗的肮脏碗筷，马路还留有些许渣土，刚刚出街的报纸上登着夜里的新闻，医院门口，一对夫妻抱着刚出生的孩子回家，露出欣喜而略带疲惫的面庞。这便是它深刻存在且不容忽视的证明。

如果要对它进行修改，“这便是它深刻存在而不容忽视的证明”是应该被删除的一句议论，其他的文字通过大量的细节、白描，足以告诉读者北京这个繁华都市在夜幕中的运行状态。

阅 读

克雷默，考尔．哈佛非虚构写作课：怎样讲好一个故事［M］. 王宇光，等，译．北京：中国文史出版社，2015.

盖恩斯．调查性报道：成功报道的策略［M］. 马锋，译．北京：中国时代经济出版社，2011.

《新闻采访与写作》编写组．新闻采访与写作［M］. 北京：高等教育出版社，2019.

高钢，潘曙雅．新闻采访与写作［M］. 北京：中国人民大学出版社，2018.

张志安．深度报道：理论，实践与案例［M］. 北京：高等教育出版社，2015.

刘万永．调查性报道［M］. 北京：人民日报出版社，2015.

高钢．新闻报道教程：新闻采访写作的方法与技术［M］. 北京：高等教育出版社，2010.

亚里士多德．修辞学［M］. 罗念生，译．上海：上海人民出版社，2006.

---

① 张志安．深度报道：理论、实践与案例［M］. 北京：高等教育出版社，2015.

刘勇．深度报道采访与写作［M］．合肥：合肥工业大学出版社，2006.

思 考

1. 试述采访与写作的关系。
2. 报道的主线、副线在采访和写作时分别对应哪些步骤？
3. 写出优秀的一句话开头的关键是什么？
4. 报道中间部分的难点有哪些？
5. 动词和修辞的使用，其核心要素有哪些？

练 习

1. 选择一篇优秀的深度报道，分析其开头、中间、结尾分别与本章所讲的哪些特质相符？

2. 选择一篇优秀的深度报道，找出文章的明线、暗线，并判断出其明线的层次划分和暗线的递进关系。

3. 自行寻找一段场景描述文字，通过运用大量动词和修辞手法对其进行改写。

第九章

深度报道写作的基本要求

学习要点

本章开始学习深度报道写作的基本技巧。深度报道在写作方面的要求比其他新闻更高，首先，深度报道需要新颖的、认知深刻的独家角度，不断变化以符合时代要求的独家表达形式以及强大的叙事能力。其次，将深度报道分为调查性报道与解释性报道，各自明确相关的逻辑表达、语言文本等方面的写作要求。本章从深度报道写作实操角度出发，结合时代发展以及不同报道类型的需要，讲述深度报道写作中的具体操作要求、注意事项。

第一节　深度报道的写作要求

新闻的文体有着拾阶而上的变化，越向上，它的范围就越宽广。例如，写一个最简单的新闻消息，遵循非常严格的倒金字塔体规范，就能够非常清楚地评判消息写作是否正确，是否优秀。但深度报道作为新闻业内较高水平的文体，与其他报道相比，有更多元立体的评判标准，以至于“什么样的报道是深度报道”“近年大热的非虚构写作是否属于深度报道”等问题仍存在争议。

但毫无争议的是，深度报道非常重视写作。这首先是由媒体的功能属性决定的，深度报道除了传递信息以外，还要给受众提供阅读或欣赏的快感，写出彩是一个非常重要的先决条件。如果一篇深度报道有重大主题、新鲜事实，但缺乏可读性，其影响力必然大打折扣。其次，这是由文体特征决定的，深度报道一般篇幅很长，少则三五千字，多则近万字，如果写作上缺少张力、缺乏起伏，没有悬念，受众是不愿意看下去的。所以，记者应该在写作前完成概念的梳理——深度报道写作是什么，应该达到何种的要求——才能写出合格的深度报道。

一、独家

从文字呈现的角度看，如果用一个较高的水准来审视，当下的深度报道是由独家的角度，独家的表达，还有独家的快速时间所能达到的深度共同构成的新独家新闻时代文体。其中，独家的角度与独家的表达，在真实的操作中更为必要。

（一）独家角度与独家表达

独家的角度多来自深度报道的选题和采访，取决于该选题在多大程度上受到受众的关注，选题的新颖程度能否达到独家的标准，以及采访时的切入角度。但独家角度也可以来自写作时叙述视角的转变，深度报道的一个典型叙事方式就是通过人物作为线索来讲述故事，但除了“人”就没有别的角度了吗?

比如说，以一只昆虫的视角来看待气候变化或环境变化，就会发现一个新的世界。《南方周末》记者江华的报道《三年大旱之后》聚焦蝗虫灾害造成的后果，如果站在人类的角度来思考问题，蝗虫是害虫，蝗虫作恶对生态环境造成了破坏，但写作这篇报道时，记者转念一想，蝗虫难道就没有生存的权利吗? 从自然界物竞天择这个角度来看，蝗虫这个物种和人类这个物种正在发生互动，那么如何才能写出更有意思的报道呢? 要写的对象是一群正在破坏人类家园的害虫——东亚飞蝗。记者江华当时灵光一闪：

> 我突然生出一个奇怪的想法，既然人类在破坏自己的家园，蝗虫为什么不能以集体的力量来夺取你的领地，它们也要生存啊。我从一开始就没有俯视蝗虫，而是平视它们的，我没有把它们当害虫看，我企图与它们对话。

虫子不可能开口讲话，记者就仔细、冷静地观察蝗虫的行为。在观察过程中，记者把每一只蝗虫看作一个“人”，他甚至说：“对被观察对象必须平等对待，不能偏执，哪怕蝗虫也需要平等。”正是带着这种新鲜的、人性化的视角来看待蝗虫这种特殊的采访对象，记者才写出了颇具特色的蝗虫灾难报道，其中一句话是：“在一个黄昏的午后，金色的阳光照在一片一望无际的玉米地上，数万只东亚飞蝗在阳光的照射下交配。”记者写出了那种以蝗虫为人性化主体视角的景观，让人印象深刻，使得原本可能读起来枯燥无味的报道变得生动、有趣、可感。[①]

① 张志安．深度报道：理论、实践与案例［M］．北京：高等教育出版社，2015.

独家的角度和表达两者在真实操作中几乎同等重要，但是好的独家表达的判断标准，一直在不断地发生变化。在深度报道的发展历史中，有很多名垂青史的代表作，尽管过一段时间再看，会发现它们有很多缺憾、不足，但是它们在诞生的时代是最独家的存在，在新闻报道业务上开创了全新的视角，才能够成为深度报道发展史上的一个里程碑。

（二）变化中的独家表达

根据当下最流行的新闻视角观察独家表达的变化，可以轻易地看出深度报道里静态的、专业的、偏门的内容，在新媒体时代正在逐渐地被更有传播力的、更加翔实的、更加注重文本和故事性的内容所取代。

前面我们讲过《中国青年报》的《冰点周刊》，其开篇之作《北京最后的粪桶》在刚刊出时技惊四座，因为它第一次把目光强烈地聚焦在一群小人物身上。传统的新闻选题思想并不认为小人物是新闻，并不认为它有新闻价值，而《北京最后的粪桶》为小人物写了整版的大稿子，并且引起强烈的社会反响。《冰点周刊》认为："冰点名为冰点，实为热点，而且是永恒的热点，是关系着老百姓和社会生命的深层次的热点。"在此后的 30 多年里，对于冷门的、小众的、弱势的人物的关注，在深度报道里占据了很大的份额，但伴随着互联网新闻的发展，静态的、专业的、偏门的内容的影响力或是新闻判断力正在慢慢地缩小，可以被选作新闻的内容正在慢慢地变少。

现实环境中，相对静态、专业、冷门的信息想要在互联网上引人注意，就需要加倍好的文笔表达，或是加倍好的独家角度，才能破除它天生的传播缺点。取而代之的是更加具有传播力的新闻，例如，受众会对更加具备人性分析、探索，有着更加翔实、充分的细节的内容有更强的需求，他们更加重视报道中整个故事的叙述完整性。由于独家表达要求的变化，如今的深度报道最终呈现中，最重要的、核心的能力是叙事能力，能够把一个复杂故事讲清楚的能力，能够使复杂的故事灵动地呈现在人们的眼前且不会使人迷惑、混乱的能力。

二、讲故事与叙事能力

美联社资深记者杰里·施瓦茨（Jerry Schwartz）在《如何成为顶级记者——美联社新闻报道手册》里讲到，"讲故事实际上是一种很特别的报道形式"，"故事也可用来解释一件事情"。"以说故事的方式向人们提供的信息更容易被理解和记忆。因为这种方式让人放松，让人觉得有趣。以这种方式整合过的新闻素材将更加有效地吸引读者。因为读者看到的不再是干巴巴的事实罗列，而是真实的生活。”①

一个有意义的故事能够使读者产生强烈的共鸣，更重要的是它触及社会公共治理当中的关键问题，而且能对现实社会产生影响。换言之，讲故事的意义在于能够让读者抵达对不同层面真相的理解：

第一层，通过这个故事能够让读者看到一个个体身上存在的具有张力的人性，或者一个事件或一种现象背后复杂的多层面的因素和逻辑。

第二层，通过这个故事能够让读者了解一个被遮蔽的真相，而且这个被遮蔽的真相具有相当程度的典型性。

第三层，通过这个故事能够让读者对复杂的社会现实做出更深刻、更全面的认知，这种基于具体个体、事件或现象的认知，能够拼贴成社会真实场景的“信息地图”或“知识地图”。

第四层，通过这个故事，能够让读者看到一个事件或一种现象背后隐藏的权力结构，并且对这种权力结构中的公共治理逻辑以及权力结构中所存在的缺陷和问题有更加深切的认识，而这个故事的披露，又或多或少对推动公共治理的完善发挥了积极作用。

当然通过对事实真相的曝光，在一定程度上还可以引发舆论关注，能够推动、促进事态的解决，形成对问题的批判性认识，这些都是深度报道讲故事的价值和意义所在。②

调查性报道和解释性报道作为深度报道的主要构成部分，都是可以用讲故事的方式来呈现的文体。调查性报道着重于将重大事件调查透彻，用事件中的故事向读者展示清楚它的来龙去脉。解释性报道虽带有解疑释惑的作用，但不能简单地列出大量的定义、学术词汇，按照论文的行文方式去写作，而是需要用翔实的故事通俗地向人们解释一件事情，用讲故事的形式向读者提供实用的信息。

从阅读层面看，深度报道并不是对读者特别友好的体裁，篇幅较长、内容偏深奥，会消耗读者更多时间、精力去汲取信息。从写作者的角度看，这就更加需要利用生动而有趣的叙事方式吸引读者持续将报道看完。因为讲故事的形式更加令人放松，能够显著地提高文章的趣味性，用这种方式整合过的新闻素材能更加有效地吸引读者，让读者看到相对更加丰富、精彩的内容，而不是干巴巴的事实罗列，用讲故事的形式向人们提供新闻信息更加容易被受众理解和记忆。

---

① 施瓦茨．如何成为顶级记者：美联社新闻报道手册［M］．曹俊，王蕊，译．北京：中央编译出版社，2003：157.

② 张志安．深度报道：理论、实践与案例［M］．北京：高等教育出版社，2015.

所以，深度报道最核心的写作要求就是记者要有强大的叙事能力，第一个层次是清晰地叙事，把事件叙述清楚，能够让读者知道是怎么回事。更高的层次是清晰而生动地叙事，能够让读者觉得有趣并愿意读下去，很容易去理解报道中的信息。

（一）好故事的构成要素

通过强大的叙事能力讲出的好故事需要哪些要素构成呢？

第一，主题。写作深度报道的第一个重要环节就是确立主题。一个好的主题不能是简单的、孤立的一人一事，而是需要映照出更加广阔的时代环境或问题。它既要能将成千上万的字浓缩成一句话，简洁地告诉读者这是一个怎样的故事，又要能将简单的一句话故事再放大成充盈的、立体的故事。要确立好的深度报道主题关键是两点：一是主题要深刻，这是深度报道的基本追求，要报道一个有意义的故事；二是主题要独特，报道主题越独特就越能吸引读者。只有新鲜、深刻、独特的报道主题才有力量，才能打动受众。

第二，素材。素材的收集主要展现在采访中，记者需要在采访中找到充分的样本，将人或者事的细节、画面及整个故事掌握住并凸显出来。在确定新闻主题和立意方向后，记者需要对素材进行分类和整理，仔细判断每一部分的材料是否已经足够他“做一盘好菜”。好的记者要懂得对众多材料进行取舍，删繁就简，舍去平庸的故事，突出最主要的故事，具体步骤如下：

首先，将所获取的素材全部列出来进行分类。包括主角的行动和认知，配角的行动和认知，人物的家庭、职业、社会关系等背景材料。

其次，初步总结出最有价值的报道点，一般至少有三个小主题，将采访材料适当归类到不同的小主题之下。划分主题的能力主要来自记者平时阅读经典作品，揣摩其结构、逻辑和层次的积累，需要注意各个主题间的逻辑关系，以及采用的小标题能够抓人眼球，吸引读者继续看下去。

最后，确认每个部分都有足够的素材支撑，尤其是有令人兴奋和印象深刻的细节和故事，考虑各个部分用力均衡，同时又突出重点。

第三，也是最重要的，写作逻辑。即在应用素材写作时，打造出一个叙事的逻辑，把叙事链条的架构合理化并转变成清晰的叙事。

第四，细节。“细节是魔鬼”，不管是看电影还是看小说，最能打动受众的就是细节。深度报道写作也需要很多细节，这些细节往往能起到画龙点睛，烘托气氛和塑造关键人物的作用。实操过程中，写作和采访之间需要交融，才能共同描绘出让故事经久不衰的故事细节。一方面，记者在采访中需要拿到足够充实、有用的细节，另一方面，记者能够清晰地知道在写作中用何种方式在具体的某一部分去展现细节营造画面感，既凸显出细节的重要价值，又不喧宾夺主，抢占主线的风头。

美国《华尔街日报》的资深记者威廉·E. 布隆代尔（William E. Blundell）在《〈华尔街日报〉是如何讲故事的》一书中写道：“我们的注意力总是放在了读者对信息的需求上。于是，我们忽视了一个所有读者最普遍的要求，一个所有要求中最基本的要求：给我讲一个故事。我们既是事实的提供者，更是故事的讲述者。”[①] 记者想要成为一个合格的新闻生产者，应该学会如何通过讲述一个完整而有逻辑的故事，从而使得人们了解一段事实。

（二）叙事能力是核心

不同题材的新闻有着不同的魅力，不同的新闻文体既是一种向社会大众传播信息、普及信息的载体，同时也是新闻写作者锤炼自己、提升自己的有效方式。各种不同的文体能够带给记者不同的能力，例如，记者在简短的新闻消息写作中学习倒金字塔结构可以锻炼在最快的时间里抓住最核心的信息的能力。而深度报道能带给记者更加清晰完整的叙事逻辑及核心的叙事能力，它涵盖了故事结构和叙事技巧两方面，这两者的关系就像是大厦的骨架和大厦的外立面及内在装饰，一方面是探索骨架如何搭建，一方面是探索如何做到骨肉匀称、细节丰满，只有两者相互搭配，才能建造出一栋完整的建筑，才能让受众对它有评价的基础、喜爱的前提。

1. 叙事的层次

深度报道的叙事从写作角度看，更加贴近文学作品写作，例如小说或电影脚本，它们之间的区别在于小说或电影脚本会更多依托于虚构事实，甚至会为了增加情节的冲突、矛盾，增加虚构的、巧合的部分，而深度报道作为新闻品类的一种，应该在写作过程中完全遵循真实、客观原则，例如不能为了搭建人物形象而人为地舍弃部分信息，更不能为了搭建故事的框架，刻意地扭曲信息。从真实性角度看，深度报道叙事比构造小说、戏剧、电影要更难，因为多数情况下，文学创作可以插上想象的翅膀，而新闻必须完全地依托于事实。

在深度报道中，往往按照新闻事件的基本情况—新闻事件发生的原因—新闻事件的意义及影响—新闻事件的发展趋向这一思路来组织和安排材料和观点，以求使报道由浅入深，不断深化。但这样的基本结构已经不能满足时代对深度报道更高的要求，按照“起承转合”的文学逻辑进行谋篇布局会使报道更具可读性，著名的“华尔街日报体”结构就是如此，但是同时必须要注意，深度报道的起承转合，需要完全依据于所拿到的事实素材，尽量地接

① 布隆代尔．《华尔街日报》是如何讲故事的［M］. 徐扬，译．北京：华夏出版社，2006：3.

近事实原貌。

起，是报道主体的开端部分。好的开始不仅能够带动受众阅读深度报道，而且能够为整个报道确立报道主旨、奠定报道基调或营造整体氛围。记者要精心琢磨，用一句最精彩的话、一个最具张力的情境开场，实操过程中用一两个小时去琢磨一个开头是非常常见的。普利策新闻奖获得者索尔·皮特在一篇关于特写写作的文章中写道："精心开头，巧妙结尾。"好的深度报道开头就好比在一盆清水里滴了一滴浓厚的墨汁，然后墨汁一下子四散开去，于是整个故事就开始了。

深度报道的起始类似于树冠，它应当具备的特点如同倒金字塔式的导语，应该包括重要的、新鲜的、为世人所关注的内容。根据所选择的正叙、倒叙、插叙等叙述方式的不同，可能是开门见山，直接地叙述事件的开始，可能是先交代这个事件的结局，也可能是从其中的某一重要事实开始，但具体采用何种叙述方式需要根据题材类型、事实跨度进行选择。

承，在报道中起到承上启下的作用，讲述事件的经过和来龙去脉。转，就是文章转折起伏的部分，突出矛盾和冲突，转折处常常形成文章高潮。承和转在写作中交错呈现，难以分开。如果把消息叫做倒金字塔体式写作，那么深度报道应该被叫做心电图式写作，它应该像一条龙一样有起有伏，与清代诗人袁枚在《随园诗话》中所写的"文似看山不喜平"一致，记者在搭建文章结构时，要做到有急有缓，不能平淡地叙述到底。

想要做到生动地叙事，就需要在"承"和"转"上着重渲染，《中国青年报》的《冰点周刊》总结到：一个好的开头，大概能够带动读者读 1 000 字左右。所以在 1 000 字左右的时候，必须要增设一个小起伏，保证承和转两个部分在整个的文章中既做到承上启下，自然地达到逻辑的接续，又做到有转折、有矛盾、有冲突，在冲突中形成或大或小的高潮，不断地吸引人们继续看下去。

合，指在新闻主体的结尾部分交代事件的结局。它与倒金字塔写作形式的虎头蛇尾特点不同，必须强而有力，可以是一个包含结论的概述，也可以预示今后发展的方向，但最终都要能够和前文的开端相扣合。结尾的结构，按照内容与报道意图的不同可以采取开放和封闭两种形式。如果报道的题目允许有一个明确的结论，则以采取封闭式结构为宜，在这种结构下，全部论述都朝向最后这个结论发展。如果所报道的题目争论、分歧过多，不宜做出明确的结论，则以采取开放式结构为宜，在这种结构下，应当对不同的论点分别论述并给予其同等的地位。①

---

① 刘勇．深度报道采访与写作［M］．合肥：合肥工业大学出版社，2006.

但不论是哪种结构的结尾，都应该“余音绕梁，三日不绝”。特稿记者曹筠武曾经总结过一个关于深度报道结尾的方法：“好的结尾是要抗拒结尾的。”抗拒结尾意味着，虽然报道在纸面上已经结束了，但由这个报道所引发的思考却开始在读者心头蔓延开来，久久萦绕，挥散不去。所以，深度报道结尾未必是掷地有声的，只要能让人在沉默、静思中深刻把握报道的主题和思想，就能“此处无声胜有声”。

2. 叙事的逻辑

“起承转合”支撑起报道的叙事结构，但结构不光由叙事层次来决定，也由叙事逻辑决定。在写作的全过程中，第一点应该被关注的就是最终稿件的呈现必须思路清晰、逻辑顺畅，方便读者在看完整篇报道后，可以在最短的时间内梳理清楚事实的逻辑链，也使得事实的逻辑链通过稿件完整地呈现出来，即叙事要求的第一层：清晰叙事。

第二点，为了做到生动叙事，记者需要善于提取新闻点，在获得新闻线索时敏锐地抓住重点并且围绕这个新闻点展开采访。在写作中寻求稿件的构造时，把围绕这个新闻点获得的素材罗列开，写出比较有趣的、能够吸引人的亮点，或者叙述出记者在采访时就觉得印象深刻的故事。同时还将它们定位到逻辑的链条上，使得这些重点能够相对比较均匀而参差的分布，最终实现有趣的叙事。

第三点，保持文笔平实，把想说的事情用相对平实的词说清楚。根本上看，新闻是传递信息的载体，它不需要华丽的铺陈，好的文笔应该融入到细节展现、情感渲染等部分去充分体现，而不能用文笔添加议论，或者是生硬地构造，否则就违背新闻的主旨。尤其是在调查性报道中，它的语言讲究朴实无华，报道不宜过分渲染情感，记者要通过对事实全面、细致、准确的叙述，运用事实本身的力量去感染、打动和吸引读者。由于调查性报道往往涉及被监督对象不愿意披露的事实，因此语言越平实越有利于记者的自我保护。

第四点，记者对细节要敏感，要善于观察。记者要抓住常人不注意的细节，制造一些陌生化的场景效果。例如，获得第二十届中国新闻奖三等奖的新闻《凌晨三点的送饭人》，一开始便通过对主人公何萍一系列细节动作的描写，展现出一个勤劳朴实的妇女形象以及她在厨房里煮面的形象场景：“摸进了厨房，开灯……从冰箱里取出白天准备好的牛肉、萝卜、白菜和皮牙子(洋葱)，洗干净，切成小丁，然后再和在一起轻轻地剁碎。面是头一天就和好的，搓成条，切成均匀的面丁，擀开……烧水，下锅，煮熟，再准备蘸料。”

一篇合格的深度报道应该通过文笔的联结将叙事层次和叙事逻辑有机地统一起来，例如《新京报》的报道《葛振林：一个老兵的背影》：

> 2005年3月21日，并不是一个特殊的日子，就像1941年9月25日一样。
>
> 那个瞬间之后——当他与四位战友从狼牙山主峰棋盘坨一跃而下，命运又给了这个战士64年的时光。

这就是一种将层次与逻辑结合融洽写作的方式，如果作者如实地写"2005年3月21号，狼牙山五壮士最后幸存的老兵去世了"，不失为一种直白且简洁的方式，但在行文结构上就会缺少跌宕，缺少向下构成整个文章结构的契合点。而文中的写法，既没有浪费文字，又清楚地道明新闻事实。文章在第一句话里就同时交代了两个日期，第一个日期是老兵去世的日期，第二个日期是老兵成为著名的狼牙山五壮士之一，宁死不屈跳崖的日期，第二句话里交代了他的身份。如果换成最直白的消息导语的写法，非常高效而直接地告诉读者很多新闻要素，会对整篇文章的结构和含蓄性有所破坏。

第二节 调查性报道的写作

调查性报道是深度报道中一种较为特殊的报道形式，是记者通过比较长期而完整的积累、观察，与当下的调查研究相结合，对社会事实或现象进行的深入、系统的报道。它要求记者在写作中秉持事实准确、逻辑清晰、证据扎实、语言简洁等具体要求以及客观平衡、克制表达、保护信源等注意事项。

一、调查性报道写作的总体要求

任何一种新闻体裁，想写好都需要用心，调查性报道也不例外。调查性报道的特性是揭露他人试图掩盖的涉及公共利益的真相，一方捂盖子，一方揭盖子，本身就具有强烈的对抗性，不可避免地会触及一些人或团体的利益。记者在写作调查性报道时一定要有避免陷入诉讼的意识，努力做到"文章不写半句空"，报道中的每一个字都是有证据的，有信源的。言之有据、准确无误是调查性报道的第一要求。在此基础上再去优化报道的语言、结构等，让读者看到一个好故事。[①]

威廉·C. 盖恩斯（William C. Gaines）在《调查性报道：成功报道的策略》一书的前言中提到要成为一名成功的调查性记者，需要有8种策略和

---

① 高钢，潘曙雅．新闻采访与写作［M］. 北京：中国人民大学出版社，2018.

方法①：

辨识值得调查的社会问题。

明晰对官员的法律和伦理限制，就能帮助记者揭发错误行为。

理解对记者的法律和伦理约束：所有新闻从业人员都应当遵循新闻行业的职业道德和行业准则。它们抵制各种有意歪曲事实的报道，反对通过新闻报道谋求个人利益，摒弃所有可能影响记者报道的个人偏见。

寻求公共信息，并且知道如何运用。

认识到在处理私人信息时存在一些特殊问题。

调查性报道需要公平和平衡。

极为重视报道的准确性。

以合适的方式报道新闻。

严格说来，调查性报道的写作没有固定格式，题材的多样性决定其可表现方式的多样性，而且与一般动态新闻相比，这类报道也是最有利于记者发挥写作个性的报道，并能有所创新和突破。但是，调查性报道作为深度报道的一种类型，它首先需要满足深度报道的总体要求，即生动而清晰的叙事。其次，虽不拘泥于格式，但总体上，调查性报道仍需要有以下基本写作要求：

第一，事实准确、逻辑清晰、证据扎实、语言简洁。事实准确是所有的新闻天然应该达到的标准；逻辑清晰，是对于深度报道的总要求，深度报道要求能够达到清晰而生动的叙事水平，虽然调查性报道环环紧扣很难达到生动性，但最起码一定要达到清晰叙事。证据扎实对于调查性报道非常重要，近年来很多的反转新闻都是因为证据链不足够扎实。语言简洁也是对新闻的总体要求，真正的比较好的清晰的新闻作品，在用词上是简单的。因为最核心的内容不在于炫耀华美的词汇，而是要告诉人们调查链是什么。

第二，从文本的形式上说，调查性报道应使用“短句短段”，每一句话都尽可能短，两三句组成一段，每一段的文字控制在150个字左右。段落的处理也是报道展开的一项重要技巧，通常写作中使用的段落划分技巧对调查性报道并不适用，它们太长可能会影响读者的阅读兴趣，因此记者就要将一个大的段落划分成小的阅读段，并恰当使用转折词、强调词等调整节奏，使阅读变得轻松。但划分段落必须在保持文意通畅的前提下进行，如果划分后的文章显得支离破碎，让人不明所以，说明记者没有处理好段落节奏。②

---

① 盖恩斯．调查性报道：成功报道的策略［M］．马锋，译．北京：中国时代经济出版社，2011.

② 刘勇．深度报道采访与写作［M］．合肥：合肥工业大学出版社，2006.

第三，从信息角度说，调查性报道里的所有文字都需要能够提供有效的信息，记者要学会剔除掉“正确的废话”，即放在报道里没错，但又不会提供有价值的信息的话语。

二、调查性报道写作的具体要求

调查性报道的写作，和其他新闻题材的写作有很多共同的要求，如客观、真实、准确。同时，调查性报道还有很多特殊要求，如特别重视证据的使用、信源的使用等。总体上说，调查性报道写作的总体要求是：事实准确，逻辑清晰，证据扎实，语言简洁。

（一）事实准确

真实是新闻的生命，新闻报道中的每一个具体事实必须合乎客观实际。一篇报道只有真实可信才会有力量，相反则会对作者及刊发媒体的公信力造成严重损害。调查性报道对真实性的要求更高，因为该报道会涉及利益冲突，哪怕很小的差错都会造成重大的利益损失，更重要的是，调查性报道的诉讼风险比较高，属于新闻官司相对高发的新闻种类。[①] 所以，调查性报道涉及的所有信息，包括当事人的姓名、性别、居住地、职务等一切信息以及日期、地名等跟 5W1H 相关的基本信息都务必准确。尽管这些信息看起来是十分容易获得的，但要做到这些信息准确的难度就在于，有时当事人说出来的信息也未必准确或是可信。

“真实故事计划”团队曾在一篇稿件遇到过事实核查问题，据当事人所说，某一个日期他在罗布泊放羊时亲眼看到了核爆炸，并且当事人还能描述出当时的天气，听起来记忆清晰，言之凿凿，似乎没有什么问题。但此后作者核实信息时发现，当事人所说日期的天气情况并不适合进行核实验。此后作者又去查县志及其他权威的出处，但因为核试验是保密行为，很难有公开资料查证，最终经过重重途径才证实是当事人的记忆出现了误差。

报道新闻过程中遇到的任何一个和事实相关的信息都需要核实，尤其是深度报道里经常会涉及很多数字，记者要有专业性敏感，要对所有数字进行整体梳理，寻找数字之间的逻辑关系，并验证其是否合理。这便是事实准确的第一个层次，即所有跟硬新闻相关的信息都必须准确。

事实准确还包括引语的完整，概括的精当。深度报道的采访次数多、时间长，为了不损害被采访者原意，记者也许会将较为啰嗦的原话全都放进报

---

① 刘万永．调查性报道［M］．北京：人民日报出版社，2015.

道文本中，但这种做法是不可取的，因为它会影响新闻的整体效果。因此，从采访资料里选出所需要的信息，并将其精当概括，不损害其原意，也是记者需要做到的事实准确。

（二）逻辑清晰

调查性报道的主要对象是损害公众利益的行为，而行为人由于是既得利益者，自然会千方百计地掩盖自己的行径，给调查记者制造出种种假象，因此需要调查记者运用缜密的逻辑思维来考量采访对象，并且在文章中严密、准确地表达出自己的观点。有的新闻事件涉及面广、时间跨度大，如何表述清晰，对记者的逻辑能力也是一个考验。对记者来说，采访得到的素材，哪些能用、哪些需要舍弃，是需要认真判断的。最终呈现给读者的应该是符合逻辑的，这种逻辑就是要用某一事例说明某一问题，事例和问题之间要有直接的、必然的因果联系，而不是向读者提供似是而非的信息，或者是忽略其他因素，只提供一“因”，引导读者得出作者希望得出的“果”。[①]

在写作时，记者可以先按照时间发展顺序列出大事记，理清楚事件过程中的人物关系、事件关系，用专业判断排除所有的不确定性和疑问，之后再用前文提到的寻找最优解的方法将能想象到的叙述方式都穷举出来，试着用两种以上的讲述方式结构文章，进行心电图式的转折排列，通过分析利弊来判断出最优方式，并利用其去展开报道的逻辑线。

（三）证据扎实

一名调查记者不能成为信息的搬运工，消息源说什么就在报道中写什么，即“有闻必录”，而是应该首先去核实证据的真实性。证据扎实与采访中的准确、溯源、验证分不开，一方面记者要在采访中去做溯源、验证等交叉核实工作，另一方面写作中要注意在上下文的叙事中完整交代出清晰的源头，在将采访素材向成稿转变的过渡中，使用任何的证据都需要交代其合法出处，并将其放在合理的地方交代，不能破坏语句的结构，使得证据之间能够形成比较完整的链条，没有漏洞，最终可以指向唯一的结论。

（四）语言简洁

调查性报道的故事比较曲折，人物关系复杂，因此篇幅会比较长。同时，因为某些原因一些调查细节难以呈现，因而可读性会受到一定程度的损伤。在信息碎片化的今天，动辄五六千字的报道很难吸引读者。新闻越长，阅读

---

① 刘万永．调查性报道［M］．北京：人民日报出版社，2015.

越难，调查性报道要尽量压缩篇幅，写得简洁明快。但调查性报道与一般只重视结果的客观性报道不同，它既重视结果也注重过程，通常有一个完整的、复杂的调查过程，无论是在西方新闻界还是我国新闻界，都把展示调查过程作为展开调查性报道内容的最有效途径，但并不是所有的求证过程都有必要完整地展现给读者，例如记者因为受到阻碍、挫折走过的弯路、错路，只要不具备信息量就应该被去掉。

展示调查过程通常有两种方法：一是把记者调查采访的详细过程写入报道，以此为主线串联新闻素材；二是运用调查得来的大量隐喻和背景材料来反映调查过程，不断把调查引向深入。但不管采用何种方式，只要求证过程构成这个事件的主体部分，就应该被展现。例如，某一关键当事人，出于某种考虑不愿意接受采访，记者进行了各种尝试也无法采访，就应该在文章中说一句“记者尝试了多种方式联系当事人，但是仍然没能够采访到”。

三、调查性报道写作的注意事项

（一）做到客观、平衡

事实上百分之百的客观是不存在的，记者采访一件事，不可能将所有的素材都写进报道，舍弃哪些，使用哪些？写进稿子的材料用多少，怎么用？这都取决于记者的判断，既然有判断，就不会完全客观。尤其是在有一定篇幅的深度报道中，想要做到客观可谓难上加难，但为了展现多元而立体的题材，记者需要更注意平衡，在写作中不偏不倚。

在采访时，客观和平衡是要把正方、反方等各方意见都采访到，全面掌握信息之后再判断，不能先入为主，戴着有色眼镜去采访。而在写作中，客观和平衡就是公平地对待所有的采访对象，准确地反映不同利益方的主要观点，不故意歪曲、剪裁、嫁接他人言论，尤其是道德意义上的“坏人”，记者也许会很希望去揭露他，但也要公平对待。事实上，真实的展现并不会削减事情本质所带给人们的认知，而是更加接近事实的全貌。即使是“坏人”，记者也应该在调查采访中给他们发声的可能，也更要在写作时给他们发声的机会。

写作中的平衡，并不是机械地用文字长度来证明，例如用了 100 字表述正方观点，也要用 100 字表述反方观点，而是要准确、完整地表述所有相关方的观点、意见。例如 2004 年 5 月 8 日《新京报》对湖南嘉禾拆迁事件进行报道，尽管这则报道是对地方行政权力滥用的批评报道，但记者在行文中也运用了结构平衡原则，既有对拆迁户的细致采访，也有对拆迁方的介绍和解释，按照该文编辑的观点，记者采写新闻报道的基本理念是：坚持以事实为本，追求报道平衡与零度情感。

另一方面，注意平衡性原则，有利于展开冲突。调查性报道吸引受众的重要原因之一就是它具有冲突性，对立双方之间的矛盾和碰撞是受众最感兴趣的地方。调查性报道平衡展示冲突双方的意见，给对立双方提供互相批评和辩驳的靶子，可以引起读者的阅读兴趣。

（二）克制

初学调查性报道写作的记者将事件从0%调查到80%时，很容易错误地认为自己掌握了全部真相，可能会先于任何人产生出对黑幕的憎恶，可能会在自己毫无知觉之中产生一种“先知先觉”的优越感，在报道的文字中掺入自己的情绪和倾向①，用非黑即白的方式给采访对象贴标签，站在道德制高点臧否人物，做出武断的判决。然而这种情况在调查性报道中必须受到克制，它需要冷静客观的文字，让读者和记者一样经历了解事实真相的全过程，最终达及调查结果，认可调查结论，而不要让读者直接听到记者对调查结果的评论，这才是调查性报道的力量所在。

近年频频出现的新闻反转现象，事实上就源自个别调查性报道的初始版本给出过于极端的判断，包括2016年发生的影响法制进展的“于欢案”。《南方周末》的《刺死辱母者》是第一篇关于“于欢案”的报道，由于它并没有展现出来全貌而引起了社会的广泛争议。

> 辱骂、抽耳光、鞋子捂嘴，在11名催债人长达一小时的凌辱之后，杜志浩脱下裤子，用极端手段污辱苏银霞——当着苏银霞儿子于欢的面。匆匆赶来的民警未能阻止这场羞辱。情急之中，22岁的于欢摸出一把水果刀乱刺，致4人受伤。被刺中的杜志浩自行驾车就医，却因失血过多休克死亡。

典型的“华尔街日报体”开头带有明显的主观引导倾向，媒体将于欢包装为无辜的受害者而企图引起社会大众的共鸣，它们通过迎合大众的某种心理，有意图地引导舆论。而事实上，许多事件的反转就是这种无辜的弱者身份破碎所导致的，大众都去关注于欢母子的受害者身份，但是媒体也要提醒读者注意到他们非法集资并长期拖欠债务方面的事实。哪怕写报道的目的是为受辱者发声，调查性报道记者也必须学会克制自己，不管获取的证据多么扎实，写作中都要坚持“十分把握写七分”的原则，这样遇到问题时才会有

① 高钢．新闻报道教程：新闻采访写作的方法与技术［M］．北京：高等教育出版社，2010．

闪转腾挪的余地。

（三）只写有证据的信息

不是所有的新闻事件都能写成故事，因为故事要有丰富的细节支撑，而调查性报道只能写有证据的事。因此很多调查性报道读起来没有那么丰满，与之相反的是，记者手记可能比正式报道还精彩，这是一个很令人遗憾的现象，因为想要达到客观平衡和克制，记者必然就要舍弃一些采访中得到的但并没有充足证据的细节，它可能特别有趣，但是没有证据的支持，记者只能把它放弃。

同时，即使某种情况是在掌握足够多的证据之后，是可以很轻易地推测得到的，但这一推断也绝不能出现在报道中，记者只能将证据呈现出来，由读者自行判断。

（四）杜绝微小的错误

越是一些细小的错误，越容易被忽略，也正是这些看似不起眼的错误，影响着整篇报道的真实性。例如，日期和自然景观。在报道中记者在交代背景时可能会写到“某月某日，天气如何，一轮弯弯的月亮挂在天上”，这一句话中，日期、天气、月亮的形状等相关的、有逻辑关系的微小事物一定需要注意，记者需要查询稿件中所有发生关联的数据是否一致，例如根据日期可以查询到它所对应的阴历日期以及当天天气状况，从而判断月亮是否为弯月。对于这些内容，哪怕是当事人言之凿凿，记者也一定要亲自核验，杜绝微小错误。

曾经轰动一时的常林锋案，一些媒体在报道中出现了纰漏。常林锋原为中国电子报社副总编辑，2007 年 9 月因涉嫌杀妻焚尸被刑拘，一审因故意杀人罪、放火罪被判处死刑，缓期两年执行。常林锋不服提起上诉，在被羁押 6 年后常林锋被二审法院当庭宣判无罪。6 年里，媒体对常案报道很多，但主人公的名字有的写成“锋”，有的写成“峰”，甚至在同一篇报道中，既有“锋”又有“峰”，读者会问，一篇连案件当事人的名字都不停变化的报道，可信程度到底几何？[①]

也许在一篇报道中，月亮的阴晴圆缺或是主人公姓名的偏旁部首并不影响报道的发展变化或读者的阅读理解，但细小的失误会影响整篇报道的真实性。

---

① 高钢，潘曙雅. 新闻采访与写作［M］. 北京：中国人民大学出版社，2018.

（五）信源的使用和保护

因为有人千方百计地掩盖真相，所以那些站出来接受记者采访揭露真相的人才显得宝贵。本书在讲述采访时已经阐述过如何保护信源，而保护信源的真正落实是在写作中，尤其是绝大多数的调查性报道都存在阴暗面的揭露，会有对于社会问题的监督，对于信源的使用和保护要尤其小心。

在写作时，记者必须注意分清可以公开的信源和必须严格保护的信源，而且写作中有关需要严格保护的信源的信息必须经过反复的观察、检验去判断是否会暴露其身份。20 世纪中国对外宣布发现大油田，但有关的具体信息仍在保密阶段，新闻报道发布了一张铁人王进喜的照片，日本有关智库通过对油田照片、照片上的工人着装的分析判断出，该油田属于东三省。在深度报道中，很多信息其实都能够暴露出来匿名信源的蛛丝马迹。

如果需要对一个信源进行严格匿名的话，完稿之后要进行从头到尾地检查，以防有人从报道透露的信息中推断出信源的身份。例如，第三人称为“他”或者“她”，会使得判断范围缩小 50%。对信源的使用和保护必须要全方位地考量，不仅是在采访、写作期间要注意保护，报道结束之后也应该保护。例如，有记者习惯写采访手记或者发朋友圈，或是在平时跟人聊天的过程中就有可能无意中透露了采访对象的身份信息，从而让采访对象陷入困境。

（六）禁止合理想象

有些记者为了增强报道的现场感，让报道更生动，会在采访不足的情况下，凭借想象“脑补”出一些细节，即所谓的“合理想象”。合理想象虽名为合理，但想象有了错误就会出现假新闻，应该被严格禁止。尤其是调查性报道的非突发性特点，导致绝大多数调查性报道都是回溯过去的进程，根据记者的组合、调查、挖掘，重现已经结束的事情。所以记者在重现过程中极有可能无法完整展现出事件全貌，但也不能为了满足报道的生动需求，而进行合理想象。

第三节　解释性报道的写作

解释性报道一般用于比较复杂的重大问题的报道，用充分的背景材料侧重解释和说明新闻事件发生的原因和产生的结果，是深度报道的一种。它要求记者在写作中时刻围绕受众的理解难点并用新闻的方式进行专家级的表达，为报道补充相应的历史材料、环境事实、数据信息等背景，秉持回应关切、通俗化“翻译”、追究深层次因果关系等注意事项。

一、解释性报道写作的总体要求

在哥伦比亚大学新闻学院的新闻分层中，解释性报道是新闻报道的最顶尖一层。它的总体要求第一点就是记者所解释的重点应该紧密地结合人们理解、认识上的难点，解答读者的困惑，呈现读者想要了解的内容，才能使解释性报道有价值及存在的必要性。

2019 年 7 月，互联网上曝出一张照片，显示出三峡大坝有弯曲的状况，随即“三峡大坝已变形，溃堤在即”的言论刷爆社交网络。随后，中国航天科技集团有限公司在其官方微博上贴出了高分六号卫星于 2019 年 6 月初过顶三峡上空时拍摄的图像，证明三峡大坝安然无恙。最后核实原因是谷歌地图卫星拍摄受到多重因素影响导致了图片误差。此时记者如果要撰写相关的解释性报道，应从以下方面进行解释：（1）谷歌地图卫星图像为何会出现扭曲现象；（2）根据大坝的结构、承受力等各项数据，大坝是否存在因常年冲刷而变形的可能性；（3）如果三峡大坝出现质量问题会如何解决。

只有紧密地贴合读者想了解的内容，才能使得解释性报道被需要。

第二点要求，也是解释性报道最难的一点，即记者需要用新闻的方式进行专家级的表达。要想准确清晰地对主体新闻进行解释，记者就必须对主体新闻涉及的专业知识和相关知识有透彻的了解，不能“以其昏昏，使人昭昭”。要想解释清楚专业领域的问题，第一前提就是让记者自己成为专家，只有这样，记者才有可能用准确的、规范的知识及语言完成解释新闻的报道任务。[①]

不同于拥有事件整体脉络的调查性报道，解释性报道带有的知识性，使其在一定程度上枯燥且乏味，记者需要用新闻的方式进行专家级的表达，既要满足时效性要求，不能太慢、太晚，同时也要将专业知识进行通俗化表达。然而把专业知识翻译成通俗语言，需要有极强的把专业知识与日常生活中常见事物相类比的能力。例如，介绍脑梗死疾病时，记者不能给出“毛细血管堵塞”“神经缺血性死亡”等抽象的医学词汇，而需要非常清晰地刻画出脑梗死发病时，病人的身体有何种具体反应，比如眼睛开始出现重影、头部止不住地往下沉、手掌不受控制地蜷缩成鸡爪模样等等，这样才能让读者理解此疾病的危害及危急程度。

解释性报道的难点，也就是它的总体要求，是它应该向读者提供更多的

---

① 高钢．新闻报道教程：新闻采访写作的方法与技术［M］．北京：高等教育出版社，2010.

知识、更加复合的立场，展现出一个更加立体而多元的角度。解释性报道的选题既然是一个复杂的事件，那么在报道中就应该立体地展现出来，不应该只有一种声音，而是要更加宏观地展现出各种利弊。

二、解释性报道写作的具体要求

解释性报道由于需要对事件的前因后果、纵横联系做相当缜密的把握，就要求记者在写作过程中首先要十分注意对新闻事件所处的全局性背景的调遣和使用。美国著名记者杰克·海敦曾用“交代新闻背景并作出解释，表明新闻事实在某些背景下的意义”① 说出了解释性新闻报道写作的重要技术原则。运用背景的方法是，把报道的背景材料紧扣在新闻事实的基础上，灵活地加以穿插，以增加报道的时空纵横感，体现历史、趋势或影响的深度，并且要在报道的主人公与其群体、社会之间利用“搭桥”的技巧进行巧妙地切换。

需要进行解释性报道的新闻一定有不容易被一般人理解的难点，而要说明这些难点，一个重要的前提条件是要充分掌握相关的事实资料，因此，掌握相关事实就成为写作能否成功的关键。在写作解释性报道的过程中，通常有五类解释性新闻所需的事实。②

第一，历史性的事实，即反映新闻发展过程的相关事实。美国著名记者沃尔特·米尔斯说：“过去发生的事情，对于当前正在发生的事情及其原因是一种十分宝贵的指南。”③ 今天的事物都是从昨天发展而来的，当前的新闻往往可能是以前一段宏观历史的延续，了解历史发展的必然性，对于记者解释和分析问题，对于读者理解问题的本质，有着非常重要的意义。

历史性事实要求记者提供历史背景，帮助解释事件的来龙去脉、前因后果，揭示新闻的缘由，一般分为两类：一是事件本身的历史背景；二是与本事件相关的历史资料。多使用历史背景，有三个显著的好处：一是通过历史与现代的对比，突出当前新闻事件的特点；二是从报道风格和人文底蕴上来说，能够使报道更具历史的积淀感和厚重感，为读者展现出一幅宏大的历史画卷；三是能够使受众对于所解释的事件尤其是距离较远的事件有一个更形象具体的认识。④

在运用历史背景时，需要注意可能产生的误区，就是始终不要忘记历史

---

① 杰克·海敦．怎样当好新闻记者［M］．伍任，译．北京：新闻出版社，1980：211.
② 高钢．新闻报道教程：新闻采访写作的方法与技术［M］．北京：高等教育出版社，2010.
③ 赵华．突出“为何”要素　写好新闻分析［J］．记者摇篮，1999（10）.
④ 刘勇．深度报道采访与写作［M］．合肥：合肥工业大学出版社，2006.

背景是为当前发生的有待解释的新闻事件服务的，一味展开那些宏大的历史背景，而忽视了想要解释的对象，就会造成手段与目的的错位，并且违背了解释性报道写作的初衷。

第二，环境性的事实，即反映新闻产生和演进环境的相关事实，包括社会环境、自然环境。人是社会中的人，人生活在一个社会关系的网络之中，新闻事件也不能脱离人类社会而存在，它的发生总是与当时的政治、经济和文化背景紧密地结合在一起，从横向联系的角度看，将人放到社会环境中对于透视一件事物的本质有极重要的意义。解释性报道的受众是广大社会公众，如果不能把公众带到相关的社会背景中去领悟新闻，事实是很难打动受众的。

有关自然环境的解释性报道中，记者还需要提供环境事实有助于读者了解事件的相互关系，例如，三峡大坝疑似弯曲的新闻，记者需要告诉读者某些环境性的事实，不仅要告诉读者，中国历史上建造过多少个水坝，三峡大坝在所有的水坝建造史上是多大的规模，还要提供环境方面的事实，例如在自然环境、社会环境下，大坝需要如何进行维护，它的疑似变形在其他同类大坝中有没有先例。总之，就是要将记者需要解释清楚的事件核心清晰地定位到大环境中，帮助解释新闻与环境之间的相互作用，从而揭示出影响。

第三，简历性的事实，即反映新闻中人物生平与机构简历的相关事实。从篇幅上说，个体的简历性背景可能远远没有历史事实和环境背景那么宏大，但它常常是作品的点睛之笔，人物的履历、趣闻轶事，可以帮助记者完整描述新闻中的主体人物的形象或重点突出其特点，让读者更加清楚地看到新闻主体的成长经历、由来特点等，更加容易理解为什么会发生报道中的事件。但是解释性报道也不是人类行为学，个人简历背景往往不是解释性报道关注的全部和重点，所以，介绍个人简历背景时应尽量做到简洁，不能过于拖沓。

近年来，简历性的事实是涉及人物的新闻里非常流行的一种写法，但也出现了一些问题，因为简历性的事实力求从人性化的角度还原事件，从而削减了整体的新闻事实背景。例如，一个人遭受到了不公平的待遇，是当前社会的、制度的不合理所造成的影响更大，还是因为这个人本身的成长经历与性格造成的影响更大?

2019年5月30日，48岁的农民工张关利酒后讨薪，因拉闸干扰正常施工，被内蒙古五原县西环派出所带走后，在派出所内撞墙死亡，事发后引起了公众对于警权滥用的质疑。《新京报》发表报道《内蒙古男子派出所撞墙身亡追踪：生前"讨薪"之路》，讲到张关利平日脾气不好，生活也不太顺利，住在每人只需10元的旅店，妻子赌博输钱，一家的开销，基本都是靠张关利一个人挣，工作辛苦，还被拖欠工资、讨薪不成等等，用非常多的笔墨去重现这个小人物在城市里面生活的挫折、卑微，最后把更多的矛盾关注到这个人脾气不好、没事爱喝酒，醉酒将自己撞死的方向。但事实上整个事情的关注点应该是合理的执法权尺度。文章需要一个简历性事实，让读者更容易看清新闻人物的成长经历，同时也要注意不要片面地使得这些简历性事实影响主要的逻辑链条。

第四，数据性的事实，即与新闻相关的各种统计和分析的数据。一篇解释性报道，尤其是经济新闻，几乎不可能没有数据，近年来方兴未艾的数据新闻大部分都属于解释性报道，它借助于数据的抓取工具和可视化呈现工具，能够将使用传统手法无法大面积收集的数据整体归纳出来，使得读者更加明白新闻事件的宏观意义。数据性事实更加有利于去清晰地归纳、解释事件的本质，为记者提供解释新闻所需要的定量分析和基于这种定量分析的有说服力的结论。

第五，反应性的事实，即新闻在社会各界特别是在媒体所在地区的受众中引起的反响、评价。新闻相关的各方人员对于核心新闻事件或对象的表态、评论可以解释核心新闻要素的不同方面或层次的意义。如果说上述四类事实在解释性报道中都是为了解释得更加准确，那么反应性的事实就是记者通过选择不同的反应性事实不动声色地表达自己的价值观和立场。

三、解释性报道写作的注意事项

解释性报道从写作上比调查性报道难度更大。调查性报道的难度在于采访能否打破僵局，能否将事情给调查至水落石出，即使不能够彻底的水落石出，若是有一定进展也能行文。而解释性报道在写作层面相对更难，因为它的叙事逻辑链条并不像调查性报道那么清晰，记者需要认真地平衡、审视各个逻辑链条，谨记相关注意事项。

（一）回应关切

与总体要求相对应，解释性报道写作的第一条注意事项就是一定要写到人们最关注的领域，解释的重点不能跑偏。如果要解释一种病，就要解释这个病的病因是什么，有哪些症状，医学界如何认定它，如何去治疗它？新冠肺炎疫情期间的相关解释性报道，基本都是按照这个脉络进行的，例如医疗专业平台“丁香园”从简介、症状、病因、诊断、治疗、预防等方面来解释“什么是新型冠状病毒?”，“回形针”视频《关于新冠肺炎的一切》是从感染原理、传播方式、临床表现、预防途径以及致死概率来解释新冠肺炎。如果是解释一个原理，就要解释原理的构成是什么，影响是什么，作用是什么。总之，报道要回应关切，在采访时，就要根据公众对于新闻事件的理解上的难点去设置问题。

但是在新闻实务操作中经常会遇到一种情况，即采访对象在接受采访时，提供了大量的超出记者预期的内容。在这种情况下，记者需要始终保持头脑清晰，不论收集到的信息有多么广泛、密集、生动有趣，仍要根据与主题的相关性、公众的关注度来判断哪些内容值得写入报道文本中，始终以难点为核心，忽略无关信息。

（二）善用数据

善用数据，是解释性报道里非常关键的一点。数据常常被认为是最精确的事实，极具说服力，更直观，更让人信服，一些简单的数字往往更胜于对事实的长篇累牍的描述，尽管有时描述更加引人入胜，但找到准确的数据并使用，将会扩展解释性报道的范围以及最终的呈现效果。同时，恰当使用数据，能让读者清晰地感知某一新闻事实的宏观定位。普利策新闻奖得主马克·斯库福斯（Mark Schoofs）认为，数据可以量化记者所调查事件的发生频率，为报道增加实证的骨架，有时甚至能直接从数据本身就可以看出问题。

当然，对中国记者来说，想要获得数据往往非常困难，尤其是所谓的大数据分析，既有数据不公开的现实困难，又有较难逾越的技术壁垒。但是正如人们常说，只要思想不滑坡，办法总比困难多。在新闻实务中有记者通过查阅文献，以公民身份申请信息公开，获得了相关数据。2014 年 7 月 2 日，《南方都市报》推出《收容教育三十年》的报道，没有人愿意提供全国收容教育所的数量。记者获取信息的方式是先根据 19 个省份官方就政府信息公开申请的答复进行统计，之后对未公开答复的其余省份进行逐一采访，最终获得了一份除贵州省（该省是采访中唯一拒绝公布相关信息的省份）之外中国收容教育所的数据信息。①

需要注意的是，数字的精确与模糊是一对辩证的统一体，那种不能让读者觉得具体可感的数字反而会造成更多的模糊，所以在使用数据的时候往往要注意数据是否具体可感，是否具有可比性。②

（三）学会“翻译”

解释性报道写作时，记者面临一个两难境地：受众中很少有人能够了解有关的专业知识，因此在写作时最好不要多谈知识，但有的专业报道却必须用专业知识来加以解释，否则肯定言之无物。所以学会将专业知识背景“翻

---

① 高钢，潘曙雅．新闻采访与写作［M］．北京：中国人民大学出版社，2018.

② 刘勇．深度报道采访与写作［M］．合肥：合肥工业大学出版社，2006.

译”得通俗易懂，是每一个深度报道记者所必须做到的。

在解释性报道中，科技、医学、军事等各方面题材的报道比较常见，时常会出现一些公众陌生的专用名词。记者首先要从权威的文献、准确的领域中获知晦涩名词的由来及准确定义。之后再将晦涩艰深的名词通俗而不失真地表达进文章里，让读者能够更加准确地理解。从新冠肺炎、5G、物联网等专业领域的报道中可以寻找到很多优秀的“翻译”例子。例如，为什么将冠状病毒命名为“冠状”，是因为这种病毒的主体在电子显微镜观察下，呈一个球形或者椭圆形。在病毒的表面有包膜，包膜上有突出，边缘处有一些呈辐射状的突出，看起来就像花冠或皇冠一样。

《芝加哥论坛报》自 1986 年 3 月 2 日起连续 7 天刊发了一组共 5 万字的关于基因疗法的报道《基因疗法将重塑我们的未来》，该系列报道获得普利策新闻奖解释性报道奖。该文记者搜集资料时搜到了 500 多篇专业论文，花了几个月才明白相关术语，进而得以分清哪些是重要论文，哪些是无关紧要的材料。写作中，记者使用了大量生动形象的比喻，让读者轻松理解了那些看不见、摸不到的物质。

比如说介绍到基因，记者写道：“我们身体的每一个细胞都有一套相同的基因，其数量在 5 万至 10 万之间，由一种叫做染色体的弯弯曲曲的组织把它们像珠子一样连在一起。”类似的比喻还有很多，如“这些基因都挂在一种叫染色体的链状结构上，染色体在细胞内一圈一圈地盘起来，就像小弹簧一样”①。

（四）追究出新闻的深层次的因果关系

是否真正追究出新闻的深层次的因果关系，是判断一篇解释性报道成败的关键。任何事物都是由无数的因果链条关系构成的，要想把新闻解释清楚，就必须注意解释构成新闻的前因后果。解释性报道就是要对人们不容易理解而又需要透彻理解的事情进行说明、分析和解释，所以对所要解释的问题的前因后果进行全面细致的考察和研究，是写好解释性报道的关键环节。

解释性报道的难度在于使用事实构成一个完整的有知识性的叙事，但记者要用较为浅显的讲故事的方式告知读者更加深层次的东西，用事实构建逻辑关系，用事实的串联表达因果关系，而不能记者自己去叙述、总结，甚至直接发表议论。前文讲到调查性报道中记者始终要克制住自己，不能因为已经经过调查就认为自己对于事件的全程有了清晰的掌握从而冲动地进行裁判。而解释性报道中容易出现的冲动就是记者将自己的理解、主观判断阐释在报

① 高钢，潘曙雅．新闻采访与写作［M］．北京：中国人民大学出版社，2018：213.

道里，而不是叙述事实。

2019年财新网发布解释性报道《两个“烟雾病”患者的求医之路》，介绍了一种叫烟雾病的罕见病。整篇报道全都是用患者求医的事实来架构，病人经历了两年误诊、四次转院才最终确诊为烟雾病；病发时可能会“看东西都是重影”“呕吐到喉咙肿起来连清水都喝不下去”“头疼到想把自己的头揪下来”，甚至可能直接晕倒；确诊治疗难度大，国内成熟团队少，想要根治可能性小，复发可能性不低；类似于《柳叶刀》之类的权威文献都认定它主诉症状复杂、治疗困难等所有内容都是用事实架构，最终向读者展现了一个确诊难、治疗难、症状狠、危害大的烟雾病形象。文章中并没有大量的阐述或主观的判断，全都是使用一个个事实去展现定义的。

在任何时候都用事实说话，是解释性报道写作的一大难点。而有的时候记者无法用事实完成写作，是因为采访不够，既得事实所展现出的各个方面不足以构成完整的解释性报道的叙事链条。所以，记者需要注意采访充分才能抓住更多的因果链条，找到新闻的深层次因果关系，并且能够把因果关系的每一个层次都用事实讲述出来。

阅　读

盖恩斯．调查性报道：成功报道的策略［M］．马锋，译．北京：中国时代经济出版社，2011．

布隆代尔．《华尔街日报》是如何讲故事的［M］．徐扬，译．北京：华夏出版社，2006．

《新闻采访与写作》编写组．新闻采访与写作［M］．北京：高等教育出版社，2019．

高钢，潘曙雅．新闻采访与写作［M］．北京：中国人民大学出版社，2018．

张志安．深度报道：理论，实践与案例［M］．北京：高等教育出版社，2015．

刘万永．调查性报道［M］．北京：人民日报出版社，2015．

高钢．新闻报道教程：新闻采访写作的方法与技术［M］．北京：高等教育出版社，2010．

刘勇．深度报道采访与写作［M］．合肥：合肥工业大学出版社，2006．

思　考

1. 在新媒体时代，受众所喜欢的深度报道独家表达是什么样的？
2. 调查性报道的过程展示应如何取舍？

3. 采访对象要求写作完成后审稿，该如何处理？若采访对象说某一部分不能写，应如何应对？

4. 如何为解释性报道寻找到足够的需要补充的背景信息？

5. 为了培养解释性报道的“翻译”能力，记者应再下哪些功夫？

练 习

1. 认真阅读一篇调查性报道，分析其信源、结构、逻辑、语言等，假设自己是一名记者要采访此事，推演一下采访前的案头准备、采访顺序安排、问题设计、可能遇到的困难等。

2. 选择一篇解释性报道，分析其如何用新闻的方式进行专家级阐述，如何使用背景材料为解释提供服务，最终发现了何种深层次的因果关系？

3. 以所在学校信息公开现状为主题写一篇调查性报道，要求有问题呈现、背景介绍、相关人员采访等，篇幅限制在 3 500 字左右。

第十章

深度报道的叙事结构与写作技巧

学习要点

本章以深度报道的叙事结构为基础，运用叙事学理论，深度分析深度报道叙事过程中涉及的叙事要点、叙事技巧、叙事角度、叙事方法、叙事结构和叙事时距等。对深度报道而言，叙事结构是记者建构新闻文本的重要逻辑链条，有助于更好地呈现新闻事件的原貌，主要有倒金字塔结构和橄榄型结构。根据叙事时间的不同排列顺序，形成了文章主干结构的顺叙结构、倒叙结构、预叙结构，以及两种特殊的结构：蒙太奇结构和发散性结构。结构之外，写作技巧也是构建新闻文本必不可少的部分，不仅包括省略、概述、场景和停顿等时距形式，还有设置悬念、制造叙事断点、制造矛盾冲突等技巧。而具备与主题相关的信息量及打动人心力量的有效细节，搭建出整篇文章的结构并不断升华报道主旨价值的场景，以及为报道铺设底色，让报道有所依存，增加背景支撑的画面感，更是深度报道应该关注的叙事重点。

第一节　深度报道的叙事

深度报道叙事的核心观念就是讲故事，本节的所有探讨均是在此基础上进行的。为了建构出“讲故事”的叙事文本，记者必须注意新闻叙事的角度、叙事逻辑、主线和副线四个构成要件，还要根据不同的叙事者身份和叙事角度做出具体调整，用展现的方式让受众更接近新闻事实的本来面目。

一、叙事的核心观念：讲故事

深度报道的核心竞争优势就是内容。深度报道的内容叙事方式，是运用新颖、动人的方式还原新闻的本来面貌，从信息需求、思想认知和情感共鸣三个角度吸引公众的注意力。

叙事结构是深度报道的骨架，是新闻生产者对文本的组合、安排和衔接，也是读者阅读、解构深度报道的关键逻辑。文本的叙事效果取决于叙事者的专业水准，清晰的叙事脉络、独特的叙事视角、形象的叙述文本都是表达和传播以文字为主要载体的深度报道的优势。

深度报道的叙事最核心的观念是讲故事。现代新闻业的技术更迭换代，每一次变革都是对新闻业的全新挑战，“讲故事”的叙事理念是传统的文字新闻报道自我增设的能力，核心要旨就是讲好一个故事，将故事清晰、准确、鲜明、生动地传达给公众。深度报道发展至今，已经形成一个成熟的文字叙事体系，能够清晰地描绘出新闻事实，并且有效地向受众传达，保证内容的深度与广度。

“Story”已经成为一篇优质新闻报道的代称。普利策奖得主迈克尔·维特兹（Michael Vitez）曾说：“我相信，讲故事是新闻业的救星。我们活在一个充斥着网站、频道、宣传家、资讯、新闻，甚至只是噪音的世界，读者没有可能消化所有信息。他们往往索性什么也不理。我发现，接触人、打动人的最佳方法，就是说故事。如果你能够透过有人情味的故事，阐明一个重要议题，我认为这就是最好的叙事新闻了。”① 故事性的情节增强深度报道的可读性，鲜活的人物形象跃然纸上，在有限的文本表达中给予读者丰富的阅读体验，从而引起情感上的共鸣。

二、深度报道叙事的构成要件

深度报道的生产者要在整理、加工新闻素材时建构出“讲故事”的叙事文本，尤其需注意新闻叙事的角度、叙事逻辑、主线和副线四个构成要件。

叙事角度是文章的落脚点，与报道的副线相并存，是深度报道的叙事者选择、组合新闻素材的策略，也是受众阅读文章的着眼点。深度报道都会有独特的叙事视角切入，这主要是由叙事者对事物的观点、认知角度以及新闻生产经验所决定的。事实上，叙事角度关系着深度报道的文本内容、文章聚焦点、行文写作框架，因此很大程度上决定着受众看到新闻事件的文本，进而直接影响报道的传播效果。新闻的叙事角度与文学的叙事角度不同，虽然都是叙事者主观决定叙事角度，但是新闻要尽量站在公正和客观的角度描绘真实的新闻事实。

---

① 张涛．做好深度新闻报道的关键性问题［J］．新闻传播，2009（12）．

叙事逻辑是搭建稿件的结构，是叙事角度的具体体现方式，是新闻写作遵循的基本脉络。叙事逻辑是准确、清晰、全面地向受众呈现新闻事实，捋顺新闻事件来龙去脉的思维前提。深度报道涉及的新闻事实较为复杂，例如主体多元，事件时间跨度大等，因此，深度报道广度和深度的特质要求记者挖掘新闻真相，还原新闻事实。严密、清晰的叙事逻辑是叙事者将复杂的新闻深入浅出地传播给受众的有效的报道方式。叙事逻辑代表着叙事者缜密的思维能力，是在冗余复杂的新闻信息中引人注目的关键，有利于建立新闻生产团队公信力和培养用户忠诚度。

主线是深度报道结构中的各个组成部分，承载核心事件的新闻事实，同时也是文章的“逻辑主线”。主线是文章的叙述主体部分，将新闻背景、情节演变、相关人物、主要原因等新闻要素有序融合在一起，形成整篇报道的新闻线索。主线是故事本身，副线则承载着中心思想，是文章的另一条线索，与主线叙述的核心事件的主体不同但是有相互关联，是新闻事实背后所折射出的深层次的意义。主线和副线是连续统一的关系，一明一暗，共同构成了完整的深度报道。

三、深度报道叙事者的基本类型

深度报道的叙事者主要承担着新闻讲述和解释的功能，是报道中必不可少的恒定的角色，更好地引导受众深入认识事实本身。在文学创作之中，作者可以创作出多个虚构的叙事人完成故事的呈现和演绎，作者是真实存在的主体，而叙事者则是想象的产物，两者相互独立。但是新闻叙事则完全不同，新闻的叙事者以及所有的叙述内容都必须是真实有效、客观中立的。对于叙事者概念以及内涵的界定，学者的意见各有不同，根据叙事者的故事参与程度分为内在叙事者和外在叙事者，而根据文本的表达方式则可以分为缺席叙事者、隐蔽叙事者和公开叙事者。按照新闻文本体现的叙事者的身份，本书将叙事者的类型具体内化为新闻事件涉及的三个角色，即记者、知情人和当事人。

（一）叙事者是记者

在记者角度，通过采访涉事者等新闻实践挖掘、探寻新闻事件的真相，可以直接在文中充当叙事者。另外，在调查性报道中，记者会作为见证者，亲身参与调查还原新闻事实，以记者的视角来描述，内容更具真实性和临场感。

（二）叙事者是知情人

叙事者是采访对象中的知情人，也就是了解部分事实的人。记者对新闻事实加以选择和判断，而采访对象则是事实的提供者和直接讲述者，讲述新闻故事，这样更为符合新闻真实性、客观性的要求，并且能够从多角度尽可能全面地还原新闻事实。

（三）叙事者是当事人

当事人是故事的主要人物，是新闻信息的重要来源，多以口述体或者引语的方式叙事。新闻当事人是展现人物形象、呈现新闻事实的直接途径，以当事人的口吻讲述新闻故事，会更为直观生动。同时，第一人称的视角强调叙事的完整性，能够直观叙述新闻人物的内心独白，在特殊条件下降低了新闻信息的获取难度。但是减少了深度报道的立体感。

深度报道的文本大多以第二种角度进行。记者在文章中不能直接以第一人称表达自己的观点，而新闻事实则是说服受众的依据。

四、深度报道的叙事角度

叙事角度是叙事者选择、整合与加工新闻文本的着眼点，叙事者的观点、态度和立场都影响着叙事角度的不同。本书从新闻写作的角度，将深度报道的叙事角度分为报道立意角度与报道叙事角度。报道立意角度在深度报道中的功能是表现报道的事件本身的新闻价值，从思想上彰显深度报道的深度和广度。报道叙事角度的作用是打造高质量的文字外壳，提升文本的叙事效果。报道立意角度与报道叙事角度对深度报道来说同等重要，都是影响最终质量的关键所在，因此两个方面都必须得到足够的重视。

（一）报道立意角度

新闻立意的角度，即为了突出新闻价值，对新闻事件报道的内容所选取的角度，它体现了记者对新闻事实的认识。报道立意体现记者的思想意识，针对新闻事件所得的素材，确定文章的组织方式，从而选取具有突出新闻价值的内容。因此，报道立意角度侧重于受众能够从文章中获取的新闻信息，决定着文章讲述的故事内容。

（二）报道叙事角度

报道叙事角度，是为了使文本吸引受众，对叙事者身份和口吻进行选择，它体现了叙事者与文本之间的关系。报道叙事角度主要有两层含义，一层是记者赋予叙事者何种身份，也就是叙事者与故事本身的联系。另一层含义是记者以谁的口吻呈现了哪些文本内容。叙事者是深度报道中的角色，可以通过直接引语或者间接引语讲故事，甚至可以直接表达观点。叙事者是记者在深度报道中的表现形态和隐性体现，是传达记者如何看待新闻事件的讲述替身。

报道立意角度与报道叙事角度在性质和功能上承担着不同的任务。报道立意角度代表着文章的核心主题和思想高度，而报道叙事角度是文章的具体组织布局形式。换句话说，报道立意角度对应着文章的暗线，而报道叙事角度则与文章的明线相对。

五、深度报道的叙事方法：展现

如果用一个词概括聚焦深度报道的叙事方法，那就是展现，而不是讲述。

展现能够为受众提供准确的细节和场景，让受众更接近新闻事实的本来面目。同时，展现一定程度上减弱了对新闻事实再现的主观倾向，原原本本地刻画情景，将事实呈现在读者面前，让读者自主感知、解读话语，评判新闻的可信度和偏向性，从而实现深度报道的价值。

做到展现叙事，就要做到不要告诉你的读者发生了什么事，而是要让他们自己看见。记者不要把自己当做讲述者，而是要把自己想象成一台摄像机、一个镜头，站在外聚焦的客观视角，摄像式地观察、记录与新闻事实相关的一切所见所知。摄像机只是通过镜头去呈现场景的物品，置身事外，不掺杂任何的感情因素，不对事实本身发表任何观点。记者也是一样，作为旁观者独立于新闻之外，通过无关情绪和观点的语言叙事风格，综合描述看到的场景，由受众评判新闻事件。

以下我们用《中国水危机之危险的海洋——滚滚黑水向东流》中的一段描述为例，来理解展现与讲述在文本叙事策略上的不同。

展现：2007 年 7 月 15 日，江苏省连云港市燕尾渔港，渔民单海兵正在和几个渔老板闲在海边的一间小房子里。狭小的空间弥漫着男人的汗味，大海的咸味。4 个人在打牌，另几个人喝着啤酒。黄海就在这间屋子的东面十几米处。百多艘铁皮的船停靠在一个狭窄的港湾里，一挂鞭炮急急响过，一只船形只影单地向大海深处驶去。

讲述：单海兵是江苏省连云港市燕尾渔港的渔民，2007 年 7 月 15 日，他在接受记者采访时说，海洋污染严重，基本打不到鱼，一百多艘铁皮船都停在港里，只有个别出海捞鱼。由于无事可做，他正和几个渔老板闲在海边的一间小房子里打牌喝酒。

第一种展现的描述呈现了渔港的场景，内容描写极具画面感，其中通过视觉、听觉、嗅觉、味觉多种感官将渔港的环境体现得淋漓尽致，读者可以根据生活经验在脑海中浮现出相应的画面。而第二种讲述的描写在对比之下，显得内容空洞，文字乏味，减弱了叙事效果。

第二节 深度报道的叙事结构

对深度报道而言，叙事结构是记者建构新闻文本的重要逻辑链条，有助于更好地呈现新闻事件的原貌，主要有倒金字塔结构和橄榄型结构。

一、常见的报道结构

对于新闻文本的叙事结构的内涵与范围，学者的看法各有不同。有学者认为，新闻报道的文字部分，包括标题、导语、背景、正文和结尾等，这些都属于叙事结构的范围。也有学者将相同新闻事件的一系列报道都纳入叙事结构之中，还有学者将新闻报道所产生的叙事效果，具体新闻文本营造出的意境作为叙事结构的建构范围。学者董小英认为叙事结构“主要是指文本内部的叙述方式安排”①。

梵·迪克（Teun A. van Dijk）在《作为话语的新闻》一书中，从话语形式的角度论述了新闻的意义、结构和影响。他结合具体的案例，从新闻文本和语境分析新闻叙事结构，总结出倒金字塔式、相关性控制式和循环组装式三种结构模式。梵·迪克提出假设性新闻图式结构（图 10 - 1），在此基础上分析文本“超结构”，得出“超结构”是话语的综合性、全局性结构，可以通过语义宏观结构和其他话语的结构建立必要的联系。学者曾庆香在梵·迪克理论基础之上，构建了新闻话语结构模型，也就是核心事实与场景构成了整个新闻事件的叙事模式。

叙事结构是作者对新闻素材的组织排列，在新闻文本中呈现事件的顺序，也是作者建构故事的内在逻辑链条。就深度报道而言，叙事结构的安排尤为重要，有助于以清晰的脉络叙述复杂的故事，是展现细节化情节的框架前提。深度报道叙事的目的不单单是讲述故事，而是突出事件的主题思想，引发读者深层次的理智的思考。

为了构建立体化的人物形象、鲜活的故事情节，增强新闻传播效果，深度报道常采用橄榄型的叙事结构。橄榄型结构是中间大，两头小，即呈现“小”“大”“小”的结构模式。在橄榄型结构中，文章的开端以生动的细节、

① 董小英．叙述学［M］．北京：社会科学文献出版社，2001：275.

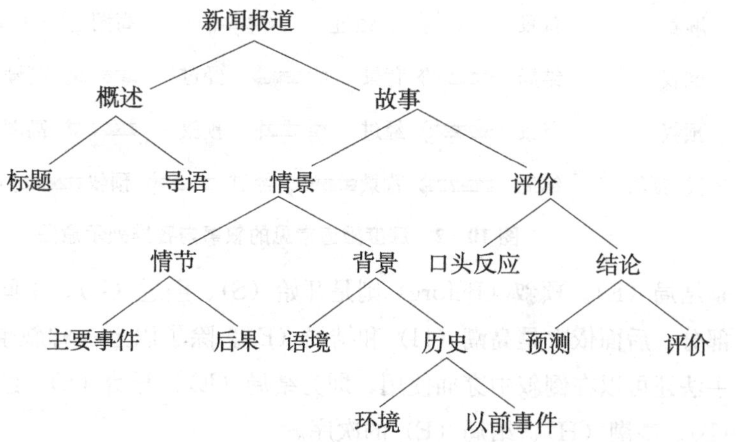

图 10-1　假设性新闻图式结构示意图

资料来源：

迪克．作为话语的新闻［M］．曾庆香，译．北京：华夏出版社，2003.

场景激发受众阅读兴趣，吸引其继续阅读，结尾则起到深层次意义的总结功能，这两个部分都较为简略，并且具有相对独立性。中间部分包含的新闻信息最为丰富，情节集中，内部进行更加细致的逻辑层次划分，要求新闻素材丰富、文章内容充实。

二、主干结构的组成依据：叙事时间

橄榄型叙事结构中的主干结构承载着文章的主体部分，需要以有效的方式重新建构新闻事件，以便受众快速获取信息，融入新闻故事。对新闻叙事结构而言，这必然会涉及两个部分，分别是故事时间和叙事时间。故事时间是新闻事实发生的实际时间点。叙事时间是在新闻文本中呈现出的故事的时间状态或顺序，也可以理解为受众阅读新闻文本的时间。叙事时间具有延时性，往往晚于故事时间，因此两者难以等同起来。

叙事时间是主干结构的内在逻辑联系的依据，以此来把控新闻事件的叙事节奏。根据叙事时间排列新闻内容，即叙事时序，也就是新闻事件发生的真正时间与叙事文本的时间之间的关系。深度报道组合新闻事实顺序的方式，与文学的叙事编排形式相同，常用的叙事时序有顺序、倒叙和预叙（图 10-2），后面的章节将展开讲述三种叙事时序的特点，它们的主要区别在于对故事情节的排列，按照不同的方式组织开始（Start）、经过（Recountal）、高潮（High）、结局（Ending）等。

顺叙是从开始（S）到经过（R）再到高潮（H），最后为结局（E）。倒叙是以结局（E）为起点，在经由开始（S）到经过（R）、高潮（H），最后

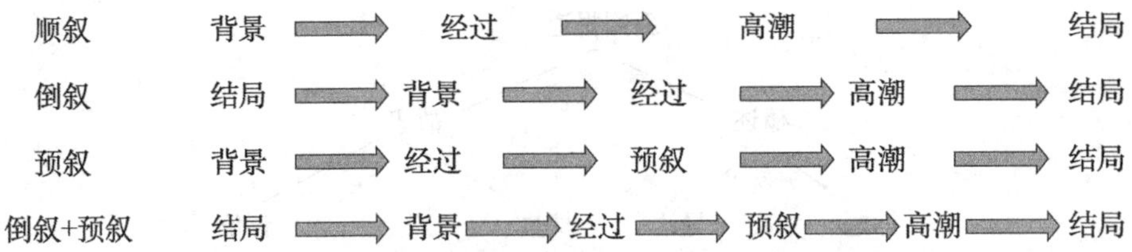

图 10-2 深度报道常见的叙事内容排列示意图

是结局（E）。预叙（Before）则是开始（S）、经过（R），中间多了预叙（B）部分，后面依次是高潮（H）和结局（E）。除了以上三种叙事方式，预叙的手法还可以在倒叙中穿插使用，即为结局（E）、开始（S）、经过（R）、预叙（B）、高潮（H）、结局（E）的次序。

三、主干内容的结构：顺叙结构

顺叙结构的叙事时间与实际时间在时间的矢向上大体一致，即围绕新闻报道的主题按照故事发生的自然时间排序来完成叙述。顺叙结构展现着事物变化经历的过程，包括开始、经过、高潮和结局四个环节，揭示事物内在的逻辑关系，是从原因到结果，由浅入深讲述事件或者人物。顺叙结构是最为传统的新闻叙事结构，记者以时间为线索，按照时间发展顺序，构建新闻文本之间的联系，安排故事情节的演进。适用于顺叙结构的新闻事件，往往具有相对清晰的脉络，而且新闻事件本身极具新闻价值，足够吸引受众的阅读兴趣，不需要额外的艺术增添色彩。顺叙结构也常用于历史题材的新闻，按照时间顺序讲述，能使得新闻文本更加清晰明了。

顺叙结构以时间为脉络，按照客观事物的发展顺序，符合受众的一般认知规律，新闻线索简单直接，便于受众理解新闻内容，快速获取新闻信息。受众能够直接根据新闻发展的时间去了解事情的来龙去脉，不必在故事情节上反复回顾，在阅读的同时，及时对新闻内容给予思想上的反馈，深度思考加工，达到记者想要的传播效果。按照事件发生顺序写作，缺少艺术写作手法的加持，文章总体略显平实寡淡，故事性严重减弱，受众阅读时未免觉得索然无味。另外，受众难以直接抓住新闻的重点情节和核心的报道思想，叙事进展拖沓。

《举重冠军之死》和《永不抵达的列车》这两篇深度报道是顺叙结构的代表性案例。《举重冠军之死》一文，李海鹏按照事件的发生顺序呈现了才力作为举重运动员最终的悲剧。李海鹏从才力母亲感到不祥的 5 月 31 日早上 4 点钟写起，依次写到 8 点钟全家人的早饭，时近中午才力依然没有胃口，下午 3 点钟才力到达医院，下午 5 点才力妻子开始筹钱，夜里 10 点才力先是意识丧失，随后心脏停搏，在夜里 11 点多，才力心电图显示一条水平线。前后 19 个小时的记录展现了才力从发病到死亡的过程，生命消逝的过程令人心惊，已经足够吸引受众的注意力。

《永不抵达的列车》报道了“7・23 甬温线特别重大铁路交通事故”，这次事故造成了 40 人死亡、172 人受伤的巨大伤亡，属于重大突发性社会事件，是社会公众关注的社会话题，具有不可忽略的新闻价值。赵涵漠像一位观察者，将目光投向事故中普通的小人物，关注他们的愿望、故事和命运。2011 年 7 月 23 日 7 时 50 分是由北京南站开往福州、途经温州南站的 D301 次列车的启动时间，这部分主要讲述几个主人公的生活经历和性格特质。7 月 23 日 20 时 01 分，黄一宁收到朱平关于闪电的短信，D301 前方的另一辆动车 D3115 遭雷击后失去动力，这是一场灾难的开端。7 月 23 日 22 时，故事的两个主人公宣告死亡。这篇报道以 7 月 23 日 7 时 50 分，7 月 23 日 20 时 01 分，7 月 23 日 22 时三个时间点作为小标题，每部分均围绕这个时间点展开内容叙述。

在传统的新闻叙事领域，新闻倾向于按照时间顺序来叙事，但是深度报道的篇幅和复杂程度决定不能一味平淡叙事，需要变化，因此也会采用倒叙和预叙结构。

四、主干内容的结构：倒叙结构

热拉尔・热奈特在《叙事话语 新叙事话语》一书中认为倒叙是“对故事发展到现阶段之前的事件的一切事后追述”①。其实，它不仅是事后追述，而且倒置了实际时间的时序。

如加细分，倒叙有两种情况，一是全文整体的倒叙，二是文中局部的倒叙（修辞学上又称之为“插叙”）。按照新闻内容重要性的大小排列组合的倒金字塔结构也属于倒叙结构。倒叙结构是倒置了实际时间的时序，是当故事已经发展到了现阶段之前的事情的叙述，所以它不仅是新闻事实的追溯，而且也倒置了事件实际的发生时序。倒叙结构对新闻事件的结局要求较高，如果结局的内容并不重要或者不够完整，便难以带入文章中完成叙述。倒叙结构是一个相对复杂的建构方式，深度报道很少全文整体使用倒叙，多采用局部倒叙。

深度报道运用倒叙结构时，常常把新闻的结果或者最重要的情节、内容放在前面。深度报道的目的在于追寻新闻真相，挖掘新闻背后深层次的原因、

① 热奈特．叙事话语 新叙事话语［M］．王文融，译．北京：中国社会科学出版社，1990：17.

意义或影响，这种本质与倒叙结构相对应，因此，深度报道经常采用局部倒叙的结构作为主要报道方式。

局部倒叙主要是回顾新闻发生的局部，或者插入相关背景知识，采访对象透露的故事细节等，有利于受众将过去与现实联系在一起理解新闻内容，更好地彰显报道的主题。在对局部事件进行回溯后，新闻主题仍会回到原来的新闻事件主题。倒叙结构更能体现记者在文章写作上的独具匠心，打乱正常时间顺序上的平铺直叙，反时倒置，更能突出新闻事件聚焦的核心主题。

倒叙结构的关键在于找到准确的时间作为切入点，牢牢把握受众的好奇心，增加受众的阅读兴趣。除此之外，倒叙结构与顺叙结构不同，让受众不能根据新闻文本直观地看出整个新闻事件中每个部分的先后发生次序，弱化了叙事的评价介入，提供了隐藏人为干预的痕迹的可能，让评价在受众的无意识中出现。

热奈特将故事时间与叙事时间的不一致称为"时间倒错"，时间倒错在叙事文本中具体表现为倒叙或预叙。顺叙中断插入倒叙或预叙的时刻之间的一段距离，称为时间倒错的跨度。倒叙或预叙本身涵盖一段或长或短的时间，则是时间倒错的幅度。根据时间倒错的跨度和幅度，倒叙的内容可具体分为外倒叙、内倒叙和混合倒叙。

外倒叙是指其时间起点和全部时间幅度都在第一叙事时间起点之外，等于将整个事件的结局彻底地移到最前面，使得外倒叙不干扰第一叙事。内倒叙则相反，倒叙部分的时间起点发生在第一叙事的时间起点之内，它的整个时间幅度也包含在第一叙事时间之内，也就是部分采用时间倒错。而混合倒叙是指倒叙的事件发生在第一叙事开端之前，却延续并结束在这一起点之后。深度报道对文字表达能力要求较高，也就是运用文学叙事方式的同时要兼顾新闻事实的严格标准，这影响着深度报道最终的呈现效果。混合倒叙作为一种写作方式的备选，在遇到新闻价值较大，但是需要长期追踪报道的题材时可以使用。

各种倒叙在叙事中承担不同的功能，外倒叙通常用来回顾人物的历史或经历，增加新闻内容或者说明新闻背景，帮助我们更好地理解发生在第一叙事中的事件。内倒叙的整个时间幅度也包含在第一叙事时间之内，文本表现较为复杂，有时会涉及与第一叙事不同的叙事线索。内倒叙担负的功能又不同，它的主要功能有两项，一是补充，即填补故事中的空白，另一是重复。这种重复通常意味着对过去事件的意义加以改变或补充，或在新的方面加以强调，或改变过去对它的看法，利用受众好奇的心理特征，在叙述过程中逐步吸引受众的兴趣。

五、主干内容的结构：预叙结构

预叙与倒叙相对应，叙事时间是错时叙事，与新闻事件实际发生顺序不同。预叙指对未来事件的暗示或预期，是指事先讲述或提及以后事件的一切叙述活动，从开始的预设到最终的完全应验，构成了一个完整的预叙过程。

新闻价值较小的题材常用预叙，在开头放一个最引人注意的细节或者故事或者是总结。然后在深度报道的第一段表明它未来的发展趋势，或者是对其进行内容提要式的预示。在深度报道的开篇，将故事的大致内容用简要的文字预先表述出来，在前面提示后面，后文再详细展开，让受众预知新闻事件的内幕，但是却不知道具体的发展过程。这就是一种典型的预叙。如果预叙的部分处理得当，能够推动叙事的波澜起伏，从而吸引受众的好奇心和推测，进而想要了解更多的信息。

根据文本内容的不同表达方式，预叙可以细分为内容提要式预叙、“金句”式预叙和评论式预叙。内容提要式预叙是将新闻故事中精彩的内容和主要部分作一个大致介绍，使得受众阅读之前，脑海中留下一个大致的印象，然后带着了解的欲望阅读全文。“金句”式预叙则是突出深度报道中最精彩的几句话，或许是直贯文章主题的句子，或许是主人公所说的直接引语，这句话有可能是发生在整件事情的中间，也有可能发生在整件事情的最后。这些语句既能概括新闻的主题思想，又能以别致的表达吸引受众的注意力。评论式预叙是直接表达记者对此事或者某种行为的观点和看法，以新闻评论的方式直抒胸臆，引起读者的重视。深度报道写作允许记者在限定的范围内发表一些评论，作为行文过程中上下文的连接，并且保持着总结式的平衡。

预叙主要在局部使用，以贯彻深度报道整体上波浪式的写作方式。因此，在整体时间线并不太过冲突的情况下，深度报道不会大幅度颠倒时间序列，只是根据起伏波澜的叙事效果，在冗长、平淡的文本内容上小范围调整叙事结构，让文章的整体叙事节奏不会过于平淡。

六、主干内容的结构：蒙太奇结构

蒙太奇最早起源于建筑用语，后被电影制作沿用，演变为一种剪辑理论，围绕同一主题的镜头按照一定的逻辑顺序重新剪接，从不同的视角切入组合成影片。这种艺术创作手法被作家嫁接到写作中，而蒙太奇结构同样适用于深度报道叙事。

蒙太奇结构在新闻写作中以故事的时间为序，在叙事时间上同时交叉叙述两个或两个以上的故事，两条线索同时铺开，并且两者之前存在着某种关系，围绕着报道主题进行叙述。蒙太奇结构在深度报道中主要承担叙事和表意两个功能，运用平行线路展现故事情节，线路之间相互依存，共同担负着文章的叙事功能，最后交汇贯通，按照新闻事件的发展过程和背景因果关系等组合接续为完整的新闻报道。

蒙太奇结构适合相对来说故事本身比较复杂、周期冗长和枝蔓较多的题材。在一个完整的结构中，分头叙述不同的情节，概括性地陈述新闻信息，节省了文章的叙述篇幅，赋予文本扣人心弦的节奏感，营造出一种紧张刺激的氛围，最能带动和影响读者的情绪，有利于读者与新闻人物形成情感共鸣。蒙太奇的叙事结构虽然打乱了原本的时空顺序，但是并不混乱，依然能做到结构清晰，逻辑连贯，易于理解，而且为平淡的叙述增加了张力和冲突，使新闻更加新颖、生动，富有立体感。

2016 年一篇名为《一桩难以置信的强奸案》（An Unbelievable Story of Rape）的深度报道获得了普利策奖。这篇报道是典型的蒙太奇结构，故事情节相对复杂，涉及多个人物，且案情时间跨度大。故事的主人公玛丽是孤儿，辗转于各种养育院和寄养家庭，受过虐待、吃过苦头，有不良记录，还有撒谎和夸张的毛病。

她此前曾报警说在自己的公寓里被一名男子绑了起来，塞住嘴巴，并实施强奸。然而，在警察质疑她的故事前后矛盾后，她改口说这或许只是一个梦。最终她承认编造了这个故事，并且被指控虚假报案，存在严重的行为失检，最终的判决结果是处以最多一年的有期徒刑，支付 500 美金的法庭相关费用。大概两年后，科罗拉多州的警察抓到了强奸犯奥利里，调查得知，他曾经在其他地区性侵过别人，并且拍下了照片，当地警察发现不认识其中一张照片中的女人，但是通过其学员证，找到了玛丽的名字和地址。奥利里交代了性侵玛丽的犯罪过程，在发现奥利里与玛丽案件相关后，当地警方重新调查该案件，找到一份记录着玛丽受到的“欺凌”和“纠缠”，“无异于受害人强迫自己去承认她对案情撒了谎”的报告，玛丽并没有编造强奸案。最后玛丽起诉市政府并接受了 15 万美元的赔偿金，离开华盛顿开始了新生活。这篇报道从两个不同案件分别写起，场景不断切换，最终形成逻辑上的一致。

七、须谨慎尝试的发散性结构

发散性结构在深度报道实际写作中并不多见，需要谨慎地尝试。这种发散性的结构不乏新闻名篇，例如新新闻主义的代表人物盖伊·特立斯，在他的笔下，尽是白描和案例堆砌的细节，作者观察、描绘新闻事实，用上万字的篇幅展现报道内容。

《人物》杂志的《北京零点后》是典型的发散性结构，其中存在预叙中的评论式语言，“但很少有人能清醒地意识到，眼前这片被辉煌灯火照亮的夜幕，既收获着生命，也迎接着死亡；它有着与生俱来的混乱，也有着与之抗衡的秩序；它成批量地生产繁华与梦想，也制造同等规模的欲望与颓丧；它冷眼旁观失败者的挣扎，也不吝于分享实现梦想者的喜悦”。作者采访搜集了很多与北京的深夜相关的新闻素材，围绕这个核心主题完成叙述。它采用了大量的数字，精细、密集的数据文本推动了新闻的叙事，92 个数据串起了接近 40 个人的深夜故事，增强了现场感和信任感。每个故事之间不存在严密的逻辑关系，因此，可以产生多种行文思路，用不同的排列方式将它们组合在一起，整体的叙事结构非常分散。这篇报道总体顺序按照北京零点后到第二天早上太阳升起的时间脉络，不同角色的人物以散点式的分布链接在一起。《北京零点后》涉及来自不同职业的多个人物，故事庞杂琐碎，发散性结构能够在碎片化的信息之间构建关联和逻辑，在材料次序的安排上游刃有余。

第三节 深度报道的叙事时距

叙事时距在叙事学的研究中是一个十分重要的概念，时距代表着叙事时的时空变形程度，而深度报道的叙事时距是实际时间与叙事时间长短的比较，主要是指由事件包含的时间总量与文本包含的时间总量间的关系。叙事的过程中，它的时间颗粒的分布经常是不均匀的，决定了记者要用思维逻辑重新架构叙事文本的节奏。记者在叙事的过程中，也就是叙事时间在实际时间的基础上改变了叙事速度，具体体现在叙事进程的快慢缓急的变化上。叙事时距之所以出现，是因为深度报道的外在特征：新闻报道篇幅较长，涉及事件情节复杂，会影响文章的节奏和结构，但是叙事的文字不宜过多，加快原本的叙事速度，有利于整体叙事进程和节奏感的把握。另外，在新媒体时代，信息大量出现和快速迭代，受众已经形成了快阅读的信息接收方式，想在有限的时间和篇幅内高效传播新闻文本，维系受众的注意力，就不可避免地要缩小实际时间。

时距的四种基本形式是省略、概述、场景和停顿。

省略主要针对过程冗长的事件，在叙事过程中对事件实际时间适当减少，将这段叙述文本完全去掉，可能在上下文出现一定程度的暗示，给受众找到信息的机会，但是在表面上仍然只字未提，使得叙事时间小于实际时间。深度报道本来就是一个删繁就简的结果，不可能把事情的每一个细节、每一个环节都原原本本地表现出来，省略一些次重要的内容，才能突出重要的有价值的部分。

概述是对故事情节进行概括和简述，从而体现时间的距离。这里需要说明的是省略和概述非常类似，概述的极限是省略，两者之间没有明确的叙事时距范围界定。概述的叙事时间短于实际时间，而省略在此范围内，并且所用的叙事时间无限接近零，甚至在零的临界点。需要漫长时间完成调查的调查性报道常用概述处理冗长的过程。

场景指的是新闻事件的实际发生时间接近或者等于叙述话语的长度，类似电视新闻中的长镜头。深度报道中，刻画细节的情景再现和对话纪实场面都属于场景。直接引语的对话场景，能够明确话语主体，突出内容的准确性和真实性。记者往往会用笔墨着重描绘最关键的场景，场景的建立需要摸索出其中存在逻辑联系的画面再组合。叙事时距越小，越能说明新闻文本几乎原封不动地记录了这个重要的瞬间，让受众通过生动的文字叙述浮现新闻现场的画面。

停顿的叙事时间大于实际时间，而实际发生时间为零，减缓了事情的发展速度而详细呈现。常用的方式是将事件定格在某个时刻，却用较长的文本来叙事，将一个片刻发生的片段精心而繁杂地描述出来。

叙事时距的选择取决于记者对深度报道叙事节奏的把控，每一种时距都有相应的优势。记者需要根据题材要求，结合新闻素材，交叉运用各种叙事手法，实现有效新闻叙事。

第四节　深度报道的叙事技巧

深度报道以传播事实严肃、时效性强的新闻为主，一般为政治经济类报道，事涉公共事件。同时，深度报道以公共利益的建构为自己的中心任务，因此，它的文本表达原则要求报道使用一种客观的、平实的、内敛的语言风格，尽量的简单纯粹，不做过分的渲染，不夸张、不做作。记者应时刻铭记新闻的最高境界就是要求报道是一个干干净净的作品，辞藻不华丽，朴素、干净。

在写作中，需要注意的叙事技巧有：设置悬念，制造叙事断点，建立二元对立的叙事策略等。

一、设置悬念

叙事技巧要结合叙事方式来进行，如美国知名新闻节目《60分钟》的执行制片人唐·休伊特（Don Hewitt）所说："我敢打赌，如果我们能使主题多样化，并采用个人新闻——不是处理事件，而是讲述故事；如果我们能像好莱坞包装小说那样包装事实，我担保我们能把收视率翻一倍。"[①] 深度报道的写作，都需要通过设置悬念这一叙事技巧来使得报道更具备吸引力。

所谓悬念，清朝李渔在《闲情偶寄》中称之为收煞，指的是记者根据读者阅读时情绪需要得到伸展的心理特点与事实特征，对新闻事实作悬而未决和结局难料的安排，以引起读者急于知其结果的迫切期待心理。[②] 它包括情节与读者两个因素：一是作者在新闻事件写作发展中有意铺设后事如何的疑端，形成神秘感；二是读者由此而产生的那种急于知道的期待、关注心理。

悬念往往会出现在两个段落之间。在两个段落之间使用悬念进行连接，使得人们愿意继续向下读。但新闻报道中的悬念并不像文学作品，尤其是侦探小说、推理小说中那种巨大的悬念，而是要利用以下两种要素的可能性在深度报道里制造悬念：

第一，通过情境的切换。将一个已经被观众熟悉的情境转换到另外一个不同的情境、场所，能够使文章有转场的概念，能够相对比较顺畅地切入到下一个段落。

第二，延缓披露底细。这是一个常见的设置悬念的要素，就是把所要讲到的一些重点内容暂时隐瞒起来，能够使读者得到延迟性满足，而不是一进入文章就知道所有内容。

《财新周刊》在有关美团收购摩拜的报道《美团全资收购摩拜　六军之战谁是赢家》中采用倒金字塔式的写法，将收购的时间、地点、金额，具体的股权置换方式等全放在报道的前两三百字里：

> 摩拜"卖身"美团事宜尘埃落定。4月3日晚间，摩拜召开股东会议，表决通过了美团收购案。4月4日上午，美团点评集团CEO王兴发内部信，宣布美团和摩拜签署全资收购协议。
>
> 王兴称，摩拜将继续保持独立品牌、独立运营；管理团队将保持不变，王晓峰将继续担任CEO，胡玮炜将继续担任总裁，夏一平将继续担任CTO，王兴本人将出任摩拜董事长。这意味着，原摩拜董事长、天使投资人，蔚来汽车董事长李斌出局。
>
> 知情人士对财新记者称，在交易结构方面，美团以"35%股权＋65%现金"方式收购摩拜。摩拜估值27亿美元。其中，摩拜C轮之前投资人获得现金方式退出，C轮及之后的投资人获得美团股权方式退出。

---

① 王纬．镜头里的"第四势力"：美国电视新闻节目［M］．北京：北京广播学院出版社，1999：202-203.

② 刘厚生．中国大百科全书：戏剧［M］．北京：中国大百科全书出版社，1989.

如此一来，记者在会议室里跟随谈判所体验到的几十个小时的跌宕起伏就白白浪费了。而有一家名叫“品玩”的新媒体则写了一篇《还原美团拿下摩拜单车的 96 小时》，它按照谈判这 96 小时里的全部过程来设置阅读悬念，谈判双方有时谈妥，有时又因为各种问题而搁置进程。在谈判遇到障碍，前景变得不明朗的情况下，文章的一个小节就结束，顺理成章地进入到下一小节。下一个段落一开始就进行场景的切换，例如，从会议室切换到某位高层的办公室，或者从会议室切换到两家公司在相关的市场上争夺份额的往事。通过不同场景的切换，使得每一个段落有重新接上逻辑的机会，并推出下一个交易的细节，也就能够吸引人们一直看到最后。

为了使读者有兴趣看完全文，记者在整篇深度报道中要实现情节的起伏跌宕。在开头用精彩的段落吸引人，但也一定要将一些比较重要的内容放在文章后面，延缓披露重要信息。在实际操作中，记者需要很精巧地拿捏尺度，注意“设悬”与“释悬”的呼应。

所谓“设悬”就是在情节发生或发展的关键之处，突出地显示或提示有关情况不明的人、事、物，从而激活读者的疑惑、关注、紧张、期待的心理。所谓“释悬”指的是在情节发展的特定阶段或最后阶段，通过矛盾的解决，揭示事情的原委，从而使读者的疑惑心理得以消除，或者使读者的期待心理得到满足。在悬念的设置上，应在信息量较少处设悬，吸引读者继续探索，在信息量较多处释悬，以呼应前文。设置悬念要环环紧扣，此起彼伏。深度报道的悬念分为整体悬念、小悬念，那么报道者则要将几个不同的悬念串联起来，有先有后。

二、制造叙事断点

如果已有的采访资料允许，在深度报道里也可以借用很多文学的定义和方法，将小说的组织结构方式，戏剧的场幕划分、制造冲突的方式等都纳入到深度报道的写作思路中。例如，通过信息的延宕或压制以制造叙事断点。

断点是叙事学的一种术语，即在叙事过程中出现信息的省略或者空缺。它的存在是必然性的，因为任何叙事都只是对于“原生态”故事的选择和演绎，对于事件的选择和重构必然产生信息的延宕或压制。信息向后延宕会带来暂时的断点，这个断点会在后文得到填补，这种悬念一般是由叙事造成的，例如倒叙叙事结构。信息的压制则是让部分信息完全不出现到文章中，造成永久性断点。深度报道写作为了制造情节的波澜，势必会延宕一些最终的重要信息、关键信息，出现叙事断点。

为了避免失误，记者在进行叙事结构的搭建时，就要注意区分叙事断点属于信息延宕还是信息压制。一般来说，断点都会引起读者对事件的阐释偏移，因为他们会以自身所有经验构成诠释文本的语境。如果报道出现了永久断点，记者应该改变文章的结构，不能让报道出现重大信息漏洞和逻辑链缺失。“如果对一组事件的了解是不完整的，那么无论遗失的信息是被暂时延宕还是被永久压制，对已知事件的阐释，都可能与得到，被延宕或被压制的信息之后所作出的阐释不同。”① 基于新闻真实的基本理念，新闻叙事的断点必须凭借事实依据，以最合理的手段，为读者提供最全面的信息，即使“实际的过去”已经无法重现。

一般来说，叙事断点的设置，与叙事视角、叙事结构、叙事修辞等方面都有联系。例如，全知视角作为深度报道中常用的一种叙述视角，叙述者可以从所有角度观察被叙述的故事，多层次、多维度地叙述错综复杂的事件。但是全知视角的弊端就是所获得的信息过于庞杂，它的效果取决于叙事者对材料的取舍及结构的安排，因而不可避免的会导致文本中出现各种叙事断点。

如《大树下的纸板之家》这篇报道，叙事者采用全知叙事视角，在文中提及“余生兰和李小姐春节前后回了一次老家”，回老家的整个过程必然有无数细节，但作者并没有将笔锋停留在这个时间段，而是设置了一个永久断点将这些信息遮蔽后转入“回到盈江后”的情节，并通过多个断点的设置将这些情节信息组合成整个文本，如半夜发硬纸板，三个小孩在树上爬上爬下……全知视角和叙事断点的使用赋予了记者时空的“特权”，使之能自由地在时间——“春节前后”“昨天”“半夜”和空间——“老家”“盈江”“家里”“外面”“树上”中纵横，对事件、人物及心理作出透彻的剖析和展示。

由此可以看出，叙事断点的设置，在深度报道文本写作和解读过程中具有重要的意义。叙事者凭借自身知识经验，通过设置断点把“现实世界的真实事件”转变为“文本世界的高度再现事件”呈现给受众，不仅影响了新闻真实性，也影响了受众对于新闻事件的不同阐释和理解，从而改变了报道的传播效果和社会价值。

三、建立二元对立的叙事策略

叙事策略也是新闻从文学方面的借鉴，核心就是二元对立的共构，也就是矛盾和冲突。克洛德·列维-斯特劳斯（Claude Lévi-strauss）说：“神话思维总是从对立的意识出发，朝着对立的解决前进。”② 冲突是一篇报道的灵

---

① 赫尔曼．新叙事学［M］．马海良，译．北京：北京大学出版社，2002：4.

② 斯特劳斯．结构人类学［M］．陆晓禾，等，译．北京：文化艺术出版社，1989：62.

魂，没有冲突的报道就如同一杯白开水，任何一个稍有深度的报道，其表现的冲突，必然是多元和多重的。很多受众爱看深度报道的原因就是深度报道本身具备冲突性。报道有冲突，就容易出现情节波折，容易产生悬念，为报道的生动可读创造条件。想将对立、冲突的思维放在写深度报道的过程中，就需要在写作时去通过细节、故事、画面感找到二元对立的共构，让报道产生冲突，产生起伏感。

深度报道矛盾的核心是人，没有人就没有冲突，主要存在的矛盾和冲突包括：人与自然之间的冲突；人与社会之间的冲突；人与人之间的冲突；人自身的内在冲突。冲突使得文章的主题更加有生命力，更加有张力，但深度报道需要处理的新闻事实，往往矛盾重重，记者应条分缕析，善于化繁为简，使报道呈现的矛盾冲突控制在三条以内，并划分出主要冲突和次要冲突等不同的层次和逻辑。如果矛盾冲突的线条过多，会大大增加记者叙事的难度，同时容易使读者一头雾水。

抓取矛盾，设置冲突，必须注意以下三点：

其一，必须分析新闻事实的内在矛盾。无事物不矛盾，矛盾的特殊性蕴含着新闻事实的特殊性。面对新闻事实，抓矛盾建冲突离不开两个条件：一是要有对立的双方，二是对立的双方要有分歧。那么抓矛盾建冲突就必须分析新闻事实的特点，找到事实内的矛盾双方，让双方对立、阻碍、困难的建立形成报道的紧张部分，让双方对立、阻碍、困难的消除形成报道的松弛部分，从而使报道有张有弛，有紧有松，形成波澜。其实，因为深度报道的事实一般较为重大，往往充满更为强烈的内在张力，比一般新闻具有更为优越的天然冲突属性。

其二，必须在诸多矛盾中抓取主要矛盾，作为报道的冲突内核。深度报道所面对的新闻事实往往蕴含着多种矛盾，面对各种矛盾冲突，若无主次之分，报道就难免眉毛胡子一把抓，一塌糊涂。记者应一方面紧紧抓住矛盾打造冲突的客观基础，使得整个新闻事实起伏不定，躁动不安，充满了活力、张力，另一方面又牢牢抓住主要矛盾，让主要矛盾构成全文的冲突主线。各种冲突相关事实之间不是简单并列，而是交错与延伸。抓住新闻事实的主要矛盾，可以顺藤摸瓜，剥离和呈现出次要矛盾，并将它们组合成清晰的框架，有益于深度报道的眉目清晰，主次分明，波澜起伏。总之，善于寻找、提炼、抓取主要矛盾是深度报道可读性的重要基础之一。

其三，实事求是，不人为制造矛盾冲突。新闻真实性决定深度报道必须充分尊重现实矛盾来营造报道的冲突。首先现实矛盾决定着深度报道冲突的性质、范围、程度。例如《被收容者孙志刚之死》所报道的新闻事实反映计划经济时代对人口行政控制与市场经济时代对人口流动调节之间的矛盾。其次深度报道冲突选取与处置又有相对的独立性，面对新闻事实内部的各种矛盾，报道者选取哪一个矛盾作为深度报道的主要冲突，要服从于报道的意图或主题。①

第五节　深度报道的叙事重点

深度报道的叙事重点应该关注以下三点：精心展现与主题相关的信息量及具有打动人心力量的有效细节；搭建出能够贴合文章结构且升华报道主旨价值的场景；为报道铺设底色，增加背景支撑的画面感。

一、细节

细节几乎是所有采访中最珍贵的东西。它是人物、事件、场景中有意味的细微之处，有时是人物的举手投足，有时是事件的一个细小情节，有时是关于人物、事件的一个镜头。细节展现着人物的行为和事态的进程，用细节展现的新闻才能够再现新闻事实本身的生动性、独特性、丰富性和深刻性，从而给受众留下深刻的印象。恩格斯说过："正确地把握了现象的总画面的一般性质，却不足以说明构成这幅总画面的各个细节；而我们要是不知道这些细节，就看不清总画面。"② 细节往往不仅引导着人们认识事物的形态，而且往往提示着人们认识事物的本质。

经典名篇《县委书记的榜样——焦裕禄》写到这样的细节：

> 很多人都发现，无论开会、作报告，他经常把右脚踩在椅子上，用右膝顶住肝部。他棉袄上的第二和第三个扣子是不扣的，左手经常揣在怀里。人们留心观察，原来他越来越多地用左手按着时时作痛的肝部，或者用一根硬东西顶在右边的椅靠上。日子久了，他办公坐的藤椅上，右边被顶出了一个大窟窿。

这些细致入微的叙写，凸显出病魔给焦裕禄带来的巨大痛苦和焦裕禄与病魔抗争的坚强毅力。无论记者发什么宏观大论，都不如用细节说话。和论述相比，细节本身自会体现出说服力和感染力。

但是，并不是所有的细节都是叙事重点，记者需要衡量其是否为有效细

① 欧阳明．深度报道采写概论［M］．北京：清华大学出版社，2011．

② 恩格斯．反杜林论［M］//马克思，恩格斯．马克思恩格斯全集：第20卷．北京：人民出版社，1971：23．

节。有效细节应当本身具备足够的与主题相关的信息含量及打动人心的力量。例如，采访对象的衣着打扮。有时候，衣着打扮能够和一个人的行为举止、性格特征吻合，如果将其写进报道中有利于塑造人物形象，它就是具备与主题相关信息量的有效细节。但也许主人公的穿着就是最普通的衬衫、牛仔裤，走在大街上都能撞衫几十次，只是随意搭配的，那就不再是有效细节。

什么叫能够打动人心的细节？记者沙利文认为："我在不翻笔记的情况下，把我脑袋里有印象的东西记下来，哪些细节突出出来，就用哪些细节。写最重要的内容，相信你的直觉，在采访中触动你的东西就是最重要的。"也就是说，让记者印象深刻，在叙述时会情不自禁地说出来的细节就是打动人心的细节。

有一句俗语是"你要感动别人，首先要感动自己"。在打动人心方面，真正起决定性作用的是全身心投入采访之后，让记者有所触动，对主题有更加深刻认识的东西。

例如，新华社记者朱玉于2004年写出报道《任长霞生命中的最后36个小时》，文章倒数第二句话是"主治医生介绍，抢救过程中，大夫打开任长霞的腹腔，发现胃里一粒米都没有"，这个细节描述出一个不断在各个工作地点辗转，没时间吃上一口饭的公安局长形象，就具备打动人心的力量。后来朱玉回忆说，在整个采访过程中，给她留下最深刻印象的一点就是任长霞是一个奔忙到极点的公安局局长，而这个细节刚好说明了这一点。

2008年汶川地震时，朱玉写过一篇报道《献给北川的橘子》，文章里充满了各种细节，写了还散发着鱼肉腥味的农贸市场、被砸得身首异处的车辆、学生宿舍里的玩具熊等灾区的现状，但给人留下最深印象的是：

> 在北川以往平静安逸的日子里，被父母呵护的学生们，想来是不会缺水果吃的。但是，我不知道，在5月12日，走进课堂之前，孩子们有没有来得及往嘴里塞个水果，或者，喝上一口水？
>
> 受了伤，躺在废墟里的你们，会口渴的呀！从随身携带的东西中，找到了个大橘子。我穿过一排排的救灾帐篷，捧着这个水果，将鲜艳的它郑重其事地放在了北川中学的废墟上，鞠躬。
>
> 单薄的水果，是我们厚重的心意。安息吧，可爱的孩子们。

汶川地震时，四下都是新闻素材，发生了无数大事件，但朱玉在宏大的灾难环境下描写了一个微不足道的橘子，反而击中人心。用心、用灵魂写出来的文字一定能打动人，才值得被当作细节写进深度报道里。

《新京报》于2016年发表的《"悬崖村"村民：不能再让孩子吃没读书的亏》有这样的片段：

> 村民都不带水，某色伍哈说，水没地方放，只有忍一忍，实在渴了就在路边捡一些空矿泉水瓶，喝几滴剩下的水。
>
> 这一天和某色伍哈上山的有6个村民，一路上，村民们喘着粗气，偶尔有人咳嗽吐痰，脚步迈得沉重，钢管划过路边的树枝和石头，轻轻震颤着发出低沉悦耳的嗡嗡声，背上的一排钢管如曲谱。

从中可以看到很多小的细节描述，都是在描述村民们为了修成钢梯，方便孩子们上下学所承受的辛苦，这些细节都是和文章中心要素相关的，通过细节展现的内容，往往比用概括的语言表现得内容更为丰富、更为深刻，因此对受众往往也就更具感染力和影响力。

同样是《新京报》于2016年刊发的《农妇李桂英：追凶17年，现在可以用心生活了》，有这样的片段：

> 一袋钉子十几公斤，李桂英因为常年搬钉子，右手四个手指已经伸不直。“以前提起一袋钉子，像甩泥丸。”
>
> 为了验证下自己的气力，李桂英提起一袋钉子，背弯成了弓，双臂紧绷，才把钉子口袋提起来，“现在不行了，真老了。”
>
> 此后的家庭聚会上，家里的子女、女婿、儿媳，有四个当警察，“刑警、法警、特警、狱警全有。”李桂英说她经常给家里四个警察“上课”，“你们给我记住，别在老百姓面前不是鼻子不是眼的，做事情前，要想想你老娘当年受的罪。”
>
> 周周说，“她现在地位可高了，家里几个警察对她言听计从，刑警开玩笑叫她所长，法警叫她院长。”李桂英在旁边听到，捂着嘴，头低到桌面下笑。

其中，“右手四个手指已经伸不直”就是记者需要观察到的与主题相关的细节。后面如实还原的比较生动的对话场景等细节也是记者看到的时候就会印象深刻的内容，希望在文中将这个场景还原。

2018年，陕西汉中张扣扣杀人案发生后，因张扣扣刺死的是20年前杀害其母亲的一家人，引起了广泛的社会讨论。《新京报》记者去采访张扣扣的父亲时，因对方是一个很沉默寡言的人，记者试图通过拉家常打开话题，顺口就问了一句：“你穿得少，冷不冷?”张扣扣父亲说：“不冷，我里面穿着毛衣。”记者随意看了一眼，结果看到了一件破烂不堪的毛衣。记者将其写进报道中：

> 1月初，汉中地区室外最高温只有五六度，夜间跌至零度。家里偶有客人来，手冻得发僵，坐着坐着便不自觉开始搓手。
>
> 已到腊月，张福如的外套是一件不算太厚的蓝色中山服。老汉坚持

说自己身体好，不怕冷，“下地干活穿多了还出一身汗。”

贴身的棉毛衫外还套着一件毛衣——如果仅凭肉眼看，更准确的描述是“一些零碎的旧毛线织物”。

这样的细节不经意被外人看到，他有些不好意思，“你看，前面是好的，后面也是好的，还能穿呢。”

他宝贝这件衣物的真实原因是：那是妻子二十几年前亲手给他织的，也是她生前留下不多的物件之一。

图 10－3 张扣扣父亲所穿的毛衣

资料来源：

新京报社下属公众号“重案组 37 号”。

报道刊发后，这个特别小的细节和这张照片成为所有同题报道中的独家亮点，人们普遍认为这是张扣扣案的报道中最震撼人心的一个细节。为了找到张扣扣杀人案与二十多年前张母被杀案之间的联系，很多记者可能会追着张扣扣和他父亲问很多次，二十多年前对方打死他的母亲或妻子这件事给他们造成了多大的伤害，留下了多深的印象？这些年是否忘记或平复？但无论问多少次，问多长时间，得到的答复可能都没有这一件破成鱼网状的毛衣具有震撼力，这就是细节的力量。

想做出高质量的深度报道，打动人心的细节是必不可少的。如果采访中没有发现能够超出记者本人预期的令人惊喜的细节的话，采访的含金量就是不足的。但细节太多，也会让人觉得很累赘，产生疲乏，所以要学会取舍细节。有个记者打过一个很好的比方，他把报道和细节比喻成蛋糕和樱桃，好的细节就像蛋糕上的樱桃。一个蛋糕，如果上面全铺满了樱桃，未必能够让人很有胃口，如果上面只摆了两颗樱桃，你可能就有了胃口。好的细节放在一篇文章中，既要为文章添彩，也要为文章留白，就像中国画的布局一样。[①]

二、场景

场景是指在连续的时空中通过冲突表现出来的一段动作。与细节不同，细节可能只是一个瞬间，一个很简短的动作，一件衣服等，而理想的场景应该是连续的一段动作，一个相对比较完整的故事，通过一个个节拍去构筑完成闭环内容，由此能够影响到文章主题。

场景由节拍构成。节拍是动作、反应中的一种行为交流。这些变化的行为通过一个又一个的节拍构筑了场景的变化，最后构成一个序列，其中每一个场景的冲击力应该呈递增趋势，最后达到一个顶峰。

如果说深度报道至少要有一个能够让人印象深刻的细节，那么在深度报道里会有不同的大大小小的场景去搭建文章结构，所有场景都是记者思想观点和感情的集中体现，一定是对文章主题有价值的、有作用的，不断提升、讲解、转化场景的价值，最终才能将主题提炼、烘托出来，使得文章一步步达到记者想要报道的效果。

2018年，《中国青年报》发表报道《这块屏幕可能改变命运》，引起了巨大争议。虽然这篇报道带有过分的乌托邦色彩并因此受到质疑，但是它同样能够引起人们的众多共鸣。因为这篇文章里的很多场景搭建得特别好，使得人们慢慢地接受了作者想要营造出的主题，使得他们对于这块屏幕的乌托邦形象有了更深的认识。以下七个小的场景就是从《这块屏幕可能改变命运》摘取出来的：

> 那种感觉就像，往井下打了光，丢下绳子，井里的人看到了天空，才会拼命向上爬。
>
> 一块屏幕带来了想象不到的震荡。禄劝一中的老师说，高一班里总充满哭声——小考完有人哭，大考完更多。有人在教室里抹泪，有人跑到办公室抽泣。不少学生一提考试就发抖。虽然早就预告了七中试题的高难度，但突然把同龄人间的差距撕开看，还是很残忍。
>
> 禄劝一位老师说，教出好学生，录取率高了，被人称为“名师”，“是一种教师特有的虚荣心。”“什么是幸福？就是得天下英才教育之。”一位谢顶、穿着旧衣裳的中年男教师，坐在小椅子上说这话，我却丝毫

---

① 张志安．深度报道：理论、实践与案例［M］．北京：高等教育出版社，2015．

不觉得可笑。

一位远端老师发觉，学生跟随七中上课后，愈发爱提问题，午饭时教师办公室总挤满了人。有的老师买了饭，却进不了教室，只能在走廊里站着吃。

12 年后，这届高一，12 名已经被昆明市区学校录取的学生，开学后主动申请转回禄劝。十几年来，小城第一次迎来生源回流。几年前，四川一位贫困县的干部曾拜访他。那位身高超过 1 米 8 的壮汉几乎哭着说，县里教育改善后，生源回来了，跟着学生出去的家长也回来了，整个县城又有了人气，“房价都涨了。”

某位七中老师，结束分享，离开远端学校时，一转头，发现全校学生，乌压压一片，全站在各自教室的窗前，和他挥手告别。直播或录像，他们都听过他的课。他愣住了，然后开始哭。他从未想象过自己能有那么多学生，“好几百人，可能要上千……”

负责网校的王红接和我说起这事儿。“你知道吗？这个学校，其实只交了一个开通直播班的钱。”他笑着说，他早就知道学校其他班都在“偷录”直播，各自播放。“但没关系。所有人都很开心。”

与细节一样，场景同样需要打动人心的力量，但它比细节更加需要紧扣主题。而这篇文章的每一个场景都和文章的主题“一块屏幕改变命运”密切相关，记者通过场景营造、铺垫加深对于主题的诠释、深化，最终形成了人们对网校的喜爱。

此外，记者不仅要注意对于场景画面性的呈现，更要注意主观情感与报道对象的交融。只有情景交融的场景，才能打造出生动的画面，才具有撼动受众心灵的力量。获得第十九届中国新闻奖通讯二等奖的报道《那一夜，我们没有采访》，对汶川地震后的现场场景进行了细致刻画：“垮塌的房屋中，不时透出被埋学生凄惨的呼叫声，天一直飘着小雨，焦急的家长无助地围在废墟，哭成一片”“窝在妈妈怀中的小孩满脸是血、双眼微闭，只能喃喃发出不明呓语”“已经停电的绵竹市内一片漆黑”等，给受众留下的不仅是立体的视觉形象，还有强烈的情感震撼。①

三、画面感

一篇优秀的深度报道往往能够熟练地运用这样一种写作技巧：把动作、

---

① 《新闻采访与写作》编写组．新闻采访与写作［M］．北京：高等教育出版社，2019.

语言、神态、情绪、形状、色彩、气息、场景这些有声有色、有景有情的细节突出出来，组合起来，在读者眼前勾画出一幅幅生动的画面。[1] 画面感将读者引入新闻事件的实际情景中，让读者亲眼目睹、亲身感受新闻事件，让读者自己想象、自己判断新闻事件的深层内涵。

不论是记者还是读者，在接触信息时倾向于依照最容易获取的解释框架来解释信息，而最容易获取的解释框架就是画面感。如果说一个非常好的、有效的细节，是对于主题的极大升华，甚至可能读者看完上万字的文章后只记得其中一个特别打动人、触动心灵的细节，那么场景应该是比细节的颗粒感更粗，通过一个个场景的铺设，人们对记者想要表达的主题形成越来越清晰准确的印象，并且越来越认同。画面感的作用就在于铺设整个文章的底色。

英国社会学家赫伯特·斯宾塞（Herbert Spencer）认为："作者要懂得为读者节省脑力，同时人的大脑天生就比较容易记住生动的画面，能形象就尽量不要抽象，以此来体现画面感。"[2] 这个解释结合了人的生理感知、心理感知和情感感知，较科学地说明了文章画面感的重要性。

《新京报》报道《夏洁：四合院是我的家》有这样的片段：

> 5月19日，周末午后的东四八条胡同显得有些沉寂。胡同两侧高高的洋槐搭在一起，把烈日挡在了外面。只剩几处有稀疏的光线挤进来，斜斜地照在一盘没有下完的棋上。穿着睡衣的居民端着盆子出来，和邻居停下来拉拉家常，"哗"，水泼在地上，清脆响亮。

读者看到这一段话时，就能够在脑海中构建出同样的情景，看到有关胡同街道里的生活样貌的画面。从全文看，整篇报道讲述的是一个抵抗拆迁，保护四合院的人物夏洁，读者可能会觉得描述东四八条胡同的生活状态这一段可有可无，但文章则需要它搭建出整个报道胡同生活般的底色。

一篇文章如果没有一两个非常好的细节，打动人心的色彩就会极大减弱；如果没有塑造足够多的场景，就不够鲜活，不够生动。而画面感就像一张照片的背景，让人物有一个可以依存的环境，使得整篇文章不是虚无缥缈的，增加真实可触的感觉。一篇报道不能只有细节和场景所搭建出来的故事和主旨，而是一定要有画面背景。背景的不同会给文章带来不同的色彩。如果没有文章底色的铺设，稿件就不能脚踏实地，而是处在虚空的环境里。

《江南弃儿》里有两处场景描写，一处是："西北壮阔，七月向日葵开得像河一样，没完没了。低矮的苍山转过一弯，还是。灰扑扑的荒街，风野蛮

① 高钢．新闻报道教程：新闻采访写作的方法与技术［M］．北京：高等教育出版社，2010.

② 黄博．好故事要有"画面感"［J］．新闻知识，2019（3）.

地拍在脸上。江南不同，雨下得又细又轻，路边挺拔的香樟树全被濡湿了，青草簌簌地拱动，空气里都是水滴和鸟叫。”

另一处是：“大西北最深的夜，大家总在他开的饭馆吃饭。上一锅最辣的辣子鸡，颤巍巍摞成尖儿，堆上一堆蒜片，一堆红辣椒圈儿，一堆碧绿的葱段，齐投进去，滚烫得直溅猩红的泡，把头栽进去吃，头上全是斗大的汗珠。”

以上两段充满画面感的描写，为读者呈现了火辣粗犷的西北和温润轻柔的江南两种完全不同的背景画面，乍一看，感觉它是可有可无的，但事实上画面感的营造，对于读者去更加深刻地理解北方长大的江南弃儿重回南方寻亲的主题。

《寻找船长郭川的20天》的核心事件是写人们救援失踪的船长郭川。记者通过采访很多航海爱好者，加了许多画面感的描写。“曲志国穿越赤道的时候，在甲板上干活，海水打在身上，暖暖的。没有风的夜晚，天上是闪闪的银河，帆底是发光的单细胞生物，人和船躺在其间，非常虚幻，又无比享受那一刻的宁静、自由。”呈现出风平浪静时美丽的大海。“暴风雨的夜晚，一出船舱，风迎面堵得人窒息，四周黑漆漆一片，最害怕船长喊话作业，但越是恶劣的时候，越忙活”，这个描写则呈现出完全相反的大海很可怕的一面，甚至用“曾经有一对航海的夫妇，男的爬上去修桅杆，突然被卡住，完全没有救生的办法，女人眼看着男人挂在桅杆上，直到腐烂”这样一个小的画面说明航行在大海中会有生命危险的可怕。

这些画面也许和“寻找郭川”没有太直接的关联，就算全部删去也不会过于影响“寻找”这一主题，但加上画面点缀后，读者就能够理解郭川是因为这些美好、挑战、风险，才爱上航海的。这些画面就恰到好处地给文章铺设了一个“航海值得被热爱、被喜欢”的底色。

《三源里的人间烟火》开头同样是精彩的市井画面：

> 三源里菜市场比北京城醒得早。
>
> 9月27日，离十一长假还剩三个工作日。清晨6点，天光微亮，气温降到8度。三环路还没开始堵车，200米左右的菜市场主干道两侧，摊位上陆续亮起灯光。
>
> 白色塑料箱盖子一打开，澳洲龙虾立刻探出两只须子，像伸了个懒腰。肥猪的身体被横向切断，皮朝下，躺在一米多宽的案板上。新鲜的罗马生菜最外层的叶子沾了水，由于担心被氧化，被毫不留情地掰掉。
>
> 九个月身孕的老板娘推着独轮木板车路过海鲜摊子时，被卸货的伙计挡住，她喊着让一让，但声音淹没在咣咣的凿冰声里。三元桥附近一

> 家国际幼儿园的赵老师不到 7 点就来了，她挑了一袋冰鲜龙利鱼，准备给孩子们做午餐。

如果没有这些画面感十足的描述，也不妨碍整个文章的主线、暗线。但是在一篇深度报道里面，画面感营造是必不可少的，它起到烘托和色调定位的作用，向读者介绍整个三源里菜市场的烟火气息。

但是，画面感的营造必不可少，却也不能滥用、泛用。只有能够帮助铺设文章底色的画面才值得营造，同时，文章底色也不能太过浓烈以致喧宾夺主，使主体黯然失色。

《中国青年报》报道《湍流卷不走的先生》，报道的是中国应用语言学之母李佩：

> 在她狭小的客厅里，那个腿都有些歪的灰色布沙发，60 年间，承受过不同年代各色大人物各种体积的身体。钱学森、钱三强、周培源、白春礼、朱清时、饶毅、施一公……都曾是那个沙发的客人。但是有时人来得多了，甭管多大的官儿，都得坐小马扎。
>
> …… ……
>
> 只有牙齿和胃，还顽强地工作着。她的胃曾装过胡适家的肉菜、林家翘家的饺子、钱学森家的西餐，那个时候，厨艺很差的周培源只有洗碗的份儿。如今，她还像年轻时在美国一样，爱吃蒜香面包，用自己的牙慢慢地磨。
>
> …… ……
>
> 中关村科源社区的 13、14、15 号楼被称为“特楼”，那里集中居住了一批新中国现代科学事业奠基者：包括 1948 年中央研究院的 9 名院士、第一批 254 位学部委员中的 32 位、23 位“两弹一星”功勋奖章获得者中的 8 位。钱学森、钱三强、何泽慧、郭永怀、赵九章、顾准、王淦昌、杨嘉墀、贝时璋等人都曾在这里居住。

通过作者营造的这些画面感，读者能够看出李佩先生具有深厚的底蕴，完全符合“谈笑有鸿儒，往来无白丁”的描述。在这种情况下，如果记者稍微把持不住，很容易跑偏主题，陷入到书写李佩与这些大人物的交往中。而这篇稿件里面从头到尾没有出现主题的偏移。记者虽然采访到了很多李佩和名人之间交往的故事，但是舍得把充满了趣味的材料放弃掉。因为报道的核心人物是李佩，不是那些大名鼎鼎的人物。这篇文章从头到尾没有失焦，将好素材全都变成虚化的背景，最终烘托了李佩。

阅 读

1. 热奈特．叙事话语　新叙事话语［M］．王文融，译．北京：中国社会科学出版社，1990.

2. 马丁．当代叙事学［M］．伍晓明，译．北京：北京大学出版社，1990.

3. 布鲁克斯．新闻报道与写作［M］．7版．范红，主译．北京：新华出版社，2007.

4. 曾庆香．新闻叙事学［M］．北京：中国广播电视出版社，2005.

5. 何纯．新闻叙事学［M］．长沙：岳麓书社，2006.

6. 迪克．作为话语的新闻［M］．曾庆香，译．北京：华夏出版社，2003.

7. 赫尔曼．新叙事学［M］．马海良，译．北京：北京大学出版社，2002.

思 考

1. 深度报道的叙事者可以分为哪些类型？在实际使用过程中如何运用不同的人称完成叙事？

2. 报道立意角度与报道叙事角度的含义是什么？两者有什么区别？

3. 深度报道橄榄型结构的总体框架下，主干结构有哪些组成方式？

4. 叙事时距的四种基本形式是什么？划分依据是什么？

5. 设置悬念与信息的延宕或压制有哪些相似点及区别？

6. 制造冲突从采访到过渡到写作分别有哪些步骤？需要注意什么？

7. 描写细节应该注重哪些方面？如何选择才能拥有打动人心的力量？

8. 场景和画面感的区别？各自有哪些注意事项？

练 习

1. 精读报道《湍流卷不走的先生》，从中找出悬念、冲突、细节、场景、画面感等重点内容，并分析其设置技巧。

2. 阅读报道《这块屏幕可能改变命运》，分析令报道和读者产生共鸣的东西是什么？并依靠场景的描写，总结出各个小节的主题。

3. 自行寻找选题及内容，运用叙事技巧，抓准叙事重点内容，写一篇2 000字左右的文章，要求至少具备两个打动人心的细节，十个以上场景。

后记

我在2017年第一次接到《深度报道》授课任务的时候，其实还有点蒙。虽然此时我已经写作和策划了不下百篇各种题材、各个领域的深度报道，但我个人坚定地认为：这事没什么规律，没法授课，不可能教满一个学期。做深度报道“没啥可说的，干就完了”。

当时，胡百精师兄鼓励我说，你就把你当时是怎么写报道的，跟大家说说。如果你觉得自己说不满这个学期，也可以请人来说说。

可能他也没想到的是，我就真的非常实在地按照他的鼓励去做了。我几乎穷尽地发动了身边的各种力量，把不少业内朋友汇聚到这个课堂上。而通过听他们的授课，以及和他们的交流，我越来越觉得我“这门课教不了”的下意识反应是有合理性的。

由于深度报道自身固有的操作难度，它被称为新闻的“最后一道护城河”“最后一块界碑”，是在机器人写作、算法分发、沉浸式新闻等各种得到科技能力加持的新闻新力量不断冲击传统新闻既有格局时，至今为止仍然岿然不动的最后一片疆土。同时，由于深度报道题材尤其是其中的调查性报道所具备的现实性、思想性，它也是最接近于人们传统意识中新闻“为民鼓与呼”特征的新闻品类，被认为是新闻行业抵抗新媒体“碎片化”“通俗化”的一座堡垒。正是因为这些特性，从事深度报道的记者很少是从零起步，而往往由已经具备了一定新闻工作经验的记者升级而成。这时他们通常已经具备了相当多的实践经验和新闻直觉，不少实践是在直觉指导下完成的。加之新闻工作一以贯之的忙碌和快节奏，很少有人真正去总结一些经验、提炼一些规律。

例如我，在没有授课之前，如果让我看到一个现象或一件事情，我能够准确地判断出它能不能成为深度报道选题，甚至能够大致估量出这个选题发表后的社会反响，但至于为什么，我很难清晰而彻底地阐述清楚，或者只能做到向具备初步实践经验的记者后辈阐述清楚。

再如，新闻是一场场要和自己、和对手不断竞争的战役，因此每篇深度报道背后都需要有技术层面的衡量。做出完美的、无懈可击的深度报道，事实上是完全不可能的。在实际操作中，经常会有某个关键性的角色无论如何都没法采访到，这时记者往往需要通过自己的经验去判断或规避，迅速寻找个性化的解决方案。或者是，在某场同题竞争的新闻大战中，记者要不断凭借敏感的触觉去把控新闻事件的报道节奏，使自己的报道在“有些微突破因而有新闻价值”和“有极大突破但耽搁了发表时效”之间达到平衡。这种分寸上的拿捏，很难让对此认识还如同一张白纸的学生们真切地领会到。

甚至，并不是所有的老记者都能够做深度报道。深度报道和其他新闻采写品类之间似乎总是隔着一层窗户纸，虽然薄，但就真的有人一辈子都捅不破。为此，深度报道记者在新闻业内往往被叫作“beautiful pen”，即认为他们的成功并非来自对经验的学习，而是自有天成，是“老天爷给了这个能力”。

所以，当我在教学中逐渐发现一些实践操作其实能够找到合理的解释并提供可复制的路径，不禁兴起将授课经验转化成教材的野心。我一直相信，无论时代怎么发展、科技怎么进步，换言之，正因为时代不断发展、科技不断进步，人们便永恒地需要对他们有用的信息，而当一般化的信息不足以承载，就需要深度报道。所以，会做这样的报道，是这个社会永远需要的。

直到这本书作为三年以来深度报道课堂不断扬弃不断总结的小小成果被写出来的时候，我才真实地感受到了什么是“教学相长”。

这本书的内容，一部分来自对兄弟院校深度报道同类教材的吸收和学习，一部分来自我本人实践经验的总结和提炼，更有相当一部分来自各位媒体朋友的帮助。真诚地感谢《北京青年报》原总编辑余海波、FT中文网总编辑王丰、腾讯《谷雨实验室》负责人赵涵漠、搜狐网总编辑王海涛、《凤凰周刊》原副主编段文等深度报道精英，他们都曾经被我死皮赖脸地拉到课堂上，被迫执起自己并不一定拿手的话筒，将自己的实践经验无私地传授给大家。《中国青年报》“冰点”团队、“北青深一度”团队、《人物》杂志、南方报业传媒集团《南方都市报》深度报道团队的朋友也将自己的业务总结和业务交流无私地交给了我。

从第一次授课时广泛请来各位“外脑”大腕，到第三次授课时已经有比较成熟的授课层次和节奏，这三年的时间里，我尽量更多地从实践性、可操作性出发，以对深度报道的概念、分类、特点等理论性认识始，继而切入实践层面，教授如何寻找选题、如何采访，之后再切换到深度报道的写作要求，最终再切换回如何进行实操性写作。很难说通过这本书的内容，真的能够把所有实践中需要的经验操作都固化成方法论，但是，如果完全按照这一步骤去操作，最终出产一篇大致还不错的深度报道，大抵上还是不成问题的。这一点也经过了几轮课堂教学的实际验证。

通过这个过程，我发现，能够巩固和固化实践经验，这或许是类似我这样来自业界的老师寻找自身存在感、价值感的一条有效途径。

在成书过程中，非常感谢我的学生湛超越、王欣欣，他们两个人做了非常繁重而细致的文字梳理、资料收集和整理工作。可以说，没有他们，就没有这本书。懒惰如我，如果没有他们的大力帮助，还不知道需要多少时间才能把这本书写出来。从功利角度讲，能够结稿，这两位同学功莫大焉。从人心人情上讲，有这样信任和帮助我的学生，真正是我的幸运。

深度报道和其他新闻品类一样，并非一成不变，而是随着时代发展一直不断地小步迭代。我在课堂上经常对同学们说，课上讲到的案例，哪怕是作为深度报道经典传世作品而被提及的案例，都并非完美。甚至经过几年之后，再回头看这些深度报道作品，即使局外人都能够发现它们的诸多弊病，但同时也应该能够由此看到这一领域的不断尝试和进步。因此，这本书上的内容更不是一成不变的。我个人的一个小小希望，是能够继续将教学相长的路径延续下去，不断总结和提炼经验，使得这本书始终能够在这一领域在操作性层面有较强的指导作用。

同时也要说，毕竟只有三四年的教学实践，因而我相信这本书不但不完美，甚至肯定还很不完美。也希望看到它的人能够帮忙提出意见和批评，使得我和它得到成长。

唐 铮

2021 年 3 月 15 日

图书在版编目（CIP）数据

深度报道 / 唐铮著. -- 北京 : 中国人民大学出版社, 2021.8（2025.8 重印）
新编 21 世纪新闻传播学系列教材
ISBN 978-7-300-29756-9

Ⅰ. ①深… Ⅱ. ①唐… Ⅲ. ①新闻报道—高等学校—教材 Ⅳ. ①G212

中国版本图书馆 CIP 数据核字（2021）第 156357 号

新编 21 世纪新闻传播学系列教材
深度报道
唐 铮 著
Shendu Baodao

出版发行	中国人民大学出版社		
社　　址	北京中关村大街 31 号	**邮政编码**	100080
电　　话	010－62511242（总编室）		010－62511770（质管部）
	010－82501766（邮购部）		010－62514148（门市部）
	010－62511173（发行公司）		010－62515275（盗版举报）
网　　址	http://www.crup.com.cn		
经　　销	新华书店		
印　　刷	天津鑫丰华印务有限公司		
开　　本	787 mm×1092 mm　1/16	**版　　次**	2021 年 8 月第 1 版
印　　张	16.25 插页 1	**印　　次**	2025 年 8 月第 4 次印刷
字　　数	291 000	**定　　价**	48.00 元

关联课程教材推荐

书号	书名	第一作者	定价	出版时间
978-7-300-25972-7	新闻采访与写作	高钢	49.80	2018 年 8 月
978-7-300-25688-7	当代新闻写作（第二版）	白贵	49.80	2018 年 4 月
978-7-300-12979-2	新闻采访学	蓝鸿文	38.00	2011 年 4 月
978-7-300-09371-0	新闻采访教程	张征	49.80	2008 年 12 月
978-7-300-29739-2	融合新闻学概论	李沁	49.80	2021 年 8 月
978-7-300-26519-3	数据新闻概论（第二版）	方洁	49.80	2019 年 2 月

配套教学资源支持

尊敬的老师：

衷心感谢您选择人大版教材！相关的配套教学资源，请到中国人民大学出版社官网（www.crup.com.cn）下载。部分教学资源需要验证您的教师身份后，才可以下载。请您登录出版社官网后，点右上角“注册”，填写“会员中心”的“我的教师认证”项目，等待后台审核。我们将尽快为您开通下载权限。

如您急需教学资源或教材样书，也可以直接与我们的编辑联系。

联系人：龚洪训　　电话：010-62515637　　电子邮箱：6130616@qq.com

欢迎加入全国新闻教师 QQ 群（群号：259226416），开展学术讨论，交流教学心得。

全国新闻教师群
扫一扫二维码，加入群聊。

俯仰天地　心系人文

www.crup.com.cn

中国人民大学出版社

欢迎登录浏览，了解图书信息，下载教学资源